한조도담 3

석문도담

한조도담 3

桓祖道談 3

천지인 섭리·율법·법도의 시대를 열다

한조 지음 | 석문도문 엮음

석문출판사

서문

『석문도담石門道談』은 지상 하나님께서 후천완성도법後天完成道法인 석문도법石門道法을 지상에 내려 후천後天 완성完成을 이루고 추수秋收하여 결結 지으시기 위해 석문도문石門道門의 제자들에게 일상 속에서 전하신 섭리攝理의 말씀이다.

석문도문은 후천 제1조화주기를 마감 짓는 2012년에 즈음하여 보다 많은 지상의 존재들이 더욱더 깊이 있게 지상 하나님의 말씀을 접할 수 있도록 『석문도담石門道談-한조한당도담桓祖憪堂道談』을 발간하였다. 후천 제1조화주기 전반에 남기신 말씀을 엮은 『석문도담-한조한당도담』의 경우, 완성도법인 석문도법의 실수행적實修行的 방법론이라 할 수 있는 석문호흡법石門呼吸法에 비중을 두시고 대우주 삼라만상大宇宙森羅萬象의 여러 대소사를 논하셨다. 자신의 근본자리를 찾아 도道를 구하는 과정과 절차를 통해 인간이 신神이 될 수 있음을 밝히시어 인류의 영원한 질문이었던 '우리는 어디에서 왔고 무엇을 해야 하며 어디로 가게 되는가?'에 대한 답을 주신 것이다. 그러한 담을 통해 이 무량한 시공간을 창조하신 하나님께서 조화와 완성을 통한 추수의 뜻을 가지시고 이 지상에 내려오셨음을 드러내셨고, 그와 함께 하늘의 신神들이 하나님을 보좌하기 위하여 내려왔다는 사실 또한 밝히셨다.

그러나 『석문도담-한조한당도담』에는 하늘의 모습 전체를 드러내지 않으셨고, 핵심적인 세부 모습도 일정 이상 말씀하지는 않으셨다. 또한 석문호흡법을 중심에 두고 천상과 지상의 일을 논하셨지만, 비인부전非人不傳의 전제하에 수련법의 세세한 과정과 절차는 표현하지 않으셨다. 모든 것은 때[時運]가 있기 때문이었다.

석문도법의 토대를 세우는 후천 제1조화주기에 세상 사람들의 의식·인식·습관은 그러한 하늘의 뜻을 온전하고 완전하게 체득·체험·체감하기에는 보편적 한계가 있었다. 그와 같은 후천의 과도기적 흐름과 형국에 대한 안배按排로써 도道의 많은 부분들을 금제·

봉인·결계로 묶어두듯 드러내지 않으셨고, 필요한 일부분만 윤곽을 드러내시어 후천 제2조화주기를 준비하고 대비하신 것이다.

후천 제2조화주기에 이르러 지상에 본격적으로 신神의 세계를 여시는 가운데 제자들에게 전하신 섭리의 말씀을 엮은 본서,『석문도담石門道談-한조도담桓祖道談』에서는 하나님께서 '태공太空'이라 부르시는 이 무량한 시공간의 전체 모습과 구조를 구체적이고 실질적으로 밝히신 가운데 도道의 길을 말씀하신다. 그에 맞춰 석문도법에 의한 석문공부石門工夫 중 지금까지 공개적으로 전하지 않았던 양신 수련에 관한 세부적 이치와 원리를 밝히시고, 지상에 내려왔지만 지금까지 드러나지 않았던 천상 최고신最高神들의 존재와 석문도법을 통해 지상에 이루어질 하나님 나라의 모습을 지상 현실의 역사役事를 중심으로 밝히신다.

즉 후천 제2조화주기를 여는『석문도담-한조도담』의 경우, 하나님께서 태공이라 부르시는 이 무량한 시공간과 태공의 학교인 지구를 어떤 목적과 목표, 방향성을 부여하시어 창조하셨고, 그에 따라 지금 지상에 내려오시어 어떻게 후천을 완성하고 추수하여 결結 지으시는지, 그 흐름과 형국을 지상 현실에서 진행되고 있는 사실에 비추어 말씀해 주신 것이다.

특히 후천 제2조화주기의 흐름과 형국에 맞추어 하나님을 보좌하기 위해 지상에 내려온 최고신最高神들을 비롯하여 여러 신神들의 실질적 모습과 그 존재들이 자신의 자리를 찾아가도록 하기 위해 수련修練, 도무道務, 일상생활日常生活의 과정 속에서 언급해 주셨던 공부의 말씀을 가감 없이 수록함으로써 지상에 내려온 하늘의 존재, 하늘의 모습과 구조 그리고 앞으로 내리게 될 천상문화와 문명에 의한 지상의 변화가 우리들 눈앞의 일상에서 어떻게 펼쳐지고 있는지 직접 밝혀 주셨다는 점에서 큰 의의가 있는 것이다.

이미 석문도법서石門道法書와 석문사상서石門思想書를 통해 인간이 신神이 되는 석문공부의 핵심과 하늘의 모습과 구조 그리고 천상세계가 지상에 내려오는 후천 완성의 흐름과 형국을 천지인조화역사天地人造化役事라는 거시적 관점으로 알리셨다. 『석문도담-한조도담』은 그러한 하늘의 뜻이 석문공부를 통해 어떻게 생명력을 가지고 실질적으로 역사되어 한 존재와 세상을 변화시키고 있는지, 지금 이 순간 석문도인_石門道人_에 의해 증거·증명·검증되고 있는 석문도문의 일상적 역사를 중심에 두고 그 과정과 절차를 풀어 주신 말씀인 것이다.

석문도법서와 석문사상서를 통해 도_道_의 거대한 중심과 테두리를 밝히시고,『석문도담-한조도담』을 통해서는 상대적으로 작고 소소해 보이는 일상의 역사 속에서 하늘이 지상에 내려오는 모습을 표현하셨음은 이제 우리의 작고 소소한 일상에까지 거시적인 천상 문화와 문명의 빛과 힘, 가치가 녹아들어 고래_古來_로 내려온 말 그대로, 하늘에서 이루어진 것처럼 땅에서도 이루어지는 역사_천지인 합일 天地人合一_를 목도하는 시대가 그리 멀지 않았음을 뜻하는 것이리라.

이렇게 석문도법의 석문공부를 통해 많은 존재들이 천상에 승천_昇天_하고 그에 따라 천상문화와 문명이 지상에 내려오기 시작한 모습을 담은『석문도담-한조도담』의 말씀을 감히 외람되게 한 문장으로 정리한다면 다음과 같이 말할 수도 있을 것이다.

"『석문도담-한조도담』은 천지인_天地人_ 섭리_攝理_·율법_律法_·법도_法道_가 지상에 적용·실행·구현되어 마침내 천상의 세계가 지상에 이루어지는 광대하고 장대하고 장엄한 역사의 흐름과 형국을 설명해 주신 하나님의 말씀이다."

결국 『석문도담-한조도담』의 출간은 천지인 섭리·율법·법도에 입각하여 그에 합당한 천상문화와 문명이 본격적으로 지상에 내려오기 시작했음을 알리는 효시嚆矢와 같다고 할 수 있다.

'도道가 한 치 자라면, 마魔가 한 자 자란다'는 선가仙家의 옛말이 있다. 후천 제1조화주기를 돌이켜 보면 석문도문은 하늘이 내린 축복과 복됨의 충만함과 고요함이 깊어갈수록 적지 않은 고난과 역경을 함께 겪는 가운데 상승·확장·발전하였다. 그것은 자연스러운 과정이고 절차였다. '지구가 태공의 학교'라는 섭리적 진리가 말해 주듯, 후천의 조화와 완성을 열어 가기 위한 도道의 여정에는 수없이 많은 지상의 가변적 다양성을 자양분으로 삼아야 했기 때문이다.

비할 데 없는 금과옥조金科玉條의 말씀이 세상에 전해지는 역사는 천상과 지상에 한 차원 더 높은 조화와 완성의 길을 여는 축복과 복됨이지만, 그것은 또 다른 정련精練과 담금의 환경과 여건을 낳을 수도 있다. 축복과 복됨 그리고 정련과 담금이라는 정正과 반反의 두 장場을 조화와 완성의 통합적統合的 장場이 될 수 있도록 하는 혜명慧命은 결국 신성적神性的 의식·인식·습관을 통해 섭리행攝理行을 이루어 가는 '진법체득眞法體得'의 빛과 힘, 가치에서 나온다.

도道를 전하시던 초기부터 말씀하셨듯이, 말씀이 말씀으로만 머무르지 않고 생명력 넘치는 도道의 이정표가 되기 위해서는 반드시 그 말씀을 자신의 온 정기신精氣神으로 체득·체험·체감할 수 있도록 하는 섭리행이 필요하다.

그러한 체득·체험·체감의 섭리행을 통해 하늘사람이 되는 삶을 『석문도담-한조도담』에 담긴 말씀의 뜻으로 표현하면, 천지인 섭리·율법·법도에 입각하여 그에 합당하게 살아가는 삶이 곧 진리의 아름다움과 진리의 사랑스러움에 하나 되는 삶이며, 그러한 삶이 곧 진리의 향기를 나투고 밝히고 나누어 진리의 발자취를 남기며 살아가는 도인道人의 길이라 할 수 있다. 모든 존재의 궁극적 소명召命이자 사명使命인 섭리와 하나 되어 살아갈 수 있는 삶이 바로 지금 이 시대, 누구에게나 열려 있는 것이다.

천지인 섭리·율법·법도를 온전하고 완전하게 알고자 한다면 후천 선각도문先覺道門이자 선구도문先驅道門이며 선지도문先知道門인 석문도문石門道門을 찾아 석문도법으로 신神이 되어야 한다. 석문도법의 석문사상, 석문도담, 석문호흡으로 자신의 존재성과 존재가치를 알아 지행합일知行合一·언행일치言行一致·표리일치表裏一致·내외일치內外一致하여 섭리에 순종·순응·순리하고자 하는 모든 분들에게 도연道緣이 이어져 도문道門에 입문入門하기를 기원한다.

한기 28년 5월 14일
태양력 2016년 6월 18일
석문도문

차례

서문 _ 4
일러두기 _ 18

한조님말씀편

한조님말씀 41
섭리적 행복과 그에 관련된 일곱 가지 마음과 마음가짐 _ 22

한조님말씀 42
석문도법의 대중화·인류화·세계화 _ 42

한조님말씀 43
공부의 7부 능선과 의사소통 _ 58

한조님말씀 44
창조섭리로 만든 석문도법의 이치와 원리 _ 76
    하주가 깨어나는 원리 _ 76
    호흡과 명운 _ 79
    호흡과 빛 _ 83
    내면공간 _ 91

여의주 _ 94
   양신 _ 96
   출신 _ 104
   도계 _ 110
   동시차원성 _ 114
   등가비례성과 양신 공부의 7부 능선 _ 118

한조님말씀 45
   석문도법 대중화·인류화·세계화의 과정과 절차 _ 132

한조님말씀 46
   석문도법에 의한 석문공부의 생명력 _ 148

한조님말씀 47
   석문공부를 통한 상태·행위·현상에 관한 말씀 _ 156

도계 공부편
   도계 공부 시 염두에 두어야 할 사항 _ 176

   선천도계 공부 조언
   여의무심을 통한 진법체득 _ 180

양신합일도에 따른 인식의 차이 _ 181
2천도계에서의 원신합일 _ 183
신神의 의식·인식·습관으로 배우는 천상의 문화와 법도 _ 185
도계 공부를 할 때 가져야 할 마음과 마음가짐 _ 188
신神이 말하는 신성회복방안 _ 189
4천도계 공부의 핵심 _ 192
천지인 섭리·율법·법도에 따른 신神들의 회합 _ 194
도계보다 지상의 물체를 인식하기 어려운 이유 _ 196
도계 공부를 할 때 알아 두면 좋을 네 가지 사항 _ 197
천지인 섭리·율법·법도에 입각한 천상 모습 _ 202
궁주와 보좌신의 개념 _ 204
5천도계 공부·1 _ 206
5천도계 공부·2 _ 207
5천도계 공부·3 _ 208
5천도계 공부·4 _ 211
천지동시차원성 _ 214
내면공간이나 여의주 안에서 나타나는 상像 _ 215
원신합일 후에 보이는 지상의 모습과 신족통 공부 _ 217
심상·심법·심력의 삼합일치 _ 219
2천도계의 전생영 _ 220
석문도법의 본本과 진법체득 _ 222
3천도계의 품계 _ 224
6신통에 의한 소혼술과 숙명동 _ 227
양신합일과 원신합일을 확인하는 방법 _ 230
6신통 중 타심통으로 대화하기 _ 232
2천도계의 기본 구조와 법도 _ 236
권한 이양 _ 239

천수天壽에 관한 이야기 _ 243
천지인 섭리·율법·법도에 입각한 양신의 복식 _ 246
원신합일 시 원신과 분신의 존재성과 존재가치 _ 248
양신에 대한 자신감과 호연지기 _ 250
4천도계 공부의 무형·유형·공간성 _ 253
동시차원성 _ 254
원신의 마음과 혜안에 의한 안목으로 보기 _ 255
차원을 넘나드는 빛의 통로 _ 257
천상 신神들과 교류·공감·소통하는 방법 _ 258
4천도계 공부의 실질적 방법 _ 259
5천도계의 구조 _ 260
자랑스러움 _ 261
즐겁게 공부하는 방법 _ 262
신명이 되는 방법 _ 263
창조섭리 _ 264
의식·인식·습관의 상승·확장·발전 _ 267
3천도계의 정체성 _ 268
알음알이와 심마 _ 270
원신의 빛과 힘, 가치를 회복하여 내려받는 기준과 원칙 _ 273
원신, 양신, 육신이 가지는 광도·밀도·순도의 일맥·일관·일통 _ 275
원신합일공부의 핵심 _ 276
공부에 임하는 마음과 마음가짐 _ 278
공부를 잘하는 방법 _ 281
신神들이 쉰다는 것 _ 284

후천도계 공부 조언
7천도계 공부 _ 286
천지인 섭리·율법·법도에 입각한 행성인과의 대면 _ 288

완성도계 공부 조언
천상원신과 지상분신의 상호관계와 위상 _ 292
섭리행을 통한 섭리적 의식·인식·습관의 형성 _ 293
한조천광과 도계의 다양한 빛 _ 296
창조섭리에 의한 빛의 종류 _ 298
천지동시차원성에 의한 원신합일 _ 300
신성적인 의식·인식·습관과 인성적인 의식·인식·습관의 차이 _ 302
고뇌의 섭리적 의미 _ 304
완성도계의 불변성과 가변성 그리고 모습과 구조 _ 305
천지동시차원성에 의한 천지상합의 과정 _ 307
하나님 중심의 천상가족 _ 308
빛의 이치 _ 311
천상법도•1 _ 312
천상법도•2 _ 315
천상문화 _ 318
하나님과 신神 _ 320
원신과 분신의 대화예법 _ 321
천상의 가족 개념과 구성 _ 324
신神의 존재성 _ 327
섭리의 만법귀일에 입각한 내외일치 _ 328
창조섭리에 입각한 개별 존재의 다차원입체적 광대역 _ 333
창조섭리에 입각한 원신과 분신의 관계 _ 338

창조섭리에 입각한 천지인의 존속 _ 339
창조섭리에 입각한 천상기억회복 _ 341
도계와 우주 그리고 행성의 개념 _ 344
시공성과 여의주 _ 346
있는 사실 그대로의 기록 _ 350
도계 글자 _ 352
석문 의료인들에게 준 도계 글의 뜻과 의미 _ 354
천상의 자연이 존재하는 보편적인 뜻과 의미 _ 356
석문급변시운에 의한 공부의 수직적 상승·확장·발전 _ 358
하나님의 음성 _ 362
6신통 중 타심통의 용사법 _ 365
근본 존재성을 보편적으로 확인하는 방법 _ 367
천지인 창조섭리에 대한 기본적 이해 _ 370
완성도계 공부하는 방법·1 _ 373
완성도계 공부하는 방법·2 _ 375
석문공부와 천지인조화역사의 과정 _ 377
태공 後天의 학교인 지상에서 삶의 의미 _ 378
천상 완성도계와 태공의 학교인 지구의 일맥·일관·일통성 _ 380
행성인의 생로병사 _ 384
천왕조 天王鳥, 천군 天軍, 천상법도 天上法道 _ 386
완성도인이 거쳐 왔던 예하 도계 원신들의 존재성과 호칭 _ 389
마음과 신성의 관계 _ 392
천상 공부를 위한 의식·인식·습관 _ 394
섭리의 길 _ 396
체계, 표현, 무심의 중요성 _ 397
여의무심 _ 398

일러두기

1. 『석문도담-한조도담3』은 '한조님말씀편'과 '도계 공부편'으로 구성되어 있다.

2. 한조님말씀편은 한기 27년 7월 15일(2015. 8. 28)에서 한기 27년 12월 24일(2016. 2. 2) 사이에 한조님께서 주신 말씀을 정리한 것이다.

3. 도계 공부편은 한조님께서 한기 24년 9월 7일(2012. 10. 21)에서 한기 28년 8월 22일(2016. 9. 22) 사이, 도계 입천 수련자들이 '조화천계' 사이트 도계 공부 게시판에 올린 수련일지에 댓글로 답해 주신 선천도계(2천도계~5천도계)와 후천도계(6천도계~9천도계), 완성도계(10천도계 이상) 공부에 대한 조언들 중 선별된 내용을 시간 순으로 정리하여 수록하였다.

4. 도계 공부편의 본문 중 작은 글씨로 들어간 설명 글과 참조로 표시된 글은 조언으로 직접 주신 부분이며, 서문과 주석은 제자들이 한조님의 말씀을 바탕으로 정리하였다.

한조님말씀편

같이 함께 더불어
석문도문

한조님말씀 41

桓紀 27年 7月 15日
(2015. 8. 28)

섭리적 행복과 그에 관련된 일곱 가지 마음과 마음가짐

1 행복幸福이 무엇인지에 대해서 지상에서는 여러 가지 정의들이 있습니다. 그러면 섭리적 관점에서 행복이란 무엇인가? 본질적 관점에서 행복이란 무엇인가? 즉 행복에 관하여 다양한 가치관과 관점의 정의들이 존재하지만 '하나님이 태공太空을 열어 그 시작과 과정 그리고 대단원의 결말에 이르기까지의 목적目的과 목표目標, 방향성方向性에 합당한 궁극의 행복이란 무엇인가?'라는 관점에서 행복의 정의를 지상의 언어로 표현한다면, 다음과 같이 말할 수 있습니다.

2 행복이란, 자신이 존재하는 그 자체로 가치 있고 충만하고 조화롭고 아름다운 마음이 일어날 때입니다. 즉 자신이 존재하는 그 자체로 가치 있고 충만하고 조화롭고 아름다운 생활과 삶을 살아가고, 그러한 세상을 열어 나가는 과정에서 느끼는 그 마음을 행복이라 말합니다.

결국 섭리적 가치관과 관점에 입각하여 본다면 자신이 존재하는 그 자체로 가치 있고 충만하고 조화롭고 아름답다고 느낄 수 있는 그것이 행복의 첫 번째 조건이 됩니다.

3 다른 것들은 사실 부차적副次的인 것입니다. 어떤 집에서 살고, 어떤 것을 먹고, 어떤 옷을 입고, 어떤 차를 타고 살아가는가, 즉 무엇을 더 가졌다 덜 가졌다라고 하는 것은 사실상 본本이 아니라 말末에 해당됩니다.

부차적이라 해서 나쁘거나 의미가 없거나 가치가 없다는 뜻은 아닙니다. 본질적 비중을 가진 것이 아닌, 지상의 삶을 용사用事하는 데 있어 보조적으로 선택할 수 있는 방법·방식·방편에 해당하는 차선의 것들이라는 뜻입니다. 섭리적 행복을 위한 요소뿐만 아니라 부차적인 요소도 삶의 의미가 있지만 그것에는 분명한 선후先後와 본말本末이 있습니다. 그래서 만약 본말전도本末顚倒가 되면 섭리적 행복과 거리가 멀어져 많은 문제들이 발생합니다.

4 따라서 행복해지기 위해서는 무엇보다 먼저, 자기 스스로가 기쁘고 즐겁고 신명나고 환희심이 넘쳐 자비와 사랑, 배려가 일어나고 충만함과 고요함, 만족감이 절로 차올라 누가 무엇이라고 말하지 않아도 따뜻한 마음이 샘솟듯 하여 밝은 웃음과 함께 환한 미소가 끊이지 않는 모습 그대로 살아갈 수 있으면 됩니다.

그렇게 자신이 존재하는 그 자체로 가치 있고 충만하고 조화롭

고 아름다워 스스로에게 자비, 사랑, 배려를 일으켜 자신을 최고
로 인정·존중·배려하게 되면 자연스럽게 주위의 존재에게도 자
비, 사랑, 배려의 마음과 마음가짐으로 인정·존중·배려하는 가운
데 교류·공감·소통하게 되어 결국 같이 함께 더불어 기쁘고 즐겁
고 신명나고 환희심 넘치는 삶을 살아갈 수 있게 됩니다. 즉 행복
해지는 것입니다.

5   이러한 섭리적 행복에 이르는 과정과 절차 그리고 결과를 최대한
자연스럽고 효율적으로 이끌어 낼 수 있도록 하기 위해 만든 것
이 바로 천지인 섭리·율법·법도에 입각하여 그에 합당한 기준원
칙성·균형형평성·기회균등성·과정절차성·의식공유성·등가비
례성·입체통합성·희망긍정성·변화발전성·인정배려성·체계논
리성·조화광명성입니다. 즉 천지인 섭리·율법·법도는 지상식으
로 표현하면, 섭리적 행복을 같이 함께 더불어 할 수 있도록 하는
질서와 위계, 방향성을 담고 있습니다.

6   많은 존재들이 각자 무엇인가를 하려고 할 때 질서와 위계, 방향
성은 매우 중요합니다. 만약 이것이 없다면 개별 존재뿐만 아니라
전체에도 대단히 위험한 상황이 올 수 있습니다. 분화와 분열을
거듭해 왔던 지상에서도 오랜 시간 동안 그러한 경험이 되는 많

은 선례들을 보아 왔기에 선천의 선각자들은 '악법도 법이다'라는 뜻이 담긴 말을 남기기도 했습니다. 비록 불완전한 인간이 운용하기에 적지 않은 반대급부가 생길 수밖에 없다 해도, 많은 존재들이 같이 함께 더불어 존속하기 위해서는 질서와 위계, 방향성이 반드시 필요함을 역설한 것입니다. 분화와 분열을 거듭하는 지상에서도 질서와 위계, 방향성은 존재들이 같이 함께 더불어 살아가는 데 있어 그만큼 중요한 요소임을 알고 있었습니다.

7 그렇게 지상에서도 오랫동안 질서와 위계, 방향성과 같은 요소들이 중요시되어 왔던 것처럼, 이 태공에서 모든 존재들이 질서와 위계를 가지고 하나의 방향성을 향해 나아갈 수 있도록 한 것이 있는데, 그것이 곧 천지인 섭리·율법·법도입니다.

지상에서 질서와 위계, 방향성을 만들기 위해 형성된 법法과 같은 제도는 불완전하기에 어느 한쪽으로 편향偏向된 상태로 무리를 존속시키기도 하지만, 하늘의 천지인 섭리·율법·법도는 기준원칙성·균형형평성·기회균등성·과정절차성·의식공유성·등가비례성·입체통합성·희망긍정성·변화발전성·인정배려성·체계논리성·조화광명성을 통하여 나도 좋고 상대도 좋고 우리 모두가 같이 함께 더불어 좋은 트리플윈triple-win을 만듭니다.

⁸ 그래서 천지인 섭리·율법·법도에 입각하여 그에 합당하게 자유자재自由自在하며 살아가는 존재들에게는 누구도 간섭을 할 수 없습니다. 천지인 섭리·율법·법도에 입각한 삶은 그만큼 당연한 것이기도 하며, 때로는 그만큼 격려받고 칭찬받을 수도 있습니다.

만약 너무 주관적이어서 자기중심적으로만 생각하고 개체지향적으로만 판단·선택·결정하여 주변을 인정·존중·배려하지 않는 삶이 일정 기간 계속되면 천지인 섭리·율법·법도는 신중하고 진중하게, 때로는 엄중하게 다가오기 시작합니다.

⁹ 사실 천지인 섭리·율법·법도는 있으면서도 없는 듯합니다. 천지대자연처럼 늘 정확하고 명확하고 확고하게 존재하지만 태공의 존재들이 그것에 순종·순응·순리하여 하나로 녹아들게 되면 마치 없는 것처럼 느껴집니다.

하나님이 바라는 세상은 그러한 세상입니다. 자신과 상대방 그리고 모두가 좋은 세상, 즉 천지인 섭리·율법·법도에 입각하여 그에 합당한 삶을 살아감으로써 자연스럽게 자신의 존재 그 자체로 가치 있고 충만하고 조화롭고 아름다워서 이해와 수용과 포용, 관용과 아량으로 서로 교류·공감·소통하고 인정·존중·배려하여 같이 함께 더불어 할 수 있는 세상, 그래서 절로 충만함과 고요함이 일어나서 누가 뭐라 하지 않아도 존재하는 나 자신에게 스스로 만족감이 일어나 굳이 말로써 자비, 사랑, 배려가 필요하다고 강조하지 않아도 그렇게 되어 가는 세상, 그런 세상이 바로 하나님이 바라는 조화선국造化仙國입니다.

다른 말로 하면, 천지인 섭리·율법·법도가 지향하여 만들고자 하는 세상이 곧 그러한 모습이고, 태공의 학교로서 지구에 만들고 싶어 하는 표본標本이자, 그 표본을 바탕으로 태공의 모든 행성으로 전파하고 싶은 세상의 모습이기도 합니다. 그래서 천지인 섭리·율법·법도는 자연스럽게 각 개체의 섭리적 행복을 이끌어 내고 그 행복이 서로 조화·상생·상합할 수 있는 세상을 만들기 위해 존재한다고 할 수 있는 것입니다.

10 석문인石門人이 이러한 섭리적 행복의 개념과 정의 그리고 그 빛과 힘, 가치를 있는 그대로 인지·인식·인정하여 살아가고자 한다면, '밝은 태양처럼, 맑은 달처럼 그리고 언제나 초롱초롱하여 항상 찬란한 별처럼 살아가기 위해 노력하면 된다'라는 비유적 표현으로 이해하여 실천하면 조금 더 쉽게 접근할 수 있습니다. 즉 밝고 맑고 찬란한 마음과 마음가짐으로 그에 합당하게 꾸준하고

지속적으로 실천하며 살아가면 되는 것입니다.

그리고 이러한 신성적 삶의 자세를 본本으로 하여, 지상 삶에서 필요한 나머지 인성적 부분을 윤활유처럼 용사하여 방법·방식·방편으로 쓰게 되면, 섭리지향적 삶을 살아가면서도 빛의 생명력이 다양하게 살아 숨 쉬는 자신이 되고 그러한 세상을 만들 수 있게 됩니다.

[11] 후천에 이르러 하나님이 태공의 학교인 지구에 학교장學校長으로 내려옴에 따라 여러 신神들도 학교장을 보좌하기 위하여 학교의 선생님으로 내려오고 다른 행성의 존재들과 지구의 순수인간들이 학생으로 같이 함께 더불어 하게 되어 하나님을 중심으로 모든 존재가 동고동락, 동병상련하는 가운데 같이 함께 더불어 태공을 완성 짓는 모습을 모두가 목도할 수 있게 되었습니다.

모든 개개의 존재는 하나님이 창조한 유일무이唯一無二한 존재로서 그러한 천지인조화역사 속에서 자기 소임과 역할을 가지고 자기 자리에 있는 것이 얼마나 가치 있고 충만하고 조화롭고 아름다울 수 있는지를 체득·체험·체감하여 마침내 존재한다는 그 사실 하나만으로도 자신이 가치 있고 충만하고 조화롭고 아름다운 존재가 됩니다. 그리하여 기쁨·즐거움·신명남·환희·자비·사랑·배려·만족과 같은 섭리적 행복이 주는 풍성과 풍요의 충만함과 고요함 속에서 개체의지가 부여된 궁극적 목적과 목표, 방향성을 깨달아 누가 뭐라 하지 않더라도 자기도 모르게 그것을 평범한 일상 속에서 실천하게 됩니다. 그러한 존재를 곧 도통신인道通神人이라 합니다.

12 그렇게 살아가는 것을 섭리행攝理行이라 하는데, 그런 삶이 각 존재들의 세포에 각인되어 자기도 모르게 그렇게 하루하루를 보내게 되고, 특정 누군가가 아니라 대다수 존재들이 그렇게 살아가면, 그때는 굳이 섭리행이라 하지 않습니다. 지금은 모두 그렇게 하려 하고 있으니 그것을 특별히 섭리행이라 이름 붙여, 가야 할 목적과 목표, 방향성을 분명하게 하지만, 그때가 되면 너무나 자연스러운 일상이 되기에 특별한 말을 붙이지 않는 것입니다.

13 그래서 지금은 자신의 공부 단계에 맞는 만큼 행복하기 위해 정성과 노력을 들여 섭리행을 할 때, 자신에게 자연스러운 변화가 생깁니다. 만약 양신陽神 공부를 하고 있다면, 그 순간 그렇게 존재하는 그 자체만으로 가치 있고 충만함이 느껴져 스스로 조화롭고 아름답다고 여겨 행복감이 차오를 때 도道의 길을 걸어가는 인간

적 고독감이 신성적 고요함으로 바뀌게 되고 저절로 하늘이 내려와 같이 함께 더불어 하게 되어 여의주를 찾고 양신을 찾아 마침내 출신을 하여 도계에 입천하게 됩니다.

14 일상생활 속에서 그렇게 섭리적 행복을 누리기 위해 정성과 노력을 들여 작고 소소한 것에서부터 실천하다 보면 어느 순간 공부가 물 흐르듯 진행됩니다. 특히 그렇게 정성과 노력을 들일 때 희망과 긍정이 깃들게 되면 참 좋습니다. 희망과 긍정이 깃드는 그 자체로 가치 있고 충만하고 조화롭고 아름답게 되어 그 존재가 하는 모든 정성과 노력은 열정이 되기 때문입니다.

15 때로는 공부과정에서 그러한 열정은 욕심이 되기도 합니다. 사실 열정과 욕심은 하나의 두 모습입니다. 집중과 집착도 그러하며, 자긍과 자만도 그러합니다. 두 마음의 차이는 바로 있는 그대로 일어나는 순수함에 있습니다. 즉 하고자 하는 마음이 있는 그대로 일어나면 열정이 되지만 자기중심적으로 일어나게 되면 욕심이 됩니다. 집중과 집착, 자긍과 자만도 같은 이치로 구분할 수 있습니다.

16 그래서 섭리적 행복을 위하여 희망과 긍정이 담긴 정성과 노력을

기울여 열정을 일으킬 때는 먼저, 사실을 있는 그대로 바라볼 수 있으면 좋습니다. 그렇게 하면 그 자체의 빛과 힘, 가치가 있는 그대로 일어나기 때문입니다. 예를 들어 자신의 잘하는 점, 부족한 점을 모두 보고 그것을 있는 그대로 인지·인식·인정하여 잘하는 것은 더 잘하도록, 부족한 점은 보완하여 더 잘할 수 있도록 하게 되면 더 큰 자신의 빛과 힘, 가치를 발휘할 수 있는 토대를 만들 수 있습니다.

17 다시 한번 정리하면, 자신이 존재하는 그 자리에서 스스로 가치 있고 충만하고 조화롭고 아름다움을 느껴 그렇게 존재하는 자체가 '행복'이라고 느끼는 생활과 삶은 매우 중요합니다. 그것은 곧 창조의 3대 목적 중 첫 번째인 '자기 존재성과 존재가치의 인식'과 일맥·일관·일통합니다.

매 순간 스스로가 가치 있고 충만하고 조화롭고 아름답다고 생각되어 존재하는 그 자체로 행복하다고 인지·인식·인정하는 가운데 충만함과 고요함이 일어나 자신을 인정·존중·배려하면 자신과의 교류·공감·소통이 자연스럽게 시작됩니다.

그러면 그 자체로 마음에 여유와 넉넉함이 생기고 그 자리에 있는 것만으로도 기쁨·즐거움·신명남·환희·자비·사랑·배려·충만함·고요함·만족·행복·신성·영광·은혜·축복·복됨이 일어나 주변 존재들을 인정·존중·배려할 수 있게 되고, 또한 교류·공감·소통할 수 있게 되어 같이 함께 더불어 할 수 있게 됩니다.

그리하여 자신이 존재하는 그 자체로 가치 있고 충만하고 조화롭고 아름답다는 생각이 들고, 그와 같은 삶을 살아가는 가운데 그러한 세상을 열어 나가는 그 자체가 행복임을 체득·체험·체감하게 되면 그때 비로소 감사함이 일어나게 됩니다. 그러한 섭리적 행복 속에서 일어난 감사함은 곧 범사凡事에 대한 감사함을 일으키고, 범사에 대한 감사함이 꾸준하고 지속적으로 이어지게 되면 마침내 도道가 자신의 전신 세포 하나하나 속에 살아 숨 쉬게 됩니다.

결국 공부의 중요한 바탕이 되는 석문인으로서의 마음과 마음가짐은 '얼마만큼 섭리적 행복을 찾으며 살아가는가'에 그 척도가 있다고 해도 과언은 아닌 것입니다.

18 이러한 본질적 행복을 찾아가는 마음과 마음가짐을 중심에 두고 현재 석문인들이 공부에 일신우일신日新又日新, 일취월장日就月將을

이룰 수 있는 몇 가지 마음과 마음가짐에 대한 조언을 한다면 다음과 같이 정리할 수 있습니다.

첫째, 앞서 말하였듯이, 자신이 존재하는 그 자체로 가치 있고 충만하고 조화롭고 아름다운 삶과 인생을 살아나가는 가운데 그러한 세상을 열어 나가는 그 자체가 행복임을 깨닫고 하루하루 꾸준하고 지속적으로 그렇게 살아나가면 참 좋습니다.

둘째, 그렇게 하는 데 있어 필요한 것이 바로 '중도中道에 의한 중용中庸의 빛과 힘, 가치를 나투고 밝히고 나누는 것'입니다. 편견과 선입견을 내려놓고, 나만 생각하는 것이 아니라 나와 상대를 동시에 생각하며, 내가 소속되어 있는 영역과 그 속에서 나의 소임과 역할 그리고 이에 합당하게 내가 얼마만큼 조정·중재·조화하며 정성과 노력을 기울이고 있는지를 늘 염두에 두고 살아가면 참 좋습니다.

또한 중도와 중용의 마음과 마음가짐을 공부의 관점에서 말해 보면, 공부가 잘될 때 너무 들뜨거나 공부가 안될 때 너무 가라앉지 말고, 지금 이 순간 공부를 하고 있다는 사실 그 자체에 흥을 일으켜서 신명을 내는 가운데 집중하여 차근차근 조금씩 더 정성과 노력을 기울여 가는 과정을 말합니다.

셋째, 그렇게 하기 위해서는 '이해하는 마음과 마음가짐'이 필요합니다. 이해는 먼저 스스로 자기 자신에서부터 시작하면 참 좋습니다. 즉 자신이 '어떤 민족, 국가, 지역에서 어떤 전통, 문화, 가풍 속에서 어떤 부모님 슬하에서 어떤 특성·특징·특색으로 어떤 버릇, 습관, 틀을 가지고 어떤 가치관과 관점을 형성하여 지금 이 자리에 있는가?'라는 점을 먼저 이해하여 인정·존중·배려할 필요가 있습니다.

만약 자신을 이해하는 정성과 노력이 부족하면 당연히 타인을 이해하기도 어려워지고, 그렇게 되면 상대의 장점과 보완점을 있는 그대로 보기도 어렵고 받아들이기도 어려워져 관계의 결핍과 빈곤이 일어납니다. 그래서 이해하는 마음과 마음가짐은 참 중요합니다.

넷째, 이해가 되면 '수용受容하는 마음과 마음가짐'이 필요합니다. 먼저 자신의 잘하는 점은 장점으로, 자신이 부족한 점은 보완점으로 받아들여 수용할 수 있으면 참 좋습니다. 자신에게 그렇게 할 수 있다면 상대의 잘하는 점과 보완할 점도 있는 그대로 보일 뿐만 아니라 받아들여서 수용하기가 훨씬 수월해집니다.

다섯째, 수용이 되면 '포용包容하는 마음과 마음가짐'을 가지면 참 좋습니다. 먼저 자기 자신부터 포용할 필요가 있습니다. 자신을 인지·인식·인정해서 이해하고 받아들여 수용했으면 잘하는 것은 잘하는 대로, 보완해야 하는 것은 격려하고 칭찬하여 잘할 수 있도록 해서 그것을 성찰하고 탐구하여 연구·분석·평가·정리·정련·정립·정돈할 수 있도록 꾸준하고 지속적으로 정성과 노력을 들여야 합니다.

그러면 자연스럽게 그것이 곧 자기 자신을 포용하는 마음과 마음가짐을 만들게 됩니다. 그렇게 자신이 잘하는 점과 부족한 점을 포용할 수 있게 되면 그만큼 상대를 수월하게 포용할 수 있습니다.

여섯째, 포용이 되면 '관용과 아량을 베푸는 마음과 마음가짐'이 필요합니다. 기준과 원칙을 적용하고 실행하는 것과 최종적으로 구현하는 것은 용사적인 운용의 묘妙에 의해 일정 정도 차이를 만들 수가 있습니다. 즉 다소 부족해 보일 때 기준과 원칙을 곧바로 적용·실행·구현하여 결과를 평가하기보다, 관용과 아량을 베풀어 다시 적절한 과정과 절차를 만들어서 전화위복이 될 수 있는 기회를 주어 일이 되게 하는 쪽으로 방향을 잡으면 참 좋습니다.

이렇게 관용과 아량을 베푸는 마음과 마음가짐의 바탕이 되는 품성·품위·품격을 동양 전통의 관점에서 한 단어로 표현하면 '인덕仁德'이라고 말할 수 있습니다. 즉 인덕으로 관용과 아량을 베풀면 좋습니다. 기준과 원칙을 세우면서도 인자仁慈하고 후덕厚德하게 여유와 넉넉함을 가지고 존재를 있는 그대로 대하면 그것이 인덕이자 곧 자비, 사랑, 배려라고도 할 수 있으며, 섭리의 순리대로 일이 되게 하는 중요한 덕목德目 중 하나가 됩니다.

인덕을 바탕으로 관용과 아량을 베풀면, 인자하게 타이르든 회초리를 들든, 그 마음과 마음가짐에 자비와 사랑, 배려가 자리하게 되므로 섭리의 순리대로 일이 되게 하는 흐름과 형국이 만들어집니다. 즉 겉으로 드러나는 방법·방식·방편 이전에 그 마음과 마음가짐이 어디에 있는가가 중요한 것입니다.

일곱째, 그렇게 관용과 아량을 베풀게 되면 자연스럽게 '화해와 용서, 치유의 마음과 마음가짐'이 필요합니다. 먼저 자신과의 화해가 중요합니다. '나는 왜 이런 의식·인식·습관을 가지게 되었는가? 나는 왜 이러한 가치관과 관점을 가지게 되었는가? 나는 왜 상대방에게 이렇게 혹은 저렇게 보이고 싶어 하는가?' 그렇게 자신을 있는 그대로 보다 보면 나 자신의 어떤 부분을 좋아하고 어떤 부분은 싫어하는지 스스로 알게 됩니다.

이렇게 알게 된 것을 등한시하거나 무시하고 외면하고 회피하게 되면 화해가 되지 않습니다. 조금 부족해서 보완해야 할 부담스러운 모습이 있다 해도 있는 그대로의 모습을 인정·존중·배려할 때 비로소 자신과의 화해가 시작되고, 자신이 용서되며, 자신을 치유할 수 있게 됩니다.

그래서 모든 것은 자기 자신에서부터 시작됩니다. 타인과 화해하고 타인을 용서하고 타인을 치유하기 이전에 자신과 화해하고 자신을 용서하고 자신을 치유해야 하는 것입니다. 그렇게 할 때 타인과 화해하고 타인을 용서하고 타인을 치유하며 같이 함께 더불어 할 수 있어 비로소 진정한 교류·공감·소통이 일어나고 인정·존중·배려하여 마침내 화해와 용서, 치유의 귀결점이라 할 수 있는 자신과 자신 간의, 자신과 타인 간의 해원상생 解冤相生에 이를 수 있습니다.

이러한 일곱 가지 과정을 통하여 자신의 마음을 얻으면 참 좋습니다. 중도에 의한 중용의 빛과 힘, 가치로 자신을 이해하고 수용하고 포용해서 인덕으로 관용과 아량을 베풀었다면 그것이 곧 자신의 마음을 얻는 길이 됩니다.

즉 자신에게 그러하듯 중도에 의한 중용의 빛과 힘, 가치로 타인을 이해하고 수용하고 포용해서 인덕으로 관용과 아량을 베풀면 자연스럽게 주변 존재의 마음을 얻게 됩니다. 그렇게 주변 존재들의 마음을 얻게 되고, 천지天地 대소大小 신神의 마음을 얻게 되면, 그것이 곧 하늘의 마음을 얻어 하늘을 감동시키는 것이며, 그것이 곧 자신을 감동시켜 자신의 마음을 얻게 되는 것입니다.

그렇게 하늘을 감동시켜서 우리 석문인들 모두 무병장수無病長壽하는 가운데 도통신인道通神人이 되어 세상에 하늘의 빛과 힘, 가치를 나투고 밝히고 나눌 수 있으면 참 좋겠습니다.

19 지상적 가치관과 관점에서 보면 지금까지 걸어 온 석문인의 길이 쉽지 않았던 것은 사실입니다. 하지만 수도적修道的 가치관과 관점에서 보면 그것은 더 큰 자신을 만드는 자양분이 될 것입니다.

20 아직도 고뇌에 찬 삶, 지치고 힘겨운 삶, 긴장되고 경색된 삶의 흔

적이 남아 있다면, 앞서 말한 일곱 가지 마음과 마음가짐인 자기 자신의 본질적 행복을 찾기 위한 중도에 의한 중용, 이해·수용·포용·인덕을 통한 관용과 아량, 화해와 용서, 치유 그리고 자기 자신의 마음을 얻고자 하는 정성과 노력으로 지난날을 자양분으로 삼아 본립이도생 本立而道生으로 석문충만 石門充滿 · 공부충만 工夫充滿 · 건강충만 健康充滿 · 도심충만 道心充滿 · 신성충만 神性充滿 · 보좌충만 補佐充滿 · 사랑충만 · 기쁨충만하여 더 큰 자신으로 거듭나기를 기원합니다.

같이 함께 더불어
석문도문

한조님말씀 42

桓紀 27年 7月 23日

(2015. 9. 5)

석문도법의 대중화·인류화·세계화

1. 후천 2주기의 지십승地十勝역사와 이것을 바탕에 둔 석문도법石門道法의 대중화·인류화·세계화를 지향하는 천지인대역사天地人大役事가 진행되어 후천 완성을 이루는 중요한 흐름과 형국의 전환점에 서 있는 지금, 석문인들은 이제부터 도법 전파를 위해 수없이 많은 세상의 존재들을 만나고 새로운 환경과 여건을 접하게 될 것입니다.

2. 그러한 상황을 준비하고 대비하기 위하여 이제 세상과 접하게 될 석문인들이 염두에 두어야 할 마음과 마음가짐에 대해서 몇 가지 간략하게 조언하면 다음과 같습니다.

3. 우리가 석문도법을 전파할 때 그 대상이 되는 존재의 의식·인식·습관을 인정·존중·배려하는 것도 중요하지만, 그보다 더욱 중요한 것은 '나 자신'입니다. 상대가 가지고 있는 특성·특징·특색으로 인해 나타날 수 있는 경우의 수를 자신이 모두 인지·인식·인정하고 그것에 맞추어 상황을 만들어 가기란 쉽지 않습니다. 내가 가진 체득·체험·체감이 많고 아무리 다양한 경우의 수를 경험해 왔다 하더라도 만인萬人이 가진 경험을 모두 담아 내

기란 참으로 어렵기 때문입니다.

4 반면에 자신의 특성·특징·특색을 나투고 밝히고 나누어서 만들어 낼 수 있는 경우의 수는 상대적으로 참 많습니다. 최소한 상대보다 자신에 대해서 더 많은 것을 알고 있고, 그에 맞춰서 스스로가 상황을 만들어 갈 수 있기 때문입니다.

5 그래서 자신의 '눈빛·표정·자세·단어·용어·문장·말·말투·행동'이 중요합니다. 즉 '내가 어떤 눈빛·표정·자세·단어·용어·문장을 써서 어떤 말·말투·행동으로 사람들을 대하는가?'라는 부분을 염두에 두고 세상 사람들을 접할 필요가 있습니다.

즉 조금 더 일상적인 지상의 언어로 표현하면, 자신이 상대에게 건네는 말과 말투, 사람을 대할 때의 표정과 행동, 서 있는 자세에서 걸음걸이 하나하나, 옷매무새까지, 세상 사람들에게 나투고 밝히고 나누는 자신의 빛과 힘, 가치가 곧 석문도문石門道門의 빛과 힘, 가치를 대변한다는 관점에서 그만큼 품성·품위·품격을 갖추어야 한다는 뜻입니다.

6 따라서 석문인들은 '빛의 특성·특징·특색', '섭리의 특성·특징·

특색', '하늘의 특성·특징·특색'이 깃든 눈빛·표정·자세·단어· 용어·문장·말·말투·행동으로 나투고 밝히고 나눌 수 있으면 좋습니다. 이해하기 쉽게 지상식으로 표현하면, 석문인들은 '빛의 속성, 섭리의 속성, 하늘의 속성'을 닮아 가고 이것을 자신의 눈빛·표정·자세·단어·용어·문장·말·말투·행동으로 나투고 밝히고 나눌 수 있을 때 세상을 도道의 품으로 오게 할 수 있다는 뜻입니다.

그런데 '빛의 속성, 섭리의 속성, 하늘의 속성'이 지상에서 각 존재에게 형상화되는 관점에서 보면 결국 '밝고 맑고 찬란함'이라 할 수 있습니다. 그래서 '밝고 맑고 찬란함이 깃든 눈빛·표정·자세·단어·용어·문장·말·말투·행동의 빛과 힘, 가치를 나투고 밝히고 나눌 수 있을 때 세상을 도道의 품으로 오게 할 수 있다'라고 표현할 수도 있습니다.

7 이러한 석문인이 되려면 자신의 정기신력精氣神力이 적절하게 뒷받침되어야 합니다. '눈빛·표정·자세·단어·용어·문장·말·말투·행동에 그러한 빛과 힘, 가치가 어느 정도 담겨 있고 또 어느 정도 나투고 밝히고 나눌 수 있는가?'라는 것은 어떤 정기신력이 어느 정도 담겨 있느냐에 따라 달라질 수 있기 때문입니다.

8 그렇게 '빛의 속성, 섭리의 속성, 하늘의 속성'이 자신의 눈빛·표정·자세·단어·용어·문장·말·말투·행동에 밝고 맑고 찬란하게 깃들고 자연스럽게 표현되기 위해서는 꾸준하고 지속적인 정성과 노력이 필요합니다. 즉 끊임없는 시도를 통한 절차탁마切磋琢磨가 필요하다는 것입니다.

눈빛과 표정을 그때의 환경과 여건이 만드는 상황에 합당하게 조정·중재·조화하고, 턱은 가볍게 당긴 상태에서 어깨를 움츠러들지 않게 활짝 펴고 허리를 곧게 세운 자세를 기본으로 하여, 자신이 쓰는 단어·용어·문장·말·말투를 긍정적인 관점을 바탕으로 밝고 맑고 찬란함을 나투고 밝히고 나눌 수 있도록 용사하여 행동하면 자연스럽게 감정도 조정·중재·조화가 되고 마음과 마음가짐도 조정·중재·조화가 되며, 그렇게 되면 공부한 만큼의 빛과 힘, 가치가 자연스럽게 드러나면서 자신의 단계에 합당한 만큼 자유자재할 수 있는 석문인의 모습을 갖출 수 있게 되는 것입니다.

9 그래서 평소에 자신의 눈빛·표정·자세·단어·용어·문장·말·말투·행동을 잘 살펴서 그 상황에 합당한 석문인으로서의 눈빛·표정·자세로 어떤 단어와 용어를 사용하여 어떻게 문장을 만들고 어떻게 말과 말투의 장단고저를 해서 조정·중재·조화력을 최대

한 발휘하여 자신의 뜻을 드러낼지 자신의 마음과 마음가짐에 따른 다양한 표현의 방법·방식·방편을 성찰하고 탐구하여 꾸준하고 지속적으로 실천해 보아야 합니다.

그렇게 할 때 자신이 석문인으로서 세상을 접하는 데 있어 지금까지 스스로 체득·체험·체감한 만큼 자신의 존재성과 존재가치를 인지·인식·인정하는 가운데 명확한 정체성, 확고한 주인의식, 올곧은 자기중심을 바탕으로 물처럼 유연함, 즉 존재성과 존재가치에 따른 용사적 빛과 힘, 가치를 자유자재로 나투고 밝히고 나눌 수 있는 것입니다.

10 한 가지 덧붙이면, 지축정립 地軸正立, 지구정화 地球淨化, 지구단전 地球丹田, 지구십승 地球十勝의 관점을 바탕으로 석문도법이 대중화·인류화·세계화되는 과정에서 대내외적 장애·방해·걸림이 있을 수 있는데, 이때 석문도법을 전파하는 석문인의 마음과 마음가짐이 움츠러들면 그것이 오히려 더 큰 내적 장애·방해·걸림을 만들 수 있다는 점을 염두에 둘 필요가 있습니다.

11 후천 완성을 위한 석문리더로서 맡은 바 소임과 역할을 다해야 할 석문인이 두려움으로 움츠러들게 되면 천하 天下가 위험해질 수

있습니다. 지상에 도_道를 펼쳐야 할 곳은 수없이 다양한 문화와 문명을 가지고 있으며, 그중에는 현재 지상의 평균적인 문화와 문명의 범주에서 상당히 동떨어진 생활양식을 가진 지역도 적지 않게 있습니다.

이런 관점에서 볼 때 도_道를 펼침에 있어 장애·방해·걸림이 있다고 하여 석문인이 움츠러들면, 지상에 도_道를 펼치기 어려운 흐름과 형국이 될 수 있습니다. 지금까지 오랜 시간, 도_道가 세상에 펼쳐질 날을 준비하고 대비하여 인내와 끈기, 정성과 노력으로 수없이 많은 고뇌, 번민, 갈등, 역경을 뛰어넘어 온 석문인들이 그렇게 두려움에 움츠러들면 세상에는 도_道를 전파할 존재가 없는 것과 마찬가지인 것입니다. 그래서 석문인들이 움츠러들면 천하가 위험해질 수 있다고 하는 것입니다.

12 따라서 도_道를 펼치는 석문인들은 설사 장애·방해·걸림이 있다 해도 두려움에 움츠러들지 말고, 우리의 자긍심과 자부심을 적절하게 표현하는 가운데 그 시간, 그 장소, 그 상황에 합당하게 말과 행동에 적절한 무게감을 용사_{用事}하여 자신의 빛과 힘, 가치를 나투고 밝히고 나눌 필요가 있습니다.

¹³ 사실 이러한 움츠림은 두려움 때문에 일어나는 것만은 아닙니다. 예로부터 선가仙家 공부의 과정에서 그러했듯이, 때로는 궂은일을 하기 싫어서, 때로는 비판과 비난을 받지 않기 위해서 자신에게 일어나는 움츠림을 마치 '인내하는 수도자인 척'하며 해야 할 일에 소극적인 경우도 적지 않게 있었습니다.

이것은 공부하는 과정에서 일어날 수 있는 여러 시행착오 중 하나입니다. 자신을 있는 그대로 보고, 본 것을 인지·인식·인정하여 받아들이고 성찰하고 탐구하여 더 큰 자신이 될 수 있도록 꾸준하고 지속적으로 실천하여 자신이 해 왔던 시행착오를 인정하고 극복하고 뛰어넘을 수 있어야 자기 공부의 상승·확장·발전을 이루고 도道를 전파할 수 있는 더 크고 넓은 길이 열리는 것입니다.

¹⁴ 그리고 도인상道人像을 하나의 고정관념처럼 지어서 스스로의 행동을 제약하는 것도 많은 장애·방해·걸림을 만듭니다. 예를 들어 도인이 속세를 떠나 초연하게 살아간다는 모습을 단편적인 관점으로 받아들여, 그것을 일률적인 행동 패턴으로 정해 놓고 주변에서 일어나는 모든 일에 반응하지 않는다면 그것도 일종의 움츠림입니다.

15 천지인 섭리·율법·법도에 입각하여 그에 합당한 삶을 살아갈 것이라는 도인의 심중에 깃든 마음과 마음가짐은 언제나 변함이 없지만, 그것을 나투고 밝히고 나누는 도인의 모습은 하나로 고정되어 있지 않습니다.

도인의 모습은 마치 천지대자연과 같습니다. 계절이라는 큰 테두리는 같지만 그 안에 봄, 여름, 가을, 겨울이 있는 것처럼 때로는 산들바람이 불기도 하고 때로는 태풍이 오기도 하며, 때로는 보슬비가 오기도 했다가 때로는 폭우가 내리고 더위와 추위에 꽃이 피기도 하고 낙엽이 지기도 하는, 수없이 많은 변화가 있습니다. 그러한 변화 속에서도 만물을 생육生育시킨다는 정해진 목적과 목표, 방향성을 일맥·일관·일통으로 유지하는 것입니다.

16 그와 같이 도인은 부드럽고 따뜻한 모습도 갖추고 있는 반면, 신중하고 진중하며 엄중한 모습도 갖추고 있습니다. 즉 턱을 가볍게 당긴 상태에서 어깨를 활짝 펴고 허리를 곧게 세운 당당한 모습으로 살아가지만, 세상의 다양한 환경과 여건을 만났을 경우, 필요할 때는 섭리의 순리대로 일이 되게 하기 위하여 적절한 만큼 고개를 숙이기도 하고, 때로는 목소리를 높여서 자신의 뜻을 정확하고 명확하고 확고하게 전달할 수도 있어야 하는 것입니다.

[17] 물론 고개를 숙이거나 목소리를 높이는 것에도 모두 도인으로서의 품성·품위·품격에 맞는 일정한 방법·방식·방편을 쓸 수 있습니다.

예를 들어 천지인 섭리·율법·법도에 비추어 보았을 때 마음이 불편하거나 화가 날 수 있는 상황이라고 한다면, 그것을 표현하는 방법·방식·방편은 다양합니다. 다소 높은 목소리를 쓸 것인가 낮은 목소리를 쓸 것인가, 말을 빠르게 할 것인가 느리게 할 것인가, 진중한 표정을 지을 것인가 안타까운 표정을 지을 것인가, 문장과 문단을 짧게 표현할 것인가 길게 표현할 것인가 등의 다양한 방법·방식·방편으로 의사전달의 묘妙를 발휘할 수 있습니다.

[18] 다시 말해 도인은 화가 날 때 보편적인 존재들처럼 인성과 인성체계에서 나오는 극단적인 표현을 쓰지 않습니다. 그러나 그것이 부드럽고 따뜻한 모습만을 가진다는 뜻이 아니라 도인에게 합당한 일정한 품성·품위·품격의 범주 안에서 인간이 표현할 수 있는 다양한 방법·방식·방편을 용사할 수 있음을 뜻하는 것입니다.

그래서 이분법적인 관점으로 만든 특정한 도인상의 한 모습을 고정시켜서 용사력을 발휘하면 그것은 곧 자신이 나투고 밝히고 나눌 수 있는 빛과 힘, 가치에 스스로 한계를 두게 되므로 그 또한 움츠림이 되는 것입니다.

19 세상에 석문도법을 전파하고자 하는 석문인에게는 호연지기浩然之氣가 필요합니다. 석문도문 안과는 달리 세상의 환경과 여건 중에는 지금껏 우리가 겪어 보지 못한 여러 어려운 상황들이 있습니다. 그렇다 해도 시간, 장소, 상황에 따른 분위기에 일방적으로 압도되거나 동조되지 않고, 천지인 섭리·율법·법도에 입각하여 그에 합당하게 해야 할 것은 하는, 도인으로서의 의식·인식·습관을 쓸 수 있어야 하는 것입니다.

도道가 섭리의 순리대로 펼쳐지는 좋은 흐름과 형국 속에서도 마찬가지입니다. 석문도법을 알아주는 존재들이 갖추는 예우와 대우에 안주하고 안도하여 안착하고 싶은 마음에 자기중심이 흔들리게 되면 자신도 모르게 자신의 정체성을 막연하고 애매하고 모호하게 하여 도道를 닦고 도道를 펼치는 데에 크나큰 내적 장애·방해·걸림을 만들기도 합니다.

즉 지구 전체에, 태공 전체에 도道를 펼치기 위해 무수히 많은 새로운 시도를 해야 하지만 현재의 안락함을 향유하려는 인성적 마음과 마음가짐으로 인해 그러한 시도를 멈출 수도 있기 때문입니다. 그래서 석문인은 세상의 환경과 여건을 인정·존중·배려하면서도 그것을 극복하고 뛰어넘을 수 있는 호연지기가 필요한 것입니다.

20 세상 사람들은 석문인을 통해서 하늘을 봅니다. 만약 석문인이 고압적이고 경직된 모습을 보이면 그들은 하늘도, 신神들도, 천지인 섭리·율법·법도도 고압적이고 경직된 모습이라 오해할 수 있고, 석문인이 쉽고 편하게만 보이면 하늘도, 신神들도, 천지인 섭리·율법·법도도 쉽고 편하다고 오해할 수 있습니다.

21 또한 석문인이 '저런 상황에서 저런 사람에게 어떻게 도道를 펼칠 것인가'라고 소극적으로 생각하면 하늘도 그만큼만 움직이게 되면서 석문도문의 모든 상황이 그런 식으로 되고 세상의 모든 상황도 그런 식으로 될 수 있습니다. 아무리 힘든 것처럼 보여도 '저런 상황에서, 저런 사람에게 도道를 충분히 펼칠 수 있다'라고 긍정적으로 생각하고 방법·방식·방편을 찾다 보면 하늘도 그만큼 움직여서 석문도문과 세상에 다양한 개연성이 열리게 됩니다.

22 엄밀히 말하면 현재 지상에도 천지인 섭리·율법·법도적 문화와 문명이 있습니다. 과학이 섭리의 일부분인 것처럼 세상의 문화와

문명 또한 하늘에서 파생된 것이므로 도(道)와 일맥·일관·일통으로 호환·파동·공명하는 부분이 있기에 천지인 섭리·율법·법도의 형식과 내용을 갖추고 있는 것입니다.

다만 세상 사람들의 의식·인식·습관이 온전하지 못하고 완전하지 못하기 때문에 조화·상생·상합하기보다 자기중심적인 관점에서 상극·상충·분열하는 쪽으로 흘러가 여러 문제를 일으키기도 하는 것입니다.

결국 석문도문은 현재 지상에 있는 문화와 문명과는 달리 세상 사람들의 방법·방식·방편으로는 접근할 수 없는 더욱더 상승·확장·발전된 차원의 온전하고 완전한 천지인 섭리·율법·법도를 직접 체득·체험·체감하여 전파하고 있는 것입니다.

23 이처럼 세상이 도(道)의 품으로 들어와야 하지만 그렇다고 해서 세상이 도(道)와 완전히 분리되어 있는 것은 아닙니다. 그런 관점에서 보면 도(道)를 펼치는 섭리행 역시 세상과 같이 함께 더불어 하면서 하루하루 일상에서 만들어 온 생활 속의 의식·인식·습관이 참 중요하다고 할 수 있습니다.

²⁴ 석문도문의 지난 24년을 돌아보면, 용用적인 변화를 중심으로 세상을 도道의 품으로 오게 하는 여러 시도들이 적지 않게 있었습니다. 본本이 정확하고 명확하고 확고하고 올곧게 세워지는 흐름과 형국이 다소 원활하지 않은 상태에서 그렇게 용用적인 변화가 일어난 경우에는 수시로 적지 않은 문제가 일어나기도 했습니다. 지금은 본本적인 차원의 변화들이 많이 일어나고 있기에 용用적인 변화도 안정감을 가지고 하나의 흐름과 형국을 만들어 가고 있습니다.

²⁵ 결국 돌이켜 보면 도道를 펼침에 있어서도 먼저 갖추어야 하는 것은 자기믿음을 통해 자신을 있는 그대로 바라보고, 바라본 그대로 인지·인식·인정해서 받아들일 것은 받아들인 그대로 성찰하고 탐구하여 스스로를 체득하고 깨우쳐 인식한 만큼 조금씩 형성되어 온 도심道心으로 지행합일知行合一·언행일치言行一致·표리일치表裏一致·내외일치內外一致하는 가운데 그것을 나투고 밝히고 나누는 섭리행을 통해 작고 소소한 것에서부터 어떤 마음과 마음가짐으로 어떤 눈빛·표정·자세·단어·용어·문장·말·말투·행동으로 주변 존재들을 어떻게 인정·존중·배려하고 어떻게 같이 함께 더불어 할지 자성自省·자각自覺·자혜自慧·자행自行하여 실천하는 것에 있다고 할 수 있습니다.

26 그렇게 하다 보면 그 존재의 마음과 마음가짐에, 그리고 눈빛·표정·자세·단어·용어·문장·말·말투·행동에 기쁨·즐거움·신명남·환희·자비·사랑·배려·충만함·고요함·만족·행복·신성·영광·은혜·축복·복됨의 빛과 힘, 가치가 깨어나고, 본립이도생으로 석문충만·공부충만·건강충만·도심충만·신성충만·보좌충만·사랑충만·기쁨충만하는 가운데 무병장수, 도통신인, 조화선국의 빛과 힘, 가치가 깃들어 마침내 석문도법이 대중화·인류화·세계화될 수 있는 토대가 자연스럽게 마련될 수 있습니다.

27 결국 나를 알아 가는 과정이 주변 존재를 알아 가는 과정이 되고, 주변 존재를 알아 가는 과정이 천지인을 알아 가는 과정이 되고, 천지인을 알아 가는 과정이 곧 태공을 알아 가는 과정이 되어, 마침내 천지인 섭리·율법·법도에 입각하여 그에 합당한 자신의 빛과 힘, 가치를 자유자재로 나투고 밝히고 나누는 존재가 될 수 있는 것입니다.

28 석문인들은 이러한 점을 항상 염두에 두고 오늘 하루를 어떤 마음과 마음가짐으로 작고 소소한 것에서부터 실천하여 같이 함께 더불어 할 것인가를 성찰하고 탐구하여 하나하나씩 실천해 나가면 참 좋을 것 같습니다.

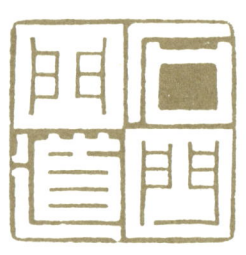

같이 함께 더불어
석문도문

한조님말씀 43

桓紀 27年 8月 22日
(2015. 10. 4)

공부의 7부 능선과 의사소통

1 지금까지 오랫동안 석문인들에게 강조했던 말이 있습니다. 그중에 하나가 바로 '공부의 7부 능선을 넘을 수 있는 석문인이 되면 좋겠습니다'라는 것입니다. 석문인들의 개체의지를 인정·존중·배려하여 이를 스스로 체득·체험·체감할 수 있도록 하였기에 지금까지 구체적이고 세부적인 뜻이 무엇인지 자세하게 언급한 적은 없습니다.

2 이제 석문도문 개문開門 이래 24년 동안 그렇게 해 왔다는 사실 자체로 석문인들의 개체의지를 충분히 인정·존중·배려하였음을 모두가 인지·인식·인정할 수 있을 만큼의 수준이 되었으며 또한 '공부의 7부 능선을 넘는다'라는 말의 뜻에 대한 자성·자각·자혜·자행의 흐름과 형국이 서서히 일어나고 있다는 점을 감안하여 구체적이고 세부적인 뜻을 자세하게 설명해 보겠습니다.

3 '공부의 7부 능선을 넘는다'라는 말은 석문도법石門道法의 석문사상石門思想, 석문도담石門道談으로 석문호흡石門呼吸 수련을 하는 석문인들이 극한의 의지를 통하여 자신의 정기신력을 극한으로 발휘하는 실천의 모습을 말합니다. 이해하기 쉽게 섭리적인 가치관과

관점으로 설명하면 다음과 같은 예를 들 수 있습니다.

4　수련 시간에 행공行功 자세를 정자세에 최대한 가깝게 하려고 노력하다가도 조금 편안한 쪽으로 자세를 풀고 싶을 때가 있습니다. 이럴 때 극한의 의지를 써서 자신의 정기신력을 극한으로 발휘할 수 있습니다. 즉 정자세를 유지할 때 일어나는 어려움과 힘듦, 짜증을 무시·외면·회피하지 말고, 자신을 격려하고 칭찬하고 사랑하여 자신의 꿈을 되새기고 자신에게 희망을 불어넣고 긍정성을 일깨워 자신을 북돋아 열정을 가져서 다시 한번 더 도전할 수 있게 할 때 '극한의 의지를 써서 극한의 정기신력을 발휘한다'라고 할 수 있습니다.

누군가에게 말실수를 해서 사과를 해야 하는데 자꾸만 머뭇거리게 되는 경우가 있습니다. 그렇게 머뭇거릴 때 '사과할 수 있다', '힘겨움을 뛰어넘을 수 있다', '희망을 가질 수 있다'라고, 무엇보다도 먼저 자신을 격려하고 칭찬하고 사랑하여 자신의 꿈을 되새기고 자신에게 희망을 불어넣고 긍정성을 일깨워 자신을 북돋아 열정을 가져서 다시 한번 더 도전할 수 있게 하여 자신의 머뭇거림을 인정하고 극복하여 뛰어넘을 수 있을 때 '극한의 의지를 써서 극한의 정기신력을 발휘한다'라고 할 수 있습니다.

즉 극한의 의지를 써서 극한의 정기신력을 발휘하여 7부 능선을 뛰어넘는다 함은 하기 싫은 것은 하기 싫은 그대로 인정·존중·배려하면서 스스로가 할 수 있도록, 하게 되도록, 할 수밖에 없도록, 상대나 대상이 아니라 먼저 자기 자신에게 조금 더 여유와 넉넉함을 가지고 격려하고 칭찬하고 사랑하여 자신의 꿈을 되새기고 희망을 불어넣고 긍정성을 일깨워 자신을 북돋아 열정을 가져서 다시 한번 더 도전할 수 있게 하여 결국 그렇게 되도록 하는 것을 말합니다.

5 사실 이러한 상황에서 자신에게 부정적인 말을 하기 쉽습니다. 아침에 일어나야 하는 그 순간에 일어나지 못하고 있는 자신을 보면서 '지금까지 공부한 것은 어쩌고 이러고 있을까!'라고 이야기하기 쉽습니다.

하지만 '지금이라도 일어날 수 있다'라고 격려와 칭찬을 하고 그래서 일어나게 되면 '봐, 나는 일어났지 않는가!'라고 자신을 격려하고 칭찬하고 사랑하여 자신의 꿈을 되새기고 자신에게 희망을 불어넣고 긍정성을 일깨워 자신을 북돋아 열정을 가져서 다시 한번 더 도전할 수 있게 하여 자신이 그렇게 되도록 만들면 그것이 곧 극한의 의지로 극한의 정기신력을 이끌어 내어 공부의 7부 능선을 넘는 것이 됩니다.

6   이러한 패턴으로 의식과 인식을 계속해서 쓰게 되면 그것이 습관이 되고, 이러한 습관이 곧 자신에게 다가온 크고 작은 위기를 기회로 바꾸어 전화위복이 되게 합니다. 그래서 이렇게 안착된 의식·인식·습관이 공부의 체계를 형성하여 꾸준하고 지속적으로 반복되면 자신의 정체성을 명확히 하고 주인의식을 확고히 하여 자기중심을 올곧게 세워 물처럼 유연함을 나투고 밝히고 나누는 가운데 변화, 발전을 거듭하여 결국 도통신인이 되는 길이 열리게 됩니다.

7   이렇게 공부의 7부 능선을 인정하고 극복하고 뛰어넘을 때 자신에게 꿈·희망·긍정·열정을 부여하는 것은 참으로 중요합니다. 꿈이 있으면 어떤 환경과 여건이 펼쳐져도 희망을 만들 수 있습니다. 그때의 희망은 당연히 긍정적인 희망일 수밖에 없으며, 그렇게 꿈에서 희망이 나오고 그것에 긍정성이 깃들어 있으면 자연스럽게 열정이 생기게 됩니다.

그러한 열정을 통해 극한의 정기신력을 일으키면 내가 할 수 있고, 해야 하는 것에 대해 무시하거나 외면하거나 회피하면서 주저

하지 않고, 그렇게 할 수 있도록, 하게 되도록, 할 수밖에 없도록 스스로를 격려하고 칭찬하고 사랑하여 도전정신을 이끌어 낼 수 있게 됩니다.

그래서 꿈·희망·긍정·열정은 공부의 7부 능선을 인정하고 극복하고 뛰어넘게 하는, 극한의 의지를 일으키는 밑바탕이 되는 것입니다.

8 그런데 이때 궁극적인 꿈과 희망만 있다면 그것만으로는 다소 부족합니다. 왜냐하면 오랜 시간 후에 이루어질 꿈과 희망만 가지고 있으면, 그것이 당장 이루어지지 않을 때 지치고 힘들어 실망할 수도 있기 때문입니다. 그래서 작고 소소한 것에서부터 오늘 꾸는 꿈, 이번 달에 꾸는 꿈, 분기에 꾸는 꿈, 올해에 꾸는 꿈 등 가깝고 먼 미시적이고 거시적인 꿈을 다양하게 설정하면 좋습니다. 작고 소소한 꿈들을 먼저 하나하나 이루어 가다 보면 그만큼 마음에 기쁨, 즐거움, 신명남과 환희를 가지게 되므로 희망이 더욱 현실화되어 긍정성이 높아지고 열정이 구체화되어 마침내 어느 순간 큰 꿈을 이룰 수 있게 되는 것입니다.

9 그래서 이것을 조금 다른 관점으로 표현해서 '공부에는 흥이 있

어야 한다'라고 이야기해 왔습니다. 공부에 대한 어려움 때문에 두려움이 일어난다면 그것이 일어나는 것을 그대로 인지·인식·인정하고 자기 자신을 격려하고 칭찬하고 사랑하여 오늘 이룰 수 있는 작고 소소한 꿈을 이루고 또 다른 꿈을 꾸어 자신의 흥을 북돋아 주게 되면, 공부의 어려움과 두려움이 모두 기쁨, 즐거움, 신명남과 환희로 바뀌게 되면서 더 큰 흥을 불러일으킬 수 있게 됩니다.

10 그렇게 흥이 일어나면 공부에 더 관심을 가지게 되고 즐거워져서 더 깊은 성찰과 탐구를 시도하고 더욱 직접·적극·능동적으로 실천하게 됩니다.

그래서 공부가 안 된다 싶은 마음이 드는 그때, 그러한 마음이 든다는 사실 자체를 있는 그대로 인정·존중·배려하고 자신이 지금 시도하고 있다는 그 자체에 격려와 칭찬을 하는 가운데 그만큼 흥을 일으켜서 다시 한번 시도할 필요가 있습니다.

그렇게 어떠한 환경과 여건 속에서도 자신을 격려하고 칭찬하고 사랑하여 자신의 꿈을 되새기고 자신에게 희망을 불어넣고 긍정성을 일깨워 자신을 북돋아 열정을 가져서 다시 한번 더 도전할 수 있게 하여 이루려고 하는 목표에 다가갈 때, 그것이 곧 '극한의 의지를 써서 극한의 정기신력을 일으켜 7부 능선을 넘는다'라고 할 수 있는 것입니다.

11 '공부의 7부 능선을 넘을 수 있는 석문인이 되면 좋겠습니다'라는 말과 함께 지금까지 석문인들이 흔히 겪었지만 그것이 왜 일어나고 어떻게 풀어 가야 하는지 잘 모르던 장애·방해·걸림이 하나 있습니다. 바로 권위적이고 고압적이고 강압적이며 지시적인 것처럼 느껴지는 의사전달로 인해 일어나는 '관계의 결핍과 빈곤의 문제'입니다.

이 문제 또한 오랜 세월 동안 석문인들의 개체의지를 충분히 인정·존중·배려해 왔으며, 지금 이에 대한 자성·자각·자혜·자행의 흐름과 형국이 일어나고 있다는 점을 감안하여 이제는 구체적이고 세부적인 뜻을 자세하게 설명해 보겠습니다.

12 자신은 의사소통을 하는 가운데 권위적, 고압적, 강압적, 지시적인 마음과 마음가짐으로 한 적이 없다고 생각하는데 주변에서 계속해서 그러한 점에 대해 언급을 하는 경우가 있습니다. 그런데 비슷한 상황에서 유사한 방식으로 의사소통을 하는 존재에게 주

위 석문인들이 '리더십이 좋다'라고 이야기하는 경우를 보게 됩니다.

이에 대해 스스로 성찰, 탐구해 보아도 자신은 두 경우의 차이를 인지·인식·인정하지 못할 수 있습니다. 그렇게 되면 그것이 공부의 장애·방해·걸림이 된다는 것은 알지만, 왜 그런지 알지 못하고 해결할 방법·방식·방편을 찾지 못하기도 합니다.

13 비슷한 상황에서 유사하게 의사소통을 하는 것 같은데 왜 한쪽은 '권위적, 고압적, 강압적, 지시적이다'라는 평판을 받고, 다른 쪽은 '리더십이 좋다'라는 평판을 받는지, 그 차이는 바로 '쌍방향 의사소통을 하는가, 하지 않는가'에 있습니다.

즉 좋은 뜻과 생각을 가지고 이야기하더라도 자신의 뜻만 전달하게 되면 '권위적, 고압적, 강압적, 지시적이다'라는 평판을 받게 될 개연성이 높고, 같은 내용의 말이라도 자신의 뜻을 소신 있게 전달하고 상대의 이야기를 진정성 있게 경청하여 쌍방향 의사소통을 하게 되면 '리더십이 좋다'라는 평판을 받게 되는 것입니다.

14 쌍방향 의사소통을 위해서는 매우 중요한 요소가 하나 필요합니

다. 바로 '어떤 마음과 마음가짐으로 교류·공감·소통을 하는가' 라는 것입니다.

'어떤 마음과 마음가짐으로 하는가'라는 것은 마치 자신의 빛과 힘, 가치를 운용하는 프로그램과 같습니다. 왜냐하면 어떤 마음과 마음가짐인가에 따라 의사소통의 수단이 되는 눈빛·표정·자세· 단어·용어·문장·말·말투·행동까지 그에 합당한 정도로 표현이 되기 때문입니다.

쉽게 말하면 눈빛·표정·자세·단어·용어·문장·말·말투·행동에 따라서 자신의 마음과 마음가짐이 드러나 상대가 쌍방향 의사소통인지 일방향 의사소통인지를 부지불식간에 판단하게 되는 것입니다.

15 예를 들어 눈빛과 표정이 굳어 있거나 날이 서 있으면 쌍방향의 교류 정도가 현저히 낮아지게 됩니다. 교류가 크게 일어나지 않으면 공감과 소통의 정도도 낮습니다. 자세가 고압적이면 말을 하기도 전에 이미 쌍방향 교류의 흐름과 형국이 단절된 상태로 대화가 진행되어 공감과 소통의 정도가 낮아집니다.

눈빛도 좋고 표정도 좋고 자세도 좋은데 말이나 말투, 행동이 거칠거나 이상하게 보인다면 당연히 상대방은 움츠러들게 되고 자기 의사를 표현하는 정도가 낮아질 수밖에 없습니다. 그럴 때 대화는 교류·공감·소통의 정도가 낮아져 권위적, 고압적, 강압적, 지시적인 것으로 받아들여지게 됩니다.

16 종합해 보면 의사소통이 될 때 눈빛이 먼저 교류·공감·소통의 분위기를 결정짓습니다. 그리고 표정, 그 다음이 자세입니다. 그 상태에서 말이 의사소통의 흐름과 형국을 만들게 되는데, 이때 말에 들어가는 단어와 용어가 내용의 세부적인 인상을 전달하게 되며 문장은 전체적인 인상을 전달하게 됩니다. 또한 말투는 상대방에게 자신이 어떤 감정을 가지고 의사를 전달하려는지 보여 주기도 하고 이렇게 의사전달을 할 때 취하는 행동몸짓을 통해서 믿음과 신뢰의 정도를 전달하기도 합니다.

17 그래서 쌍방향 의사소통을 위한 마음과 마음가짐이 전해지는 정도는 '상대방의 개체의지를 얼마만큼 인정·존중·배려하는가'에 달려 있다고 해도 과언이 아닙니다. 하나의 실례로 '질문기법質問技法'을 들 수가 있습니다.

'질문기법'이란 상대가 스스로 판단·선택·결정할 수 있도록 하기 위하여 단정적인 문장으로 의사소통을 하는 것이 아니라 상대의 의향을 묻는 질문으로 의사소통을 하는 것입니다. 이렇게 하면 상대가 질문에 답을 할 수 있는 여지를 갖게 됩니다. 즉 질문기법은 상대의 판단·선택·결정을 표현할 수 있게 하므로 그만큼 상대가 자신의 존재성과 존재가치에 부합되는 개체의지를 쓸 수 있도록 인정·존중·배려해 주는 것입니다.

그래서 질문기법은 항상 어느 정도의 시간을 필요로 합니다. 스스로 생각해서 자신의 생각을 말할 수 있는 시간을 적절하게 주어야 하기 때문입니다. 그 정도의 환경과 여건을 만들지 않고 기법만 취하면 오히려 형식적인 쌍방향 의사소통을 한다는 오해를 받을 수도 있습니다. 그래서 질문기법과 같은 쌍방향 의사소통을 하기 위해서는 마음의 여유가 필요합니다.

여유는 넉넉함에서 나오고 넉넉함은 충만감에서 나오며, 충만감은 자기믿음에서, 자기믿음은 자기확신에서 그리고 자기확신은 정성과 노력에서 나옵니다. 결국 쌍방향 의사소통도 자기 공부에 따른 품성·품위·품격의 정도에 기반하여 이루어지는 것입니다.

¹⁸ 무한대의 광대역을 가진 하나님이 아닌 다른 모든 존재는 천지인 섭리·율법·법도에 입각하여 그에 합당한 자기 광대역만큼만 알 수 있습니다. 자기 광대역이라 해도 지금 알 수 있는 것이 있고, 정성과 노력을 더 기울여야 알 수 있는 것이 있습니다. 그래서 선천의 성현인 공자가 '아는 것을 안다고 하고, 모르는 것을 모른다고 하는 것이 진정으로 아는 것이다'라고 한 것처럼 자신이 지금 아는 것과 모르는 것을 있는 그대로 인지·인식·인정하는 태도가 쌍방향 의사소통에 있어서 매우 중요합니다.

예를 들어 완성도인으로서 회의를 주재하는 도중, 자기 광대역에 속한 일이라 하더라도 잘 알지 못한다면, "이 부분은 제가 알아보고 다시 회의를 하면 어떻겠습니까?"라고 말할 수 있으면 좋습니다. 그렇게 하면 대개 상대방은 '완성도인께서 그것도 모르시는가'라고 하지 않고 '교류·공감·소통을 하기 위해서 자신을 솔직하고 진솔하게 드러내시고 여유와 넉넉함을 가지시는 것을 보니 과연 완성도계에 가신 것이 맞는 것 같다'라고 생각하게 됩니다.

¹⁹ 사실 완성도인에게는 '완성도계에 입천했다'는 사실이 자기 체득·체험·체감의 본本이지만, 완성도계에 입천하지 않은 분들은 그 사실을 공유할 수 없기에 실질적으로 와 닿지는 않습니다.

그들에게 주로 실질적으로 다가오는 것은 '완성도계에 입천한 분들이 생활 속에서 얼마만큼 변화, 발전 했느냐'라는 사실입니다.

아직 입천하지 않은 석문인들은 눈빛·표정·자세·단어·용어·문장·말·말투·행동에 깃든 인정·존중·배려의 마음과 마음가짐 그리고 그것을 통해 자연스럽게 교류·공감·소통하여 같이 함께 더불어 하는 완성도인의 일상 모습을 보고 그만큼 존재성과 존재가치를 찾았다고 판단하는 경향이 있는 것입니다.

결국 완성도계에 승천하여 그에 합당한 말을 하더라도 그것이 계속해서 일방향 의사소통이기만 하면 '권위적, 고압적, 강압적, 지시적으로 느껴진다', '그래서 너무 보수적인 것 같으시다'라고 받아들이기 쉬우며, 같은 내용의 말이라 하더라도 쌍방향 의사소통이 될 때 사람들은 '리더십이 좋으시다', '완성도인이시다'라고 받아들이게 됩니다.

[20] 그래서 '도력道力 중에 최고의 도력은 지행합일·언행일치·표리일치·내외일치다'라는 말이 있습니다. 즉 지행합일·언행일치·표리일치·내외일치하여 다른 사람의 마음을 얻는 것이 최고의 도력이라는 뜻입니다.

외적인 신력神力을 보여 주거나 그것을 바탕으로 일방향의 의사소통을 해서 얻은 마음은 그리 오래가지 못하는 경우가 많습니다. 하지만 지행합일·언행일치·표리일치·내외일치를 통해 믿음과 신뢰를 형성하여 섭리의 말씀에 스스로 귀를 기울이고 받아들이도록 하여 얻게 된 마음은 영원히 지속될 수도 있습니다. 물론 그렇게 되기까지는 많은 시간이 걸릴 수 있지만 그렇게 유지·관리·발전할 수 있는 빛과 힘, 가치가 바로 석문인에게 있기에 충분히 가능한 것입니다.

21 결국 '권위적, 고압적, 강압적, 지시적 존재로 보이느냐' 아니면 '리더십이 있는 존재로 보이느냐'는 자신의 마음과 마음가짐 그리고 그것을 통해서 표출되는 자신의 크고 작은 모습에 의해서 결정됩니다.

그런데 이를 변화, 발전시키고자 할 때 가장 우선적으로 살펴보아야 하는 점은 '자신이 다른 존재들에게 어떻게 보이느냐' 이전에 '자기 자신이 자기 자신을 어떻게 대하느냐'라는 점입니다. 자신을 대하는 마음과 마음가짐이 굳어 있거나 날이 서 있으면 타인에게도 그렇게 대합니다. 즉 나에게 권위적, 고압적, 강압적, 지시적이면 타인에게도 그렇게 대합니다.

따라서 공부의 7부 능선을 넘기 위해 먼저 자기 자신에게 격려와 칭찬, 사랑을 하듯 권위적, 고압적, 강압적, 지시적인 것처럼 보이는 자신을 뛰어넘기 위해서는 가장 먼저 자기 자신에게서 일어나는 다양한 마음을 쌍방향으로 의사소통할 수 있으면 좋습니다.

22 한 존재에게 주어지는 환경과 여건은 지금 현재 그 존재의 의식·인식·습관과 맞물려 드러나는 자신만의 특성·특징·특색에 의해 조성됩니다. 그렇게 주어진 환경과 여건에 대해 어떤 마음과 마음가짐을 가지고 주변의 작고 소소한 것에서부터 어떤 방법·방식·방편을 써서 얼마만큼 지행합일·언행일치·표리일치·내외일치하여 즐거운 인내와 충만한 끈기를 가지고 꾸준하고 지속적으로 정성과 노력을 기울이느냐에 따라 스스로의 변화, 발전을 이끌어 내어 일신우일신, 일취월장할 수 있습니다.

후천완성시대는 지상 하나님이 천지인의 모든 존재들과 같이 함께 더불어 하면서 창조적인 절대권능을 용사하기 때문에 무한한 가능성이 펼쳐지는 시대입니다. 하늘은 그만큼 석문인들이 스스로의 근본을 찾을 수 있도록 수없이 많은 환경과 여건을 조성하지만, 또한 그만큼 개체의지를 인정·존중·배려하기에 최종적인 공부의 몫은 바로 자기 자신에게 달려 있는 것입니다.

²³ 석문인들은 공부의 7부 능선을 넘고 석문인다운 리더십을 가진 존재가 되기 위하여 먼저 자기 자신을 격려하고 칭찬하고 사랑하고 자신과 쌍방향 의사소통을 하여, 존재하는 그 자체로 가치 있고 충만하고 조화롭고 아름다운 참된 행복이 절로 자연스럽게 자신을 찾아올 수 있도록 하면 참 좋을 것 같습니다.

그렇게 할 때 비로소 더 큰 석문공부石門工夫의 경지에 오르게 되고, 주위의 존재들을 인정·존중·배려하고 교류·공감·소통하여 우리가 꿈꾸고 희망하는 조화선국을 같이 함께 더불어 이룰 수 있게 될 것입니다.

같이 함께 더불어
석문도문

한조님말씀 44

桓紀 27年 11月 8日

(2015. 12. 18)

창조섭리로 만든 석문도법의 이치와 원리

하주가 깨어나는 원리

1 석문호흡수련의 전체적인 가치관과 관점에서 양신 수련을 이해하기 위해서는 먼저 하주下珠가 깨어나는 이치와 원리에 대해서 알아볼 필요가 있습니다.

2 후천 완성의 핵심 이치와 원리 중에는 '하나님께서 창조물과 같이 함께 더불어 해서 완성을 지으신다'라는 개념이 있습니다. 완성을 이루는 과정과 절차에서 신神은 신神대로, 인간 행성인, 순수인간은 인간대로 각자 완성을 하지만, 또한 그 모든 존재들은 지구에서 하나님과 같이 함께 더불어 일맥·일관·일통하는 하나의 체계 안에서 완성을 이루게 된다는 것입니다.

따라서 하주가 깨어나는 이치와 원리에도 그렇게 하나의 체계 안에서 하나님과 창조물이 같이 함께 더불어 완성을 이루어 내는 과정과 절차가 포함되어 있습니다.

3 한 존재가 석문도문에 입문하여 단전테이프를 붙이고 석문에 의

식을 두는 그때, 내재內在되어 있던 여의주의 빛과 힘, 가치가 깨어나게 됩니다. 의식이 여의주에 빛과 힘, 가치를 부여하며 그렇게 부여된 빛과 힘, 가치가 여의주를 깨어나게 하는 것입니다.

4 그런데 수련을 시작할 때 스스로 의식을 두어 여의주의 빛과 힘, 가치를 깨어나게 하는 과정과 절차는 당사자의 개체의지로만 되는 것은 아닙니다. 단전테이프를 붙이게 되었을 때, 존재의 의식이 어느 정도 여의주에 갈 수 있게 하늘에서 선제적으로 빛과 힘, 가치를 부여합니다. 즉 의식을 단전에 집중할 수 있도록 하늘에서 빛과 힘, 가치를 부여하는 것입니다.

5 이때 하늘의 빛과 힘, 가치는 도인권道印權[1]을 부여받은 지로사指路士를 통해서 단전테이프를 처음 붙일 때 들어가고 두 번, 세 번 붙일 때 그만큼 더 높은 차원의 빛이 들어가도록 되어 있습니다.

---

[1] 도인권道印權은 도연권道緣權, 점검권點檢權, 개운권開運權을 말한다. 도연권은 석문호흡을 통해 수련자가 하늘의 빛과 힘, 가치를 부여받아 수련이 가능하도록 도연道緣을 이어 주는 권한·책임·의무를 말한다. 점검권은 수련자가 득得한 공부의 빛과 힘, 가치를 점검할 수 있는 권한·책임·의무를 말한다. 개운권은 천상의 신神들과 조정·중재·조화하여 수련자의 시운을 열어 줄 수 있는 권한·책임·의무를 말한다. 여기서는 도인권 중에 도연권을 말하고 있다.

자기믿음과 의지, 정성과 노력이 더하게 되면 집중의 깊이와 폭이 더욱 커집니다. 하늘에서 집중할 수 있는 빛과 힘, 가치를 처음 내려줄 때 그 최저점과 최대점이 있습니다. 즉 3에서 7까지로 설정하면 집중력이 다소 떨어져도 3 정도까지는 집중이 되고, 집중을 하려고 노력하면 7까지는 무난하게 집중이 될 수 있도록 합니다. 그래서 집중은 특수한 상황이 생겨나지 않는 한 3 이하로 떨어지지 않고 7 이상으로 올라가지 않는 것입니다.

6 그런데 도심道心에 따른 자기믿음과 의지, 정성과 노력이 보편적인 수준 이상을 넘어서게 되면 하늘에서는 일종의 특례법에 따른 조치를 취하게 됩니다. 예를 들어 집중할 수 있는 최대점을 10까지 확장해 주는 것입니다. 그러면 그 이전의 최대점인 7과 새롭게 부여받은 10의 차이, 즉 3만큼 시운이 바뀌게 됩니다. 그리고 그에 따라서 이후 전체 공부의 흐름과 형국이 재설정되는 것입니다. 이렇게 진행되어서 여의주가 하늘의 빛과 힘, 가치를 받기 시작하면 기초적인 회전력이 일어나서 안착이 됩니다. 그것을 근거로 하여 하늘에서 빛이 지속적으로 내려오게 됩니다.

7 결국 이 전체의 과정을 보면, 지상에 내려와 석문도문을 열고 석문도법을 펼치는 하나님, 천상에서 지상을 가교하는 신神들, 지상

에서 이것을 실질적으로 적용·실행·구현하여 천상과 지상을 연결하는 도인들 그리고 해당 수련자 자신이 모두 같이 함께 더불어 하나가 되어서 여의주를 깨워 낸 것입니다. 그래서 하주를 깨워 내는 과정과 절차에도 하나님과 신神, 인간 행성인, 순수인간들이 같이 함께 더불어 하여 완성을 짓는 이치와 원리가 들어 있다고 하는 것입니다.

호흡과 명운

8 이렇게 여의주가 깨어나는 이치와 원리를 알게 되면, 그 다음은 호흡에 대해 통합적으로 이해할 필요가 있습니다.

9 호흡에는 무형성, 유형성, 공간성이 있고 차원성도 있습니다. 이러한 호흡을 이해하려면 천수天壽에 대해서 알고 있어야 합니다. 원래 사람이 태어날 때 하늘이 천지인 섭리·율법·법도에 입각하여 그에 합당한 생명력을 먼저 부여합니다. 그 생명력에 따라 호흡의 기한이 정해집니다. 지상에서 30년을 존속存續할 수 있는지, 60년을 존속할 수 있는지, 100년을 존속할 수 있는지, 호흡의 기한에 따라 차이가 나게 됩니다. 그것을 다른 말로 '천수'라고 합니다. 즉 하늘에서 부여받은 숨과 숨결이 일정한 창조온도와 회전력

을 형성하여 천수를 짓게 되는 것입니다.

¹⁰ 보편적인 인간의 삶에서는 천수가 변할 수 있는 확률이 그렇게 크지 않습니다. 주어진 천수대로 살다가 생명력이 다해서 회전력이 일정 이하로 떨어지면 창조온도도 일정 이하로 떨어지게 되어 영체靈體가 육신에 머물러 있을 수 없게 됩니다.

¹¹ 그래서 천수는 본질적으로 받아오는 명운命運이라고 할 수 있습니다. 이렇게 자신이 미리 받아온 명운에 따라 지상 삶을 살아가는 기간이 정해져 있지만, 이차적으로 삶의 형태에 따라 줄어들 수 있습니다. 예를 들어 몸에 좋지 않는 것을 지속적으로 먹는다든지, 식사를 계속해서 거른다든지, 아예 스스로 목숨을 끊게 되면 부여받은 명운도 짧아집니다.

¹² 즉 조금 더 세부적이고 구체적으로 살펴보면 명운은 다음과 같은 것에 의해서 크고 작은 영향을 받기도 합니다.

1) 본本의 빛과 힘, 가치
2) 유전의 빛과 힘, 가치
3) 유전자를 받을 때의 환경적 빛과 힘, 가치

4) 태어날 때의 환경적 빛과 힘, 가치

5) 집안 문화로 형성되는 체계의 빛과 힘, 가치

13 따라서 명운에 관련한 빛과 힘, 가치를 내려받아도 그 빛과 힘, 가치가 어떻게 쓰이는지, 즉 그 존재가 가지고 있는 운용체계에 따라서 용사가 달라집니다. 그래서 그러한 용사에 따라 단명의 확률이나 자살의 확률이 생겨나고, 건강하게 살아가느냐 병에 걸려서 살아가느냐도 어느 정도 결정이 됩니다. 물론 건강의 최대점과 최저점은 이미 하늘에서 정해져서 내려옵니다.

석문인의 경우 보편적인 존재들과 달리 위와 같은 기준과 원칙을 기본적인 바탕으로 하되, 수련을 통해 형성되는 섭리적인 근거와 그 근거에 합당한 명분과 당위성 등에 따라 변동의 폭이 주어져 있습니다.

14 그래서 보편적으로 보면, 세 개의 여의주가 60년 동안 활동할 수 있도록 하늘에서 정하였다면 60년 동안 살아갈 수 있는 명운의 빛과 힘, 가치가 부여됩니다. 그렇게 명운을 받아 살아가는 가운데 자신의 개체의지에 따른 지상 활동에 의해 경혈들이 막히기 시작하면, 어떤 시기에 얼마만큼 부여할지 정해진 지침에 따라 다

시 하늘에서 천생신광天生神光을 내려줍니다. 아직 석문호흡수련을 하지 않는 존재의 경우, 삼주三珠가 내재되었다 해도 가교와 완충 작용으로 인해 기초적인 수준에서 하늘의 천생신광을 받을 수 있습니다.

물론 그렇게 해도 명문命門 안으로 들어오는 천생신광의 빛을 100% 모두 받아 내지는 못합니다. 예를 들어 100% 부여했다 해도 자신의 개체의지에 따른 삶의 방법·방식·방편으로 인해 장애·방해·걸림이 60%가 생기면, 나머지 40%만 받아내어 작용을 하는 것입니다. 즉 자신이 지상의 삶을 살아온 체계에 따라 그 정도의 차이가 생기는 것입니다.

15 그래서 통합적으로 보면, 하늘이 부여한 본질적인 명운이 있고, 이것을 근거로 살아 있는 동안 하늘에서 명운에 관한 기본적인 빛과 힘, 가치를 부여하며, 여기에 개체의지에 따른 자기 삶의 판단·선택·결정이 하나로 합合을 이루어 지상에서 살아가는 생명력이나 운도수가 결정됩니다. 그래서 개체의지를 얼마만큼 쓰느냐에 따라서 그 폭에 변화가 생길 수 있는 것입니다. 그런데 이 폭마저도 하늘에서 안배를 합니다.

16 이러한 것에 대한 기준과 원칙을 세워 적용·실행·구현하는 법法이 바로 석문도법石門道法입니다. 석문도법은 신神이 인간이 되고, 인간이 신神이 되는 법法으로서, 섭리攝理의 중급中級 섭리 중 체體의 핵심에 해당하는 법法입니다. 이러한 하늘의 법을 인간의 의식·인식·습관으로 이해될 수 있도록 그 개념을 지상 언어로 표현한 명칭이 곧 석문도법입니다. 우리가 보편적으로 지상에서 접하고 있는 석문도법은 섭리의 중급 섭리 중 인간이 신神이 되는 개념과 그 체계의 과정과 절차를 언급하고 적용·실행·구현하는 석문호흡법인 것입니다. 즉 '석문호흡'은 석문도법의 일부입니다.

호흡과 빛

17 호흡에 대해 더 깊이 알고자 한다면 빛에 관해서 알면 좋습니다. 양신 수련 때의 빛, 즉 도광신력道光神力을 받는 곳은 천문天門입니다. 양신 수련 이전에는 백회百會라고 하고 양신 수련 이후부터는 천문이라고 합니다. 양신 수련 이전에는 진기眞氣를 받는 수준이기 때문에 백회라고 하지만 양신이 되면 빛, 다시 말해 기본적인 개념의 수준이지만 도광신력을 원활하게 받을 수 있기 때문에 천문이라고 표현합니다. 엄밀하게 말하면 양신출신해서 2천도계에 입천했을 때 비로소 진기를 넘어 완전히 도광신력의 빛과 힘, 가

치를 받을 수 있게 되니 그때부터 천문이라고 표현하는 것이 더 정확합니다. 다만, 미리 준비하고 대비하는 관점에서 선제적으로 양신 수련 때 그렇게 표현을 하는 것입니다.

18 이러한 이치와 원리로 인해 양신 수련 이전에는 도광신력이 내려와도 수련자가 원활하게 흡수하지 못합니다. 그래서 숨을 하나의 방편으로 삼습니다. 즉 천문을 통해 도광신력을 받을 수 있는 체계는 형성되어 있지만, 수련 초기에는 그렇게 하기 어렵기 때문에 숨을 통해 받아들인 진기로 하주를 깨워 내기 시작하는 것입니다.

그래서 숨을 통해 먼저 내부에서 힘을 일으켜 변화를 받아들일 수 있게 하는 가운데 하주가 깨어나 인간의 다른 유형적 체계와 연동되면서 안착되는데, 이러한 과정과 절차가 바로 와식臥息에서 온양溫養까지의 수련 단계에서 진행됩니다. 결국 온양은 이 과정과 절차를 결結 짓는 단계입니다.

19 조금 더 상승·확장·발전된 가치관과 관점에서 설명하면, 수련 초기의 존재들은 여러 이유로 하늘의 빛과 교류·공감·소통의 정도가 약해져 있는데, 숨을 통해 빛을 불어넣어서 내적으로 변화가 일어나도록 하게 되면 하주가 깨어나면서 그 수준만큼 외

부환경과 호환·파동·공명할 수 있게 됩니다.

20 즉 숨을 통해 불어넣어진 빛이 하주의 보편적인 기능과 호환·파동·공명하여 섭리지향적인 내적 변화가 일어나게 되고, 그러한 내적 변화가 존재의 외적 변화에 투영되면 표리일치, 내외일치가 시작됩니다. 그래서 하주가 안착되는 정도에 맞게 표리와 내외가 일치되면 이것이 곧 인성충만 人性充滿입니다.

21 이렇게 하주의 작용이 상승·확장·발전되어 안착되면 중주와 상주의 작용에도 조금씩 연결됩니다. 그래서 온양이 끝나고 대주천 大周天에 들어가는 시점부터 숨을 통해 들어온 빛은 의식을 하단전에 둔다 해도 기본 정도만 하주로 가고 대부분 중주로 들어가게 됩니다. 그래야 중주의 작용이 일어나기 때문입니다. 그러한 가운데 하주와 중주가 일정 이상 이어지기 시작하면 상호 간에 호환·파동·공명하여 작용을 하게 됩니다. 즉 하주를 바탕으로 중주가 깨어나서 서로 작용하는 가운데 부분통합화가 되는 것입니다.

22 즉 하주의 안착까지 진행된 이후, 숨을 통해 중주에 빛을 불어넣어서 내적으로 변화가 일어나게 되면 그 수준만큼 외부환경과 호환·파동·공명할 수 있게 되어 중주가 깨어납니다. 그래서 숨을

통하여 불어넣어진 빛이 중주의 보편적인 기능과 호환·파동·공명하여 섭리지향적인 내적 변화가 일어나게 되고, 그러한 내적 변화가 존재의 외적 변화에 투영되면 표리일치, 내외일치가 이루어집니다. 그렇게 중주가 안착이 되어 그 정도에 맞게 표리와 내외가 일치되기 시작하면서 영성靈性이 깨어납니다.

23 그런데 대주천의 경우 이렇게 표리일치, 내외일치의 작용을 하게 되면 외부와 직접 교류·공감·소통하기 시작하는데, 그 결과 호흡으로 들어오는 빛의 비중이 낮아지기 시작합니다.

24 예를 들어 온양 때 숨으로 받아들이는 것이 100%라고 하면 온양 이후, 대주천부터 숨으로 받아들이는 것은 70% 정도로 낮아집니다. 이와 같이 수련 단계가 높아질수록 숨을 통해 들어오는 빛의 비중이 상대적으로 점점 낮아집니다. 호흡으로 들어오는 빛의 비중은 낮아지고 천문天門을 중심으로 혜문慧門, 명문命門, 좌우 천인문天人門|노궁, 좌우 지인문地人門|용천, 전신 경혈주요 경혈 우선, 전신 피부 순으로 빛의 교류·공감·소통 작용이 높아지는 것입니다.

25 이렇게 석문호흡 수련자가 채약採藥 단계까지의 수련을 통하여 하주와 중주가 부분통합체계로 들어갔을 때 기화신氣化神에 들어가

게 됩니다. 즉 대주천에서 채약 단계까지 수련을 진행하면 그만큼 표리일치, 내외일치가 되면서 영성충만靈性充滿이 이루어집니다.

물론 이때 인성도 한 차원 더 상승·확장·발전하게 됩니다. 그래서 채약 수련을 마칠 즈음이 되면 전체적으로 감정에 안정성이 형성이 됩니다.

26 그리고 기화신에 올라가게 될 즈음 상주가 서서히 깨어나게 됩니다. 세 개의 여의주가 기본적으로 이어지고 상호 간에 호환·파동·공명이 커지면서 하주, 중주와 함께 상주도 작용하기 시작하는 것입니다.

27 이때 상주 기감氣感이 강해지기도 합니다. 즉 상주의 빛과 힘, 가치가 한 차원 상승·확장·발전될 때 세 여의주의 호환·파동·공명이 강해지고 상주가 중주, 하주와 통합적으로 연동하기 시작하면서 일시적으로 상주에 강한 반응이 나타나는 것입니다. 이 경우 상주에 자극이 강하게 나타난다 해도 주로 안정감이 느껴집니다. 물론 보편적으로 미련, 집착, 욕심에 의해 일어나는 관념·의념·상념·사념으로 인해 상주가 원래의 상태대로 안정을 이루기 위해 주변의 에너지를 끌어당길 때도 강한 자극이 오기도 합니다.

이때는 다소 불편한 느낌이 있습니다. 중주 또한 이런 경우가 있습니다. 중주가 그러할 경우, 감정의 변화가 심해집니다.

28 따라서 점검을 하는 분들의 경우, 상주의 빛과 힘, 가치가 상승·확장·발전되는 가운데 오는 자극으로 인해 불안해하고 주저하는 존재가 있다면 이 개념을 인식시켜 주고 그 현상에 큰 의미를 두지 않게 하면 좋습니다. 그러면 서서히 수련의 흐름과 형국이 안정성을 가지면서 상승·확장·발전되기 때문입니다. 관념·의념·상념·사념 등으로 인하여 상주에 빛을 끌어당기는 경우에 형성되는 불안정성은 적절하게 빛을 불어넣어서 원상태로 회복을 시키면 좋습니다.

29 결국 두 경우 모두 가급적 신속하게 안정감을 가지면 좋은데, 그래서 만든 것이 삼주축광三珠畜光입니다. 상주의 빛과 힘, 가치가 한 차원 상승·확장·발전하는 가운데 일어난 자극은 삼주축광을 통하여 변화를 촉진시켜 안정감을 가지게 하고, 잡념, 상념, 사념의 경우 삼주축광을 통하여 빛을 불어넣는 흐름과 형국을 만들어 빨리 회복되도록 하면 수련의 진행이 용이하게 됩니다.

30 기화신을 통해 상주가 안정적으로 깨어나면 이때부터 신성이 일

깨워집니다. 즉 기화신에서 상주를 깨워 내면, 중주와 하주가 호환·파동·공명하면서 상주, 중주, 하주의 부분통합체계가 안정화되는 가운데 신성을 일깨워서 안착시키는 과정을 거칩니다. 결국 와식에서 온양 단계까지 인성을 충만하게 하였다면, 그 다음 대주천부터 채약 단계까지 영성을 충만하게 하는 가운데 감정의 안정성을 형성하면서 인성도 한 차원 상승·확장·발전하게 되고, 기화신 단계에서 신성을 충만하게 하는 가운데 인성과 영성도 한 차원 상승·확장·발전하게 됩니다. 이러한 과정을 통해서 삼주가 원래 하나였던 그대로 작동하게 되면 삼원삼광三圓三光, 삼원일광三圓一光, 일원일광一圓一光이 기본적으로 되고, 양신출신을 하게 되면 삼주는 본래 하나였던 그 기능 그대로 돌아가 온전하게 삼원삼광, 삼원일광, 일원일광이 됩니다.

31 이렇게 되기 위해 기화신 단계에서 상주, 중주, 하주가 모두 일깨워져 통합성을 형성하게 됩니다. 그때 양신이 배태胚胎되고 육신의 유형적 체계와 상합하게 됩니다. 다르게 표현하면, 하늘에서 내려올 때 신神, 기氣, 정精으로 나누어진 세 개의 빛을 다시 모아 한 곳에 담게 하여 한 체계로 운용하게 만드는데, 그러한 그릇의 역할을 하는 것이 바로 양신입니다.

이렇게 양신이 배태된 경우에도 양신의 빛과 힘, 가치가 안에서 깨어나 밖과 호환·파동·공명하면서 그만큼 내적 변화가 외적 변화에 투영되어 표리일치, 내외일치를 이루는 메커니즘이 작동합니다.

32 와식에서 기화신까지는 결국 이러한 '빛의 자신'인 양신을 배태하기 위한 과정과 절차였고, 하주를 깨워 내듯이 중주와 상주를 깨워 내는 것도 모두 하나님과 신神, 인간행성인, 순수인간의 의지가 녹아들어 있습니다. 즉 여기까지 오는 과정도 하나님과 신神, 인간행성인, 순수인간의 의지가 서로 조화·상생·상합하여 이루어지는 것입니다.

33 이렇게 하주에 이차적 변화가 생기면서 양신이 배태되면, 수련자는 그것을 찾아가야 합니다. 양신을 찾아가려면 일단 신神, 기氣, 정精 셋으로 나누어진 육신의 생명력을 하나로 모아야 하는데 그것을 의식체신성체神性體라고 합니다. 즉 육신에서 분리된 의식체로 양신까지 가야 합니다. 의식체가 양신과 결합이 될 때 양신은 생명력을 가지기 시작합니다.

34 결국 자기믿음과 의지, 정성과 노력으로 만든 빛의 자신이 양신이

고, 그러한 빛의 자신인 양신이라는 새로운 빛의 그릇에 자기 자신의 생명력을 불어넣는 것입니다. 하나의 빛이 셋으로 나누어진 것이기에 셋으로 나누어져 작동하는 그 빛과 힘, 가치도 원래 하늘로부터 받은 자신이지만, 하나님과 신神들의 도움을 바탕으로 자기믿음과 의지, 정성과 노력을 통해 셋으로 나누어진 빛과 힘, 가치를 온전하게 하주에 하나로 모아 새로운 빛과 힘, 가치의 자신인 양신을 만들고 찾아가 합일하는 것입니다. 그래서 양신을 배태해서 자신의 의식체로 양신을 찾아가서 합일하는 과정과 절차는 자신이 육신의 생명력을 스스로 분리해서 또 다른 빛의 자신인 양신에게 생명력을 불어넣는 과정과 절차가 되는 것입니다.

내면공간

35 기화신에서 양신으로 승급할 때 점검자가 "다음 단계로 넘어가십시오."라고 말을 하면 하늘이 일종의 기본적인 프로그램과 같은 빛과 힘, 가치를 부여하게 됩니다. 즉 도광신력을 받을 수 있게 하는 프로그램, 의식이 분리될 수 있게 하는 프로그램, 무형적 차원을 여는 프로그램 등 양신 수련의 첫 관문이라 할 수 있는 내면공간에 들어갈 수 있도록 하는 데 필요한 프로그램을 설치하게 되는 것입니다. 그래서 양신 수련을 하게 되면 도광신력을 원활히

받고, 의식이 잘 분리되면서 인간이 가진 무형적 차원이 열려 내면공간으로 들어갈 수 있게 됩니다.

36 한 가지 덧붙이면, 의식이 분리될 때 차원공간도 거의 동시에 열려야 합니다. 의식이 육신에서 분리되었는데, 내면공간에 들어가지 못하게 되면 육신에 과부하가 걸리기 때문입니다. 그래서 의식이 육신에 70% 이상 머물고 30% 이하로 분리된 상태로 계속해서 여의주를 찾아가다 보면 빛의 과부하가 자주 걸리게 됩니다. 천광수안도법天光守安道法으로 기본적인 위험 요소가 관리되지만 육신이 계속 힘들어지게 됩니다. 그래서 양신 수련을 할 때는 최대한 의식이 육신에서 잘 분리될 수 있도록 스스로의 광도·밀도·순도를 일정 이상 유지·관리·발전하는 상태에서 진행하면 좋습니다.

37 처음 내면공간으로 들어갈 때, 유형적 육신을 일정 정도 인정·존중·배려하는 가운데 몰입하게 되면 내면의 차원이 열려서 의식이 분리하여 들어가는 과정이 조금 더 용이하게 진행될 수 있습니다. 즉 유형적 육신의 차원에서는 여의주가 아래에 있다는 점을 감안하여 처음에는 하주를 넌지시 바라보듯이 시선 처리를 하면 됩니다. 처음부터 몸 아래쪽의 하주가 아니라 정면을 보게 되면 육신이라는 유형적 공간에서 내면공간이라는 무형적 공간으로

넘어가는 중간 과정과 절차를 생략하는 것이기 때문에 수련의 효율이 떨어질 수도 있습니다. 다만, 이때 축기를 하듯이 집중하면 하주가 계속 작동하여 하주 영역과 관련된 의식이 쉽게 분리되지 않으므로 시선만 그렇게 두면 됩니다.

38 내면공간에 들어갔을 때 내면공간이 검게 보이는 것이 가장 효율적입니다. 육신의 눈도 갑작스럽게 너무 밝은 것을 보면 모든 것을 검게 인식하듯이, 내면공간에서도 자기 수준 이상의 높은 빛을 있는 그대로 인지했을 때 검은색으로 보이게 됩니다.

39 간혹 내면공간을 하얗게 인식하는 경우도 있습니다. 이때는 내면공간을 있는 그대로 인식하기보다 자기 수준의 안광眼光 정도까지만 인식했기 때문에 그러한 현상이 일어나는 것입니다. 그렇게 되면 수련이 불가능한 것은 아니지만, 빛을 인식하는 효율이 다소 떨어지고 있다는 뜻이 되므로 차근차근 자신의 광도·밀도·순도를 더 높여 가며 수련을 하면 좋습니다.

40 이렇게 몰입 도중 열리는 검은 공간이 무형과 유형이 접도接道한 최초 내면공간이라 할 수 있습니다. 그리고 별과 같은 것이 보이기 시작하면 조금 더 깊은 내면공간으로 들어온 것입니다. 내면공

간에서 별처럼 보이는 것은 깨어난 여의주입니다. 그렇게 몰입하다가 내면공간이 입체적으로 인식되었을 때, 보이는 공간의 정중앙을 넌지시 보고 있으면 균형감이 갖춰지면서 내면공간을 유영하는 힘이 생기게 됩니다.

41 이때부터 의식체가 더욱 안정적인 상태로 유지됩니다. 의식체가 안정감이 없으면 잘 보지 못하거나 내면공간에 깊이 있게 들어가지 못하게 되므로 양신 공부 초기에 여기까지의 흐름과 형국을 잘 만들어 두는 것이 중요합니다. 대체로 여기까지 왔을 때 가끔씩 조급한 마음이 일어나기도 합니다. 그렇게 되면 의식체가 너무 앞으로 나가게 되어 내려오는 도광신력과 분리됩니다. 그때부터는 아무것도 보이지 않게 됩니다. 그래서 이러한 경우에 점검자들은 '무심하게 보라'는 맥락의 조언을 하게 됩니다.

여의주

42 결과적으로 양신 공부는 '보는 공부'입니다. 원래 본다고 하는 것은 처음에는 느끼듯이 보고, 그 다음에는 보이는 대로 보고 그리고 보고자 하는 대로 보도록 지로指路를 했습니다. 그렇게 과정과 절차를 밟으면 조금 더 수월하게 최종 목표인 보고자 하는 대로

보는 경지까지 갈 수 있기 때문입니다. 보고자 하는 대로 보는 경지는 무심을 자유자재로 조절하는 경지입니다.

43 그래서 느끼듯이 보는 단계는 이러한 경지까지 가는 사전 과정입니다. 그런데 이렇게 지로를 하다 보면, 느끼듯이 보는 것에 머무른 상태에서 공부를 진행하려고 하는 경우가 적지 않게 생겨서 근래에는 느끼듯이 보라는 조언을 잘 하지 않습니다. 따라서 수도자들은 수련 도중 느끼듯이 인식하는 상태에 들어가는 경우 계속 수련을 진행할 것이 아니라 '이것은 하나의 과정이구나'라고 스스로 갈무리를 하고 점차 보이는 대로 볼 수 있도록 하는 가운데 양신 공부를 진행하면 좋습니다.

44 차분하고 침착하고 무심하게 보이는 공간의 정중앙을 보이는 대로 보고 있으면 어느 순간 태양처럼 보이거나, 달처럼 보이거나, 투명하게 보이는 여의주가 나타나게 됩니다. 그 모습이 매번 다르게 보일 때가 있는데, 그 이유는 광도·밀도·순도의 차이 혹은 거리의 차이 때문에 일어나는 현상입니다. 여의주가 구체球體로 보이면 '내 여의주이면 가까이 다가가 본다'라고 심법을 걸면 됩니다. 이때 가까이 갈수록 보이는 형상이 달라집니다. 만약 여의주를 보는 데 있어 30% 이상 덧칠이 되면 공부에 대한 검증을 다

시 하기 시작하고, 50% 이상 덧칠되면 공부 진행을 할 수 없게 됩니다.

45 가까이에서 여의주가 확인되면 바로 들어가지 말고 뒤로 물러났다가 다시 여의주 앞으로 와야 합니다. 가까이 갔다가 멀어지는 연습을 계속하게 되면 그렇게 움직인 영역의 공간에 익숙해지기 시작하고, 그 공간에 담긴 정보의 빛과 힘, 가치가 인식됩니다. 그렇게 되면 일종의 GPS에 의한 좌표가 형성되고 그만큼 공부에 대한 자신감이 생깁니다. 그래서 그 다음 수련을 할 때도 그 좌표를 따라 여의주까지 오는 것이 더욱 용이해집니다. 보편적으로 열 번 시도해서 일곱 번 정도 여의주를 보게 되면 안정감을 가진 것으로 보고 다음 단계로 넘어갈 수 있습니다.

양신

46 하나로 모아진 빛인 의식체 신성체가 육신에서 분리되기 시작하여 내면공간에 들어가고, 내면공간에서 안정성을 찾아 여의주를 찾고 여의주를 뚫고 들어가게 되면 양신을 찾을 수 있습니다. 그런데 양신을 처음 보았을 때 할아버지의 모습이나 할머니의 모습, 혹은 부처상 등으로 보이기도 합니다. 이것은 원래 양신의 모습

과는 차이가 있는데 그 이유는 다음과 같습니다.

47 도광신력 중 한 종류의 빛은 신성체가 양신을 찾아가는 좌표를 형성하도록 양신으로 가게 됩니다. 그 빛이 양신에 닿으면 양신이 호환·파동·공명하여 빛을 발합니다. 이때 양신이 불규칙적이고 부조화스러워 불안정하게 빛을 발하면 원래 모습과는 거리가 있는 할아버지나 할머니, 부처상 등과 같은 형상으로 보이는 경우가 있습니다. 이 경우 빛이 양신에 지속적으로 가게 하여 양신에서 발하는 빛이 안정되면 그 빛이 규칙적이고 조화롭게 형성되어 있는 그대로의 모습을 볼 수 있게 됩니다.

48 또 다른 경우도 있습니다. 그것은 인식과 인식체계에 관련된 것입니다. 의식과 의식체계 중 인식과 인식체계의 작동에 따라 투영화된 대상에 대하여 일정 이상 인식력이 형성되었을 때, 있는 그대로의 형상을 인식합니다. 그런데 당사자의 인식 정도가 불규칙적이고 부조화스러워 불안정할 때 양신을 할아버지나 할머니, 부처상 등과 같이 인식합니다. 의식체에서 양신을 인식하는 빛이 양신에 닿았다가 들어올 때, 불규칙적이고 부조화스러워 불안정하게 인식하면 그렇게 보일 수 있습니다. 다른 말로 하면 양신에 닿은 인식의 빛이 의식체와 호환·파동·공명

도가 떨어질 때 그런 형태로 인식됩니다.

49 그런데 이 두 경우를 제외하고 양신의 형상을 있는 그대로 보지 못하는 경우가 한 가지 더 있습니다. 의식체는 신성적 의식과 의식체계, 영성적 의식과 의식체계, 인성적 의식과 의식체계를 가지고 있습니다. 의식체가 이 중에서 인성적 의식과 의식체계를 쓰게 되면, 인성적 인식과 인식체계가 작동하게 되면서 인성적 관점에서 자신이 가지고 있는 개념을 덧붙이게 됩니다.

양신에 닿은 빛이 규칙적이고 조화로워 안정적으로 발하고, 수련자의 인식과 인식체계도 규칙적이고 조화로워 안정적으로 호환·파동·공명이 일정 이상 형성하는데, 인식과 인식체계가 인간적이면 인성적인 불안정성을 낳게 되어 있는 그대로 보지 못하게 됩니다. 이것을 '덧칠한다'고 합니다.

50 그래서 양신에 닿아 발하는 빛이 불규칙적이고 부조화스러울 때는 "양신이 안정적이면 더 잘 보이게 됩니다."라는 내용의 말을 하고, 양신에 닿는 인식과 인식체계의 빛이 불규칙적이고 부조화스러워 불안정하면 "안광을 밝히면 더 잘 볼 수 있습니다."라는 내용의 말을 하면서 주로 '광도·밀도·순도를 유지·관리·발전시

키면 좋습니다'라는 맥락의 조언을 합니다. 그런데 인식과 인식체계가 인성적으로 작용하여 일어난 문제라면 "덧칠을 하지 않으면 더 잘 볼 수 있습니다."라고 말을 하면서 '순수하고 순일한 마음과 마음가짐으로 무심하게 하면 좋습니다'라는 맥락의 조언을 합니다.

51 특히 수련이 진행되는 가운데 인성적 판단이 많아 보이면, 주로 방금 전에 한 것을 "내려놓으십시오."라고 말합니다. 이전의 수련에 대해서 좋다, 나쁘다, 이렇다, 저렇다, 잘했다, 못했다라는 가치 판단을 내려놓고, 다시 처음부터 시작하듯 차분하고 침착하고 무심하게 하여 양신 공부에 합당한 도심을 가지라고 조언해 주는 것입니다. 그렇게 할 수 있을 때 신성과 신성체계에 의한 빛과 힘, 가치를 그대로 유지·관리·발전하여 양신을 있는 그대로 볼 수 있습니다.

52 처음 보게 되는 양신은 자신의 10대 후반에서 20대 초반의 모습으로 결가부좌나 평좌 자세로 눈을 감고 있습니다. 간혹 양신이 움직이는 모습을 보았다고 하는 경우가 있는데, 양신은 합일을 해야 움직일 수 있습니다. 양신이 주로 20대 초반의 모습인 것은 인간이 인간으로서 온전한 의식·인식·습관을 쓰기 시작하는 나이

가 보통 24세이기 때문입니다. 그래서 양신을 있는 그대로 보려면, 자신의 광도·밀도·순도를 유지·관리·발전시키고 마음과 마음가짐을 양신 공부에 합당하게 하여 그만큼 도심을 가지고 실천하여 공덕功德을 쌓아야 합니다.

53 여의주를 볼 때도 이와 같은 맥락에서 유의할 점이 있습니다. 대표적인 예를 들면, 투명한 빛이든, 우윳빛이든, 밝은 빛이든, 여의주는 여러 빛으로 드러날 수 있습니다. 다만 여의주가 검은색으로 보이게 되면 수련일지에 우려하는 댓글을 달기도 합니다. 왜냐하면 그것은 빛의 수준이 여의주를 거의 인식하지 못할 정도일 때 나타나는 현상이기 때문입니다. 즉 여의주의 빛이 일시적으로 퇴색되어서 검은색으로 보이는 것이기 때문에 댓글을 달 때 격려와 칭찬을 하면서도 행공行功과 운기運氣 복습을 통해 광도·밀도·순도를 유지·관리·발전하라고 하는 경우가 대부분입니다. 이때는 수련자 본인이 여의주를 봤다고 하여도 인정하는 경우가 드뭅니다.

54 다음과 같은 경우도 여의주로 인정하지 않습니다. 검은 공간을 인식하면서 그것을 여의주로 판단하면 인정하지 않습니다. 또한 차원의 공간을 빠르게 가다 보면 마치 터널의 출구처럼 인식되는 공간이 동그랗게 보일 수 있습니다. 이때는 주로 테두리가 검거

나, 원형이 아닌 타원형으로 보이기도 합니다. 이러한 형상을 여의주로 판단하면 당연히 그것은 여의주로 인정하지 않습니다.

55 이렇게 수련자 본인이 인식한 것이 여의주가 아닌 경우가 있기에 스스로 확신이 든다 하더라도 가급적 여의주에 대한 확인을 받고 "여의주를 뚫고 들어가 보십시오."라는 내용으로 인가$_{認可}$를 받았을 때 여의주 안으로 들어가는 과정과 절차를 밟아야 합니다. 양신합일도 마찬가지입니다. 양신과 합일해 보라고 하면 '내 양신이면 합일한다'라고 심법을 걸고 합일해 봅니다. 여의주에 관한 심법에도 '내'라는 표현이 들어가듯이, 양신합일 심법에도 '내'라는 표현이 들어간 것은 명확성을 높이기 위해서입니다.

56 스스로가 '여의주다' 혹은 '양신이다'라고 자기확신을 갖는 것은 중요합니다. 하지만 인가를 받지 않고 여의주를 뚫고 들어가거나 양신과 합일하게 될 경우, 만약 그것이 여의주가 아니고 양신이 아니라면 적지 않은 문제가 생길 수 있습니다.

57 왜냐하면 여의주나 양신이 아닌데도 이미 자신이 '그럴 것이다'라고 확신을 하여 여의주에 들어가고 양신과 합일하게 되면 그 확신이 부여한 에너지가 짓는 상$_{像}$으로 인해 자신이 들어가거나

합일한 대상이 마치 여의주나 양신처럼 느껴지도록 만들 수 있기 때문입니다.

58 더욱이 이런 과정이 자꾸 반복되면 될수록 자신이 부여한 에너지로 짓게 된 여의주 속의 공간감이나 양신합일감이 더 강하게 느껴지므로 종국에는 인가를 내리는 존재의 말을 듣지 않는 심마心魔에 빠질 수도 있습니다. 그래서 여의주와 양신에 대한 자기확신이 있다 하더라도 인가를 받기 전까지는 다음 공부의 진행을 삼가는 것이 좋습니다.

59 양신을 주로 70% 이상 인식하게 되면 합일에 대해 검토하고 인가를 내릴 수 있게 되고, 70% 이하일 때는 대개 다음 공부로 넘어가는 인가를 하지 않습니다. 양신을 70% 정도로 인식한다는 것은 20대 초반의 자신을 보기는 하는데 이목구비가 정확하게 인식이 안 되는 경우를 말합니다. 조밀도나 선명도가 낮으면 이목구비나 머리카락 등이 세밀하게 인식되지 않습니다. 여기에 인간적인 상像을 만드는 경우도 있습니다. 예를 들어 양신은 배꼽이나 수염이 없지만 보았다고 하는 경우입니다. 양신은 빛으로 배태된 존재이고 자신의 10대 후반이나 20대 초반의 모습으로 배꼽이나, 외성기, 수염, 솜털이 없으며 머리에만 체모가 있습니다.

60 이런 경우가 있다 하더라도 수련자는 계속해서 행공과 운기 복습을 통해 광도·밀도·순도를 높여 자신을 유지·관리·발전한 상태에서 본수련에 임하여 도광신력을 꾸준하고 지속적으로 받게 되면, 마침내 양신이 규칙적이고 조화롭고 안정적으로 보이기 시작합니다. 그럴 때 "양신과 합일을 해 보십시오."라고 인가를 하게 됩니다.

61 인가에 따라 양신과 합일하게 되면, 첫 번째 합일 때는 의식체와 양신이 100%로 호환·파동·공명되지 않습니다. 합일이 되어 있을 때 도광신력을 받으라고 하는 것은 이러한 호환·파동·공명의 빛과 힘, 가치를 높이기 위해서입니다. 그렇게 도광신력을 받아 호환·파동·공명의 빛과 힘, 가치가 상승·확장·발전하게 되면 하주가 가지고 있는 빛과 힘, 가치가 같이 들어오게 됩니다. 즉 원래 하주의 빛과 힘, 가치를 받아서 양신이 만들어졌지만, 이때부터는 세부적인 각론各論 차원의 빛과 힘, 가치를 받기 시작합니다. 이렇게 하여 100% 호환·파동·공명을 이루어 합일이 되었을 때 양신은 온전한 빛의 자신으로 활동력을 가지게 되고, 그때부터 양신이 쉬는 숨인 태식胎息이 가능해져서 일차적인 빛의 숨을 쉬게 됩니다.

62 한 가지 첨언하면, 양신 수련 단계에서 빛의 호흡을 한다고 해서 심법만 걸어 놓고 기존의 석문호흡을 하지 않으면 수련의 효율이 매우 낮아집니다. 석문호흡 공부의 가장 기본은 석문호흡입니다. 석문호흡을 통하여 일정한 빛과 힘, 가치가 계속 부여되어야 공부가 원활히 진행될 수 있습니다. 여기에 빛의 호흡이 함께 이루어질 때 빛의 세계를 원활히 볼 수 있게 되는 것입니다.

63 이렇게 수련자가 양신합일이 되면 점검자는 합일상태를 도안道眼으로 직접 볼 수 있습니다. 양신합일 상태를 본다는 마음으로 보게 되면 합일된 모습이나 합일의 정도를 나타내는 백분율%이 눈앞에 보입니다.

출신

64 보편적으로 양신과의 합일도가 70%를 넘어가면 그때부터 출신 공부가 준비됩니다. 즉 2천도계 원신이 양신에 임하여 결합한 상태에서 출신하는 데 필요한 토대를 잡고 2천도계로 승천하는 빛의 차원적 입구를 형성하게 됩니다. 그리고 양신에 임했던 원신이 하늘로 올라갈 때, 2천도계로 승천할 수 있는 출신의 길을 열어줍니다.

65 그런데 하주에서 중주, 중주에서 상주, 상주에서 두정을 열고 출신을 하는 각 과정과 절차마다 시운時運을 부여받아야 공부가 진행될 수 있습니다. 즉 시운을 받게 되면 양신이 하주에서 중주, 중주에서 상주, 상주에서 두정으로 출신할 수 있도록 '양신이 움직일 수 있게 하는 빛과 힘, 가치', '안광이 작동하도록 하는 빛과 힘, 가치', '두정으로 나가게 하는 빛과 힘, 가치' 등 출신 과정과 절차에 필요한 다양한 도광신력을 하늘에서 부여합니다.

66 시운을 받으려면 근거가 있어야 합니다. 하주에서 중주로 올라갈 때는 첫째로 도심과 공덕, 둘째는 정기신의 광도·밀도·순도, 셋째는 양신과 의식체의 합일도, 넷째는 하주의 빛과 힘, 가치를 양신에 내려받은 정도, 다섯째는 천지인天地人 삼시三時 삼합도三合度가 핵심 근거가 됩니다. 중주에서 상주로 올라갈 때는 양신과 의식체의 합일도는 이미 형성되었으므로 나머지 사항을 주된 근거로 삼게 됩니다. 이렇게 근거가 확인되면 그때 하늘에서 시운을 부여하게 됩니다. 만약 근거가 형성되어도 특정한 이유로 인해 하늘에서 시운을 부여하지 않으면 각각의 여의주로 올라가거나 두정 밖으로 나가는 데 필요한 도광신력이 내려오지 않아 출신이 되지 않습니다.

67 하늘은 이렇게 수련자가 만든 근거를 보고 시운을 부여하여 빛을 내리기도 하고, 때로는 먼저 빛을 부여하여 그것에 대하여 얼마만큼 자기믿음과 의지, 정성과 노력을 하는지 그 정도를 보고, 빛을 계속 부여할지 그리고 얼마만큼 다음 빛을 부여할지 결정하기도 합니다.

68 이런 과정과 절차를 밟을 때 금제禁制를 해제하고 봉인封印을 열고 결계結界를 풀어야 합니다. 이러한 과정상의 단계가 있기는 하지만, 석문급변과 급진 때는 한번에 해제하고 열고 풀기도 합니다. 이렇게 금제·봉인·결계를 해제하고 열고 풀게 되면, 안배가 한번에 진행되기도 합니다. 이때 공부가 진행되는 흐름과 형국을 두고 기본적인 동시차원성同時次元性의 개념이 적용·실행·구현되었다고도 할 수 있습니다.

69 즉 안배가 동시다발적으로 진행되면 완성도계에 있는 근본원신의 빛과 힘, 가치를 쓸 수 있게 되면서 예하 도계의 빛과 힘, 가치도 모두 쓸 수 있게 되기 때문입니다. 그래서 품계가 높은 완성도인이 나올수록 좋습니다. 그만큼 나눔수련 등을 통해서 지원 받을 수 있는 큰 빛과 힘, 가치가 내려올 수 있기 때문입니다. 결국 이와 같은 맥락으로 큰 신神이 자기 자리를 찾게 되면 그만큼 전체

의 공부에 있어 장애·방해·걸림이 줄어들게 되므로 다른 존재들의 공부도 좋아집니다.

70 공부의 진전은 항상 천지인 삼시 삼합이 필요합니다. 석문급변과 급진 때도 천시天時와 지시地時는 모두 갖춰졌지만 역시 인시人時가 중요한 관건이 됩니다. 얼마만큼 자신의 의식·인식·습관을 상승·확장·발전시켜 그에 따라 지행합일·언행일치·표리일치·내외일치해서 자기 자신이 체득·체험·체감한 만큼 존재성과 존재가치를 나투고 밝히고 나누어 자신뿐만 아니라 다른 존재에게 섭리적으로 합당한 영향을 주었는지 스스로의 도심과 실천, 공덕에 따라 신神들이 움직일 수 있는 폭이 형성됩니다. 즉 스스로의 자기믿음과 의지, 정성과 노력에 따라 인시를 맞추어 천지인 삼시를 삼합시키면 공부의 길이 그만큼 열리는 것입니다.

71 이렇게 천지인 삼시 삼합의 시운을 만들면 공부가 진전되면서 양신이 하주에서 중주로 올라가서 중주의 빛과 힘, 가치를 받고 상주로 올라가서 상주의 빛과 힘, 가치를 받게 되면 길이 열리게 됩니다. 그만큼 삼주의 빛과 힘, 가치가 양신에 부여되고 그에 따른 의식과 의식체계가 하나로 통합됩니다. 그래서 삼주의 빛과 힘, 가치를 필요한 만큼 충분히 내려받게 되면 충만감과 자신감이 생

깁니다. 그러한 충만감과 자신감을 근거로 양신이 두정 밖을 나갈 수 있습니다.

72 즉 여유롭고 넉넉한 가운데 '두정 밖으로 나가볼까'라는 마음과 마음가짐이 일어나면 하늘에서는 그 근거를 확인하고 공부시운을 부여하여 두정을 뚫고 나가는 과정에 필요한 도광신력을 내립니다. 그때 하늘에서는 일종의 프로그램을 먼저 설치하게 되어 있습니다. 양신에 새로운 프로그램을 운용하여 두정을 통과할 수 있는 빛과 힘, 가치를 부여하게 됩니다. 이처럼 매 순간 내려오는 도광신력은 다릅니다. 다른 말로 하면, 항상 현재 공부하는 과정과 절차에 필요한 도광신력이 내려오는 것입니다.

73 출신을 할 즈음, 양신은 주먹 정도의 크기입니다. 양신이 처음 출신했을 때는 두정 쪽과 빛으로 연결되어 있기 때문에 육신은 어느 정도 보이지만 앞의 광경은 잘 보이지 않습니다. 만약 출신하자마자 앞이 잘 보인다면 특수한 목적으로 하늘이 빛을 부여했기 때문입니다. 사실 빛을 부여해도 아직 체계가 잘 잡혀 있지 않기 때문에 잘 보이지 않는 경우가 많습니다.

74 이 정도 진행되었을 때 도광신력을 충만하게 받으면서 육신 쪽으

로 의식이 옮겨지도록 심법을 걸면 의식이 육신으로 돌아간 상태가 될 수 있습니다. 다시 심법을 걸어 의식을 양신으로 옮겨가게도 할 수 있습니다. 이렇게 의식을 양신으로 옮겨와서 육신을 보게 되는 것은 무형적인 가시성으로 유형적 빛을 보는 것이며, 의식을 육신으로 옮겨와서 양신을 보는 것은 유형적 가시성으로 무형적 빛을 보는 것입니다. 이처럼 양신을 출신했을 때는 양신으로 대상을 보는 수련도 진행되지만, 그와 함께 인간의 몸으로 유형적인 빛뿐만 아니라 무형적인 빛도 볼 수 있도록 하는 수련이 진행됩니다.

75 이렇게 안광이 어느 정도 열리고 나면, 양신을 정상적인 크기로 성장시키는 공부를 해야 합니다. 두정 위에서 도광신력을 받는 가운데 두정을 보았을 때 다소 크게 보이면 다시 상주로 내려와 도광신력을 받고, 중주로 내려와 도광신력을 받고, 하주로 내려와 도광신력을 받습니다. 그리고 다시 중주로 올라가 도광신력을 받고, 상주로 올라가 도광신력을 받고, 두정 밖으로 나가서 도광신력을 받게 되면 양신이 육신과 일맥·일관·일통으로 호환·파동·공명하는 가운데 육신의 크기로 성장합니다.

그렇게 양신이 정상적인 크기로 성장되면 사지四肢를 움직이는 연습을 하게 됩니다. 사지를 어느 정도 움직이게 되면 육신 주변을 걷는 연습을 하게 됩니다. 걷는 연습에 자신감이 생기는 가운데 충만감이 일어나면 두정 위로 다시 올라가서 도계로 승천할 준비를 합니다.

76 두정 위에서 도광신력을 받고 있다 보면, 어느 순간 여유롭고 넉넉한 느낌이 들면서 충만감과 자신감이 생길 즈음 도계로 승천할 수 있게 됩니다. 즉 그 정도로 공부가 깊어지면 원신이 도광신력을 내려주게 되는데, 그때 '2천도계에 승천하여 내 원신을 찾아간다'라고 심법을 걸고 도광신력을 따라가면 곧바로 2천도계로 승천하여 원신 앞으로 가게 되어 있습니다. 물론 두정에서 2천도계 승천에 이르는 공부 또한 각각의 과정과 절차에 시운이 주어져 그에 합당한 도광신력이 부여되었을 때 가능합니다.

도계

77 이렇게 도계로 승천하기 위해서는 천지인 삼시 삼합의 공부시운을 부여받아야 하며, 또한 수련자 자신의 많은 정성과 노력이 필요합니다. 시운을 부여받아 도계의 원신이 내려주는 빛을 따라간다 해도 스스로의 공부에 부족함이 있으면 승천이 원활하지 않을

수도 있습니다. 예를 들어 원신이 내려주는 빛을 따라 2천도계에 승천하는 도중 무심이 흐트러지면 다른 곳으로 가기도 합니다.

78 따라서 수련자는 순수하고 순일한 마음과 마음가짐을 바탕으로 행공과 운기 복습을 꾸준히 하면서 채식 위주의 담백한 섭생으로 광도·밀도·순도를 일정 수준 이상 유지하는 가운데 자기 체득·체험·체감을 성찰·탐구·연구·분석·평가·정리·정련·정립·정돈하고 천지인 섭리·율법·법도를 있는 그대로 인지·인식·인정하여 그것에 합당한 도심을 일으키면 신성이 일어나고, 그러한 신성적인 마음과 마음가짐을 통하여 2천도계에 승천할 수 있을 만큼 의식·인식·습관의 상승·확장·발전과 함께 그만큼 실천을 통한 공덕을 쌓는다면, 하늘에서 섭리적인 근거가 형성이 되었을 때 적절한 시기에 맞춰 공부시운을 부여하여 천지인 삼시 삼합을 이루면 바람에 구름이 밀려가듯 자연스럽게 2천도계에 승천할 수 있게 되는 것입니다.

79 이것을 일상적 생활의 가치관과 관점으로 말하면, 꿈·희망·긍정·열정의 마음과 마음가짐으로 도심을 형성하는 가운데 자기를 격려하고 칭찬하고 사랑하여 스스로를 인정·존중·배려하고, 따뜻한 마음과 밝은 웃음, 환한 미소로 밝고 맑고 찬란한 하늘의 특

성·특징·특색을 나투고 밝히고 나누어 주변의 존재들과 교류·공감·소통하며 같이 함께 더불어 한다면 2천도계에 승천할 수 있는 조건이 갖추어진다고 할 수 있습니다.

80 수도자의 그러한 정성과 노력으로 2천도계에 승천하게 되면 원신을 만나게 됩니다. 이때 '내 원신이면 합일한다'라는 심법을 걸면 자연스럽게 합일이 됩니다. 간혹 자신의 원신이 아닌데도 자신의 원신으로 생각하여 합일을 시도하면, 자신의 양신보다 빛이 낮은 존재일 경우 합일이 되기도 합니다. 따라서 '내 원신이면 합일한다'라는 심법을 통해 무심하게 합일을 해야 합니다.

81 그렇게 도계에 승천하여 원신과 합일하게 되면 원신과의 합일도가 100%에 이를 수 있도록 꾸준히 시도하면서 원신에 대한 것을 배우고 익히며 기본 6공부를 시작합니다. 기본 6공부란 천상에서의 목이구비촉감目耳口鼻觸感을 익히는 것을 말합니다. 이것은 2천도계에서 끝나지 않고 3천도계, 4천도계 등 각 도계를 승천하면서 해당 도계에 합당한 수준만큼 계속 공부를 해야 합니다.

82 도계에 승천하여 있는 그대로 보고 듣고 느끼고 인지·인식·인정하여 자기 것으로 녹여 낼 수 있어야 지상에 내려와서도 천상의

문화와 문명을 내릴 수 있기 때문에 기본 6공부를 통해 천상의 현실을 생명력 있게 체득·체험·체감하는 것은 도계 공부의 핵심 중 하나라 할 만큼 중요합니다. 그렇게 할 때 천상과 지상에서 모두 본립이도생으로 석문충만·공부충만·건강충만·도심충만·신성충만·보좌충만·사랑충만·기쁨충만으로 섭리행할 수 있는 것입니다.

83 결국 도계 공부는 행공과 운광運光 복습을 통한 육신과 정기신의 유지·관리·발전을 기본적인 바탕으로 하여 자기믿음을 가지고 자신을 있는 그대로 바라보고, 바라본 그대로 인지·인식·인정해서, 받아들일 것은 받아들인 그대로 성찰하고 탐구하여 스스로 체득하고 깨우쳐 인식한 만큼 형성되는 도심으로 지행합일·언행일치·표리일치·내외일치하는 가운데 그것을 나투고 밝히고 나누는 섭리행을 통해 작고 소소한 것에서부터 어떤 마음과 마음가짐을 가지고 어떤 눈빛·표정·자세·단어·용어·문장·말·말투·행동으로 주변 존재들을 어떻게 인정·존중·배려하여 어떻게 같이 함께 더불어 할지, 자성·자각·자혜·자행하여 실천하는 것에 의해 그 공부의 정도가 결정된다고 할 수 있습니다.

동시차원성

⁸⁴ 원신과 합일을 거듭하여 합일도가 100%에 이르게 되면 점차 한 빛·한 의식·한 존재·한 세계가 되면서 원신이 있는 천상세계와 분신이 있는 지상세계를 한 차원으로 인식하게 됩니다. 쉽게 이해하면 이렇게 풀어서 설명할 수 있습니다.

⁸⁵ 천상원신에게는 원래 삼욕칠정 三欲七情 이 없습니다. 지상분신은 삼욕칠정이 있는 존재이지만 의식체를 통해 양신에 실리는 삼욕칠정은 가치 있고 충만하고 조화롭고 아름다운 상태 삼욕칠정에 대한 미련, 집착, 욕심이 없는 상태와 유사 에서 기본적인 작용만 하게 됩니다. 그래서 이러한 양신이 천상의 원신과 합일하면 천상의 원신이 가진 의식과 양신에 담긴 지상분신의 의식이 하나의 의식으로 통합이 됩니다. 즉 천상원신이 가진 본래 신神의 마음과 인간의 삼욕칠정을 용사하는 신神의 마음, 이 두 의식이 한 의식이 되는 것입니다.

⁸⁶ 그래서 천상원신은 새로운 신神의 마음을 가지게 되는 것이며, 지상분신은 인간으로서의 육신과 생활환경을 가지고 있는 상태에서 신神의 마음을 가지게 되는 것입니다. 다른 말로 표현하면 신神의 의식을 근본인 본本으로 본다면, 인간으로서 신神의 세계에 오

른 의식을 용用으로 볼 수 있습니다. 이때 신神의 의식은 순수하고 순일한 신神의 의식이며, 인간으로서 신神의 세계에 오른 의식은 삼욕칠정이 가치 있고 충만하고 조화롭고 아름다운 상태라고 할 수 있으며, 원신과 양신의 합일로 이러한 신神의 의식과 인간이 신神의 세계로 간 의식이 하나로 된 것을 통합의식統合意識이라고 표현할 수 있습니다.

87 이렇게 한 빛·한 의식·한 존재·한 세계가 되어 통합의식을 가지게 되면 2천도계 수준의 동시차원성을 운용할 수 있습니다. 즉 2천도계의 원신과 지상분신을 두 축으로 하여 그 축을 연결하는 수직의 폭과 그 수직의 폭만큼 형성되는 수평의 폭을 하나의 차원적 시공성으로 쓰는 것입니다. 이것을 다른 말로 2천도계급의 자기 존재성과 존재가치에 합당한 십자한十字桓과 십자한체계十字桓體系를 가지게 되는 것이라고 표현할 수 있으며, 상위 도계로 승천하게 되면 해당 도계급에 합당한 십자한과 십자한체계를 가집니다.

88 원신이 없는 도계도 마찬가지입니다. 예를 들어 4천도계의 경우 지상의 자신이 만물의 빛과 힘, 가치와 합일되어서 그 안에 담겨 있는 신성의 빛이 양신에 흡수되어 들어온 만큼, 그것이 무형적인

차원의 영역이 됩니다. 지상의 육신과 신성의 빛이 흡수되어 들어온 자기 양신이 각각 한 축이 되어 그만큼 십자한과 십자한체계로서 수직, 수평의 차원적인 시공성을 쓰게 되는 것입니다. 이렇게 해서 동시차원성이 열리기 시작하면 수련자는 해당 도계의 공부를 실질적으로 진행할 수 있게 됩니다.

89 완성도계에 이르게 되면 자신의 품계만큼의 수직적 최고점이 형성됩니다. 그것을 하나의 축으로 잡고, 지상분신을 수직적 최저점으로 하여 또 한 축을 잡으면 그만큼의 수평폭이 형성되어서 자기 존재성과 존재가치만큼 수직, 수평의 폭을 쓰는 십자한과 십자한체계를 가지게 됩니다. 그렇게 되면 그 존재는 비로소 자신이 이 태공에서 얼마만큼의 존재성과 존재가치를 가져서 어느 정도 위상의 품계를 가진 존재인지를 스스로 인식할 수 있게 됩니다.

90 왜냐하면 하늘에서는 자신의 위를 보기가 극히 어렵고, 또한 자신의 옆과 아래도 일부분만 알 수 있는데, 지상분신이 원신과 합일하여 한 빛·한 의식·한 존재·한 세계가 됨에 따라 천상의 자신과 지상의 자신이라는 두 축으로 형성되는 광대역 속에서 지상분신의 위상을 통해 하나님 예하의 신神들 중에 자신이 가진 존재성과 존재가치가 얼마만큼 되며 그에 따른 품계가 어느 정도 되는지 파

악할 수 있게 됩니다. 그래서 천상의 원신은 원신을 한 축으로 하고 또 지상의 분신을 한 축으로 그것을 잇는 십자한과 십자한체계를 통해 자기 광대역의 위상을 어느 정도 이해할 수 있게 되는 것입니다.

91 그런데 원신의 경우, 그러한 새로운 신神의 의식통합의식을 천상에서는 쓸 수가 없습니다. 천상에서는 천상의 법도에 따라 기존 신神의 의식을 써야 하기 때문입니다. 그래서 천상원신은 지상분신을 통해서 새로운 자신의 의식을 적용·실행·구현합니다. 또한 그렇게 적용·실행·구현하는 과정과 절차를 통해 지상분신이 얻게 되는 것만큼 천상의 원신은 더 새로운 의식을 가질 수 있게 됩니다. 천지인 섭리·율법·법도에 입각하여 그에 합당하게 천상의 문화와 문명을 지상에 맞게 적용·실행·구현하여 내리는 것도 결국 이러한 과정과 절차 중 하나입니다.

92 이 정도 경지에 이르게 되면 더 이상 원신과 분신이라는 표현을 쓰지 않고 '천상의 자신'과 '지상의 자신'이라 합니다. 그렇게 두 자신이 있지만, 본本은 천상의 자신에게 있습니다. 사실 천상의 원신은 자신의 의식·인식·습관의 본·체·용本体用에 해당하는 부분을 70%까지만 지상분신에게 내릴 수 있습니다. 왜냐하면 100%

를 내리면 지상분신이 육신을 벗게 될 위험이 있기 때문입니다. 도통을 한다 해도 지상분신의 경우 육신을 가지고 있기 때문에 육신의 제약이 없는 천상원신의 의식·인식·습관을 100% 내려받지는 않습니다.

등가비례성과 양신 공부의 7부 능선

93 또한 한 가지 더 알아 두면 좋은 것은, 이러한 경지에 올라 원신의 빛과 힘, 가치를 분신에 내려서 쓴다고 해도 그것은 시공성 개념에 등가비례等價比例하여 내리게 되어 있다는 점입니다. 이것을 풀어서 설명하면 다음과 같습니다.

94 원신이 거시에서 미시로, 즉 천상에서 지상으로 자신의 광대역만큼 지상의 자신을 통해 지구라는 미시세계와 호환·파동·공명하는 것은 태공과 지구의 비율에 맞춰 그 정도만큼 내리게 되어 있습니다.

즉 태공과 지구를 등가비례시키면 태공에서 자신이 지닌 광대역의 빛과 힘, 가치가 x일 때 지구에서 자기 광대역의 빛과 힘, 가치는 그만큼 환산비율로 자리잡게 됩니다. 이해를 돕기 위해 비율

관계가 있는 식으로 고쳐보면, 태공이 1,000이고, 지구가 1이라고 가정한다면, 1,000인 태공에서의 원신의 광대역이 x라면 지구에 호환·파동·공명되는 비율을 $x/1,000$로 맞추게 되어 있는 것입니다.$_{1,000\,:\,x\,=\,1\,:\,x/1,000.}$

앞서 말한 방식으로 다시 정리하면, 태공과 지구를 등가비례시키면 태공에서 자기 광대역의 빛과 힘, 가치가 x일 때 지구 안에서 자기 광대역의 빛과 힘, 가치는 $x/1,000$만큼 비례한 수치로 자리잡게 되는 것입니다.

95 태공의 흐름과 형국을 지구에 집약·집중·압축시킨 것이기에 이렇게 태공과 지구의 비율에 맞게 원신의 빛과 힘, 가치를 비례하여 내릴 때 천지인 섭리·율법·법도에 입각하여 그에 합당하게 지구라는 미시세계와 안정적으로 호환·파동·공명이 일어나는 것입니다. 지구가 태공의 학교라고 하는 것도 이러한 이유 때문입니다. 조금 더 보충하여 설명하면 원신이 태공 밖으로 나가지 못하듯이 지구에 존재하는 분신은 그 자체로 지구 밖을 나가지 못합니다. 지구가 하나의 단위가 되고 태공의 흐름과 형국이 등가비례성에 따라 지구라는 미시세계에 유사하게 반영이 되어 있는 것입니다.

⁹⁶ 그래서 3천도계를 은하급 단위로 잡고 원신이 그에 맞게 은하 개념을 기본으로 해서 빛과 힘, 가치를 내린다면, 태공과 은하를 등가비례시켜 자기 광대역의 빛과 힘, 가치의 환산비율로 수직, 수평의 폭을 설정하여 그만큼 자기 광대역의 빛과 힘, 가치를 내릴 수 있습니다.

⁹⁷ 또한 5천도계를 우주천 단위로 잡고 원신이 그에 맞게 우주천 개념을 기본으로 해서 빛과 힘, 가치를 내린다면, 태공과 우주천을 등가비례시켜 자기 광대역의 빛과 힘, 가치의 환산비율로 수직, 수평의 폭을 설정하여 그만큼 빛과 힘, 가치를 내릴 수 있습니다.

⁹⁸ 지상분신이 완성도계에 올라 자신의 자리를 찾게 되면 그때는 비례가 아니라 원래 있는 그대로 태공을 태공으로 두고 완성도계에서 자기 품계만큼의 빛과 힘, 가치를 쓸 수 있게 됩니다.

⁹⁹ 석문도문 내에서도 이러한 이치와 원리는 마찬가지입니다. 태공과 석문도문을 등가비례시키면 그 환산비율에 맞게 그 광대역의 빛과 힘, 가치가 자리잡게 됩니다. 즉 태공이 1,000이며, 석문도문을 1로 가정한다면, 1,000인 태공에서 원신의 광대역이 x라면 석문도문에서 호환·파동·공명되는 광대역의 비율을 $x/1,000$로 맞

추게 되어 있는 것입니다$_{1,000\,:\,x\,=\,1\,:\,x/1,000}$. 또한 한반도에서도 석문신시$_{石門神市}$와 석문신국$_{石門神國}$이 건립되어 모든 신$_{神}$들이 모일 때도 이와 같은 등가비례성의 환산비율에 따른 이치와 원리에 따라 광대역의 빛과 힘, 가치가 자리잡게 됩니다.

[100] 지십승역사도 이러한 이치와 원리로 진행됩니다. 태공과 석문도문을 등가비례시키면 태공에서 지십승역사가 x일 때 석문도문 내에서 지십승역사와 관련된 역사가 그만큼의 환산비율로 진행되게 됩니다.

이해를 돕기 위해 비율 관계가 있는 식으로 고쳐보면 다음과 같습니다. 태공이 1,000이고 그 안에서의 지십승역사의 빛과 힘, 가치가 x라면, 석문도문이 1일 때 석문도문 안에서 지십승역사와 관련되어 진행되는 일들의 광대역은 $x/1,000$로 맞추게 되는 것입니다$_{1,000\,:\,x\,=\,1\,:\,x/1,000}$.

앞서 말한 표현 방식으로 다시 정리하면 다음과 같습니다. 태공과 석문도문을 등가비례시키면, 태공에서 지십승역사의 빛과 힘, 가치가 x일 때 석문도문 안에서 지십승역사와 관련된 일들은 $x/1,000$만큼 환산비율로 맞춰서 진행됩니다. 다르게 말하면 석문도문 안에서 지십승역사와 관련된 일들이 x만큼 진행되면 태공에서 지십승역사의 빛과 힘, 가치는 1,000x만큼 진행되는 것입니다.

101 이러한 연산은 바로 동시차원성同時次元性이 진행되는 이치와 원리 중의 하나입니다. 지상에서 적용·실행·구현되는 것이 천상에도 환산비율을 통해 영향을 미치고, 그것을 통해서 천상에서 이루어지는 것이 동시에 지상에서도 환산비율을 통해 적용·실행·구현되어 상승·확장·발전을 하게 되는 것입니다.

102 이러한 가치관과 관점에서 보면, 동시차원성의 개념은 신神의 의식과 인간이 신神의 세계에 승천한 의식이 본本과 용用으로 하나의 통합의식이 되었을 때 한 빛·한 의식·한 존재·한 세계가 되는데, 지상 자신의 관점에서 볼 때 천상의 존재로서 지상에 내려와 그렇게 적용·실행·구현하는 것이 아니라 지상의 자신이 직접 그러한 빛과 힘, 가치를 적용·실행·구현하는 것을 의미합니다.

103 즉 지상의 자신이 양신과 합일하여 천상의 자신에게 올라가는 것도 하나의 방법이지만, 이미 한 빛·한 의식·한 존재·한 세계라는 개념이 시작되었기 때문에 천상의 자신과 지상의 자신이 하나의 광대역에 십자한과 십자한체계로 존재함으로써, 굳이 양신합

일하여 승천해서 원신과 합일을 하지 않아도 천상 자신의 의식이 지상 자신의 의식으로 바로 내려오기도 하고, 지상 자신의 의식이 천상 자신의 의식으로 바로 올라가기도 합니다.

104 더 통합된 개념으로 나아가게 되면 올라가거나 내려가지 않고 그 자체로 바로 쓰게 됩니다. 즉 천상의 자신과 지상의 자신이 이미 통합된 한 빛·한 의식·한 존재·한 세계로서 하나이므로 지상의 의식을 쓰는 그 자체가 천상 자신의 의식을 쓰는 것과 동일하게 되는 것입니다. 사실 완성도계의 공부는 이러한 동시차원성의 개념에 대하여 기본적인 체득·체험·체감을 통한 이해가 있어야 차원을 차원으로 인지·인식·인정하여 도통을 향한 공부의 효율이 높아지고, 그만큼 천지인 섭리·율법·법도를 자기 자신과 주변 세상에 보편화 시킬 수가 있습니다.

105 양신 공부와 도계 공부를 하다 보면 '7부 능선을 넘어야 한다'라는 말이 있습니다. 이 말 안에도 등가비례성을 비롯한 천지인 섭리·율법·법도의 핵심적인 이치와 원리가 포함되어 있습니다. 이해하기 쉽게 풀어서 설명하면 다음과 같은 예를 들 수 있습니다.

106 천지인조화역사에 따른 시운의 흐름과 형국이 생기면 시운을 배

정하게 되는데 그때 비중에 따른 우선순위가 생깁니다. 비중의 우선순위가 생긴다는 것은 그만큼 존재 간에 일정한 기준과 원칙에 입각한 차이가 있다는 뜻이 됩니다. 예를 들어 존재성과 존재가치에 따른 차이가 있거나 해당 시기의 소임과 역할에 따른 차이가 있을 수 있습니다. 즉 이러한 차이에 의해서 비중에 따른 우선순위가 생기는 것입니다.

107 지상에서도 이미 평등은 결과의 평등이 아니라 기회의 평등이라는 말이 있듯이, 평등은 모든 것이 똑같이 배분되는 것이 아니라 이러한 차이에 따라 배분되는 것을 의미합니다. 만약 '차이에 관계없이 똑같이 주어진다'라는 개념의 평등으로 접근하게 되면 개체의 존재성과 존재가치, 소임과 역할은 물론이며 개체의 특성·특징·특색 그리고 정성과 노력의 차이도 무의미해질 수 있습니다.

108 그래서 시운은 각 존재가 가진 다양한 측면을 놓고 균형형평성, 기회균등성, 의식공유성, 등가비례성 등 섭리의 속성과 천지인 섭리·율법·법도에 입각하여 그에 합당한 기준과 원칙을 중심으로 검토되고 배정되어 부여하는 과정과 절차를 밟습니다. 수리적으로 표현하면, 30을 가졌다면 30을 쓸 수 있는 기회를 30만큼 부여받고 30을 쓸 수 있게 되는 것입니다. 30을 가졌는데 60을 쓸

수 있는 기회를 90만큼 부여받으려 하고, 120만큼 쓰려고 한다면 균형형평성, 기회균등성, 의식공유성에 따른 등가비례성이라는 천지인 섭리·율법·법도에 합당하지 않게 되는 것입니다.

[109] 결국 30을 가진 경우, 30을 쓸 수 있는 기회를 30만큼 부여받아서 30을 쓸 때 온전한 입체통합성을 가져서 가치 있고 충만하고 조화롭고 아름다워 보이게 됩니다. 기준원칙성, 균형형평성, 기회균등성, 의식공유성, 등가비례성과 같은 섭리의 속성과 천지인 섭리·율법·법도에 입각하여 그에 합당한 과정과 절차를 잘 밟아야 입체통합성이 가치 있고 충만하고 조화롭고 아름답게 이루어져 하나의 부피감 있는 모양새를 형성하여 하나님을 비롯하여 모든 존재가 보기에도 좋아지는 것입니다.

[110] 이러한 이치와 원리는 공부에 있어서도 동일하게 적용·실행·구현됩니다. 예를 들어 천지인 섭리·율법·법도에 입각하여 그에 합당하게 자기 존재성과 존재가치에 따른 광대역의 빛과 힘, 가치가 있고, 그러한 자기 광대역에 비례하여 양신 공부가 차지하는 비율이 있다면, 태공과 자기 광대역의 빛과 힘, 가치를 등가비례시켰을 때 자기 광대역의 빛과 힘, 가치에 따른 양신 공부의 정도도 그러한 환산비율의 정도만큼 채워야 공부에 진전이 있게 됩니다.

이해를 돕기 위해 비율 관계의 형식으로 설명하면 다음과 같습니다. 태공이 1,000이고 자기 존재성과 존재가치의 광대역이 10이며 양신 공부가 차지하는 비율이 존재성과 존재가치의 50%로 설정되어 존재성과 존재가치에 입각한 양신 공부가 5가 된다면, 태공을 1로 두고 자기 존재성과 존재가치의 광대역을 등가비례시키는 경우 0.005만큼의 양신 공부의 빛과 힘, 가치를 채울 때 공부에 결과가 나올 수 있고 최소한 0.005의 7할 이상을 했을 때 공부에 진전과 생명력이 일어나는 것입니다.

[111] 그렇기 때문에 만약 태공이 1,000일 때 자기 존재성과 존재가치의 광대역이 100인 존재의 경우, 양신 공부가 차지하는 비율이 존재성과 존재가치의 50%로서 존재성과 존재가치에 입각한 양신 공부가 50이 된다면, 태공을 1로 두고 자기 존재성과 존재가치의 광대역을 등가비례시키는 경우 0.05만큼의 양신 공부의 빛과 힘, 가치를 채울 때 공부의 결과가 나올 수 있고 최소한 0.05의 7할 이상을 했을 때 공부에 진전과 생명력이 일어나는 것입니다.

따라서 태공을 1로 두고 자기 존재성과 존재가치의 광대역을 등가비례시켰을 때, 자기 존재성과 존재가치의 광대역이 10인 존재에 비해 100인 존재의 경우 10배가 되는 많은 빛과 힘, 가치를 접하고 그만큼 자신의 빛과 힘, 가치를 나투고 밝히고 나눌 수 있어야 결과가 나올 수 있고 최소한 그것의 7할 이상을 해야 공부에 진전이 생기고 생명력이 일어나는 것입니다.

112 조금 더 쉽게 단순화시켜서 비교하면, 공부를 할 때 자기 존재성과 존재가치의 광대역에서 100 정도의 양신 공부 비중이 필요한 존재가 자기 존재성과 존재가치의 광대역에서 10 정도의 양신 공부 비중이 필요한 존재와 비교하면서 '10의 7 정도 만큼 하면 7부 능선을 넘게 되겠지'라고 생각하고 정성과 노력을 들이면 공부에 진전이 없습니다. 100 정도의 양신 공부 비중이 필요한 존재는 7부 능선인 최소 70의 빛과 힘, 가치를 접하고 그만큼 자신의 빛과 힘, 가치를 나투고 밝히고 나눌 수 있어야 하는데 7 정도만 한다면 나머지 63이 채워지지 않았기 때문에 공부의 진전과 생명력이 잘 일어나지 않습니다. 그런데 자신이 얼마만큼 존재성과 존재가치에 해당하는 광대역을 가졌는지 모르기에, 결국 각 존재마다 스스로가 할 수 있는 극한의 의지를 내어 시도하고 시도했을 때 7부 능선을 넘게 된다고 말하는 것입니다.

113 이러한 이치와 원리는 개체뿐만 아니라 전체에도 해당됩니다. 예를 들어 양신 수련자 전체의 평균이 70%를 넘어가게 되면 양신

공부를 하는 모든 존재들이 각자의 정도에 맞는 만큼 공부의 진전과 생명력이 일어나게 됩니다.

[114] 개체적 관점에서는 자신의 70%를 넘게 되었을 때 공부의 진전과 생명력이 일어나는 것은 개체적인 특수성이라 할 수 있고, 전체적인 관점에서 총 평균이 70%를 넘게 되었을 때 개체의 정도를 뛰어넘어 전체에게 공부의 진전과 생명력이 일어나는 것은 전체적인 보편성이라 할 수 있습니다. 따라서 이러한 이치와 원리들은 개체 관점의 '개체성 특수성'과 전체 관점의 '전체성 보편성'이 있으며, 개체의 공부와 전체의 공부가 되어 가는 것을 하나의 합으로 묶어서 보는 '통합성'이 있습니다.

[115] 수련뿐만 아니라 석문도문의 굴기비상도 이러한 이치와 원리가 적용·실행·구현됩니다. 개체의 의식·인식·습관의 상승·확장·발전을 통해 전체의 의식·인식·습관을 상승·확장·발전시키고, 전체의 의식·인식·습관을 상승·확장·발전시켜서 개체의 의식·인식·습관이 상승·확장·발전되면 자연스럽게 석문도문 전체가 상승·확장·발전됩니다. 즉 개체성을 통해 전체성이 상승·확장·발전 개체성|특수성되고, 전체성을 통해 개체성이 상승·확장·발전 전체성|보편성되는데 이것이 하나의 합合이 되어 개체와 전체가 통합적

으로 상승·확장·발전하게 됩니다. 개체와 전체가 하나의 합으로 입체통합성을 형성하여 가치 있고 충만하여 조화롭고 아름다워지는 것입니다.

116 이것은 결국 군군신신부부자자 君君臣臣父父子子의 가치관과 관점을 현실에 적용·실행·구현하여 존재성과 존재가치에 합당한 빛과 힘, 가치를 나투고 밝히고 나누어 서로 인정·존중·배려하고 교류·공감·소통하여 같이 함께 더불어 하는 관계의 충만이 형성되어 가는 가운데 이루어집니다.

117 석문인들은 이러한 점을 늘 염두에 두어 석문공부를 통한 본립이 도생으로 석문충만·공부충만·건강충만·도심충만·신성충만·보좌충만·사랑충만·기쁨충만하는 가운데 빛의 세계가 더 크게 열리는 후천 추수의 천지인대역사에 같이 함께 더불어 하여 석문도법의 정체성대로 자아완성 自我完成, 지구완성 地球完成, 우주완성 宇宙完成, 태공완성 太空完成의 길을 걸을 수 있도록 천광사자 석문리더로서의 진법체득 眞法體得한 빛과 힘, 가치를 자유자재로 나투고 밝혀서 나누기를 기원합니다.

같이 함께 더불어
석문도문

한조님말씀 45

桓紀 27年 11月 10日
(2015. 12. 20)

석문도법 대중화·인류화·세계화의 과정과 절차

¹ 석문도문은 석문도법의 대중화·인류화·세계화를 지향합니다. 그런데 천지인조화역사의 모든 흐름과 형국에는 시운이 있듯이, 천지간의 모든 것은 때가 있습니다. 즉 대중화·인류화·세계화를 통해 지상에 조화선국을 여는 역사가 후천의 선각자이자 선구자며 선지자인 우리 석문인의 소임과 역할이기는 하나, 엄밀하게 말하면 지금 시기는 본격적이고 실질적으로 대중 속으로 나아가기 이전에 그러한 때를 위한 준비와 대비로 우리의 의식·인식·습관을 입체적이고 통합적으로 만들어 그에 합당한 체계를 세우고 적합한 역량을 키우는 시기입니다.

² 즉 지금은 석문도문의 품으로 세상이 들어올 수 있도록 실질적인 것을 준비하고 대비하는 시기로 우리의 정체성과 그 정체성에 의한 목적과 목표, 방향성에 따른 청사진을 정확하고 명확하고 확고하게 정립하는 시기입니다.

³ 이러한 과정과 절차를 밟아야만 석문도법이 세상에 본격적으로 드러났을 때 석문인이 본本을 놓치지 않고 본립이도생하여 우리다움이자 석문다움으로 세상으로 나아가 석문정기신石門精氣神과

석문문화石門文化로써 세상을 선도할 수 있게 되어 우리가 지향하는 본격적이고 실질적인 대중화·인류화·세계화를 이룰 수 있게 됩니다. 만약 그렇게 도법적 중심을 잡고 내실內實을 기하는 과정과 절차에 비중을 두지 않고 세상에 드러나게 되면, 석문인 스스로가 많은 교란·산란·혼란에 빠지게 됩니다.

4 과거 태양력 1992년의 경우와 같이 우리가 본립이도생의 중심을 세우지 않은 채, 대중성에 부합해야 된다는 명목으로 '건강'이라는 가치관과 관점을 우선하여 대중에 다가갔던 시도가 어떤 결과를 낳았는지 한번 돌이켜 볼 필요가 있습니다. 또한 태양력 2005년의 경우처럼 사전에 충분한 준비와 대비 없이 세상과 갑작스럽게 접촉하려 했던 시도로 인해 일어났던 결과도 다시 돌이켜 볼 필요가 있습니다. 그리고 태양력 2012년에서 2013년의 기간 동안 일부 존재들이 우리가 지금 잘할 수 있는 영역이 아닌 대외적 영역에 조급히 뛰어들어 서서히 본本이 희석되어 가는 가운데 스스로의 정체성을 막연하고 애매하고 모호하게 했던 경우도 다시 한번 돌이켜 볼 필요가 있습니다.

5 석문도법이 세상에 나아갈 때 대외공신력이 필요한 부분이나 영역이 일정 정도는 있을 것입니다. 그러나 우리가 가진 본本과 그

에 맞물린 천상문화와 문명은 누군가 인정해서 만들어지는 것이 아니라 우리가 우리 자신을 증거하고 증명하고 검증해서 만들어 나가는 것입니다. 즉 궁극의 문화와 문명은 물이 위에서 아래로 흐르듯 천광사자 석문리더가 증거하고 증명하고 검증해서 세상에 전파하는 흐름과 형국을 가질 수밖에 없습니다.

6 그래서 석문도법의 대외공신력을 얻는다는 가치관과 관점하에 기존 사회의 특정 혈연, 지연, 학연, 국가, 민족, 인종, 종교에 부지불식간에 치중하게 되는 흐름과 형국을 만들게 되면 우리가 우리 스스로의 빛과 힘, 가치에 제한을 두는 상황이 발생할 수 있습니다.

7 비근한 예로, 석문호흡을 손쉽게 많은 이들에게 알릴 수 있다는 이점을 얻기 위하여 석문호흡을 한국 전통의 심신수련법의 범주 안에서 소개하겠다는 외부의 제안을 받아들이게 되는 경우, 이것을 통해 대중들에게 석문호흡이 각인되면 한국 내에서는 일정 부분 대중화가 될 수도 있겠지만 한국 이외의 국가에서는 한국의 심신수련법으로 범위가 제한되고 좁아지기 때문에 인류화, 세계화라는 관점에서 볼 때 그 자체가 또다시 넘어야 할 장애·방해·걸림이 될 수 있습니다.

또한 현시대는 어떤 것이든 크고 넓고 깊은 영역의 내용을 다룰수록 항상 전 세계적 차원의 검증을 필요로 하기 때문에 한국인들에게 어느 정도의 호응을 얻는다 해도 인류 보편적인 차원의 것이 아니라는 인식으로 출발하게 되면 대중화에서부터 한계가 생기기 마련입니다.

8 과거세에 기독교나 불교 등이 그 당시에 세상을 향해 나아갔을 때 본(本)을 망각하고 대중들에게 부합만 했다면 오늘날까지 전해지지 못했을 것입니다. 지상의 기록을 보면 기독교와 불교가 나왔을 때 형식적으로 그것과 유사한 종교들이 있었습니다. 그럼에도 기독교와 불교가 지구 전체의 종교로 발돋움할 수 있었던 계기 중 하나는 자신들의 가치관과 관점을 제한시킬 수 있었던 기존의 혈연, 지연, 학연, 국가, 민족, 인종, 종교의 의식·인식·습관을 일정 정도 뛰어넘었기 때문입니다.

9 즉 기독교인들이나 불교인들은 박해나 탄압으로 인한 생명의 위험과 위협에도 굴하지 않고 자신들의 정체성과 그에 따른 목적과 목표, 방향성에 대해서 소신과 신념 그리고 소명의식과 사명감을 항상 염두에 두고 그에 합당한 실천을 해 나가는 가운데 인고의 세월 속에서 세상과 대중의 마음을 얻어 내었기에 지금과 같은

인류의 보편적 종교로 받아들여지게 되었습니다.

10 이러한 지상의 전례를 바탕으로, 우리의 대외공신력을 형성하는 과정과 절차는 신중하고 진중하게 판단·선택·결정을 해야 될 문제입니다. 선천도법先天道法인 기독교나 불교가 그들의 본本에 대해서는 국가나 어떤 세력의 도움이 아니라 바로 자신들의 힘으로 자신들을 증거하고 증명하고 검증하면서 대중적인 신뢰를 형성하여 오늘날에 이르렀듯이 석문도문도 그 본本은 국가나 어떤 세력, 혹은 누군가의 도움이 아니라 우리가 우리 자신의 진법체득한 빛과 힘, 가치로 우리 자신을 증거하고 증명하고 검증하면서 대중, 인류, 세계와 관계를 충만히 하여 신뢰를 만들고 구축해 나가면 섭리의 순리대로 여의할 수 있습니다.

11 그래서 석문도법의 대중화·인류화·세계화를 준비하고 대비해 나갈 때, 반드시 석문도법의 석문사상, 석문도담, 석문호흡, 석문도문, 석문도인, 석문인의 정체성을 먼저 고려하여 사안의 부분적인 것과 현재만이 아니라 전체적인 것과 과거, 현재, 미래를 모두 통합적으로 고려할 필요가 있습니다.

12 그러한 가치관과 관점으로 앞의 예를 더 깊이 있게 성찰하고 탐

구해 보면, 지상에 하나님이 내려와 있다는 사실을 알리는 것이 하나님의 지상 나라인 조화선국을 여는 핵심 과정과 절차임에도 하나님이 내어놓은 석문도법의 석문사상, 석문도담, 석문호흡을 한국의 심신수련법이라는 틀에 맞춰서 대중들이 인식하는 경우, 지상의 하나님이 한국의 하나님처럼 인식되므로 다른 민족이나 국가의 사람들은 자신들과는 다르거나 거리가 있는, 지상의 각 국가에 있는 수많은 하나님이라고 주장하는, 그런 하나님처럼 생각할 개연성이 커지게 됩니다. 이로 인해 우리 스스로 우리 자신의 정체성을 제한시켜 교란·산란·혼란을 불러일으키는 흐름과 형국이 일어날 수 있습니다.

13 뿐만 아니라, 현재 석문호흡을 중심으로 한 선도수련이나 단전호흡의 정체성이 대중들에게 명확하게 인식되지 않는 상태에서 기존 지상의 혈연, 지연, 학연, 국가, 민족, 인종, 종교적 측면으로 편향되어 대중과 접촉의 체계가 만들어지게 되면 우리의 대중적인 이미지는 한쪽으로만 각인될 수 있습니다. 만일 그 상태에서 입체적이고 통합적인 그리고 더 큰 미래지향적인 가치관과 관점을 언급하게 되면 대중들은 그것을 다소 생경하게 받아들여서 석문도법을 왜곡된 시선으로 이해할 수도 있습니다.

14 과거 몇몇 의료인들, 풍수인들, 무술인들이 의료, 풍수, 무술을 넘어 도道를 지향하고 도道에 대한 언급을 했을 때 대중들은 보편적으로 그들을 기인奇人이나 이인異人으로만 취급했습니다.

15 따라서 한 부분이나 당면한 흐름과 형국에만 치중하여 바라보는 시각으로 사안에 접근하게 되면 과거의 시도를 다시 반복하게 되므로 자신도 모르게 우리의 정체성을 막연하고 애매하고 모호하게 만들고, 세상과 대중이 우리를 막연하고 애매하고 모호하게 바라보게 만들어, 우리가 우리 자신을 막연하고 애매하고 모호하게 만드는 일을 자초할 수도 있습니다.

16 결국 석문도법이 어떤 빛과 힘, 가치를 가지고 있는지에 대해 석문사상, 석문도담, 석문호흡을 통해 꾸준히 지속적으로 알리는 역사를 중심으로 잡고, 우리의 정체성에 합당한 천상문화와 문명을 대중들에게 펼치는 총론적 가치관과 관점으로 접근하면서 석문도법의 대중화·인류화·세계화의 각론적 세부 기반을 차근차근 쌓게 되면, 자연스럽게 세상에 스며들듯이 호환·파동·공명할 수 있게 됩니다.

17 그러므로 석문인은 세상과 대중을 석문도법적 가치관과 관점으

로 받아들이고, 세상과 대중이 우리를 선각자이자 선구자며 선지자로 받아들일 수 있도록 본립이도생의 꾸준하고 지속적인 실천을 통해 나투어지는 석문다움의 빛과 힘, 가치로 우리 자신과 대중 그리고 세상의 마음을 얻어 나갈 필요가 있습니다. 당장 눈에 보이는 부분적인 이점 때문에 조급하게 서둘러서 대중에 부합하게 되면, 석문도문이 광대하고 장대하고 장엄해지는 것이 아니라 석문인의 본本이 희석되어 종국에는 우리 스스로 우리 자신을 세상에서 영원히 사라지게 할 수도 있다는 점을 염두에 두면 좋겠습니다.

18 따라서 도법을 펼칠 때는 용사적 활용을 통해 석문도문의 외연 확장의 기회가 있는 것처럼 보인다 하더라도 그만큼 신중하고 진중해야 할 필요가 있습니다. 으뜸 가르침이라는 것은 그 용用적인 활용에서 본질적인 빛과 힘, 가치가 나오는 것이 아니라, 그 도법과 사상 그리고 그것을 지행합일·언행일치·표리일치·내외일치로 실천하는 존재存在들에 의해 나오는 법입니다. 무리의 수나 재산의 정도 등 세상에 미치는 영향력은 그것에 따라오는 부수적인 요소입니다. 이런 부수적인 요소들에 먼저 치중한다면 일시적으로는 그만한 빛과 힘, 가치를 가질 수도 있겠지만 영원하지는 못합니다.

19 그렇기 때문에 하늘은 궁극의 완성도법인 석문도법으로 석문도문에서 양성하고 배출되어 출현하는 완성도인들과 그들의 의식·인식·습관 정도를 중요하게 생각하고, 그것을 후천천지인대역사의 핵심 척도 중 하나로 삼는 것입니다.

20 따라서 앞으로 석문도법이 차츰 더 알려지는 가운데 그것을 먼저 알아본 존재들이 현재 지상의 보편적 가치관과 관점으로 형성된 틀로써 석문도법의 대외공신력을 함께 하기를 원한다면, 호의적인 과정과 절차를 밟아서 정중하게 거절할 수도 있습니다.

21 예를 들면 '석문호흡은 단전호흡의 핵심이고 중심으로서 심신의 건강에도 효과가 분명히 있습니다. 그러나 우리의 정체성은 실수행實修行을 통한 수도를 근본 목적으로 하여 자신의 근본을 찾는 것을 지향하기 때문에 건강적인 관점으로만 치우쳐서 접근하지 않습니다. 또한 그러한 가치관과 관점에서 우리는 석문도법, 석문사상, 석문도담, 석문호흡의 대중화·인류화·세계화를 지향합니다. 다만 지금은 아직 준비가 많이 필요한 상태이고, 그래서 석문도법의 정체성과 그에 따른 목적과 목표, 방향성에 합당한 대중화·인류화·세계화를 지향해 가는 과정과 절차를 밟고 있으니 양해를 바랍니다'라는 내용과 형식으로 표현할 수 있습니다.

22 돌이켜 보면 석문도문은 이미 이러한 가치관과 관점에 대해서 하나의 표본을 보여왔습니다. 삼성동 본원 시절, 석문호흡에 대해서 연구 논문을 내면 자신들의 잡지에 석문호흡을 소개해 주겠다는 제안이 들어왔을 때, 한당 선생님께서 정중하게 거절하라고 말씀했던 적이 있습니다.

23 그때 한당 선생님께서는 그런 식으로 석문호흡이 여타 다른 수련법과 유사한 것으로 묶이게 되면 부지불식간에 석문도법이 전체이자 완성이 아닌, 부분이자 과정의 법法들과 같은 차원으로 인식될 수 있기 때문이라는 뜻의 말씀을 하였습니다.

24 당시 석문도문을 지칭했던 도화재의 화華 자는 소가 머리에 꽃바구니를 이고 가는 것을 형상화시킨 글자라고 하였습니다. 소[牛]의 걸음도 더딘데, 그런 소[牛]가 머리에 꽃바구니를 이고 가는 걸음은 더욱 더딜 수밖에 없습니다. 이처럼 도성구우道成救宇, 광명천로光明天路, 조화광명造化光明의 기본을 충실히 하는 과정과 절차는 더디고 시간이 많이 걸리게 됩니다. 그러나 기본에 충실하면 때가 되었을 때 기하급수적이고 동시다발적으로 확산됩니다.

25 지구에 도道를 펼치는 것이 기본이니 그 기본을 충실하게 하는 데

다소 시간이 걸리는 것은 어떤 시각에서 보면 당연하다 싶습니다. 따라서 우리는 석문다움의 멋스러움과 석문프리미엄으로 석문도법의 대중화·인류화·세계화를 지향하는 것이 가장 합당할 것 같습니다.

26 물론 우리가 세상과 접촉하지 않겠다는 뜻이 아닙니다. 부분적인 흐름과 형국만을 보는 것이 아니라, 전체와 완성의 함의含意를 지닌 석문도법의 정체성, 그에 따른 목적과 목표, 방향성에 따른 흐름과 형국 속에서 자연스럽게 세상과 같이 함께 더불어 한다는 뜻입니다.

27 이와 같은 가치관과 관점으로 볼 때, 올해 그룹웨어와 같이 하늘에서 지상에 내린 문명의 이기利器를 도입하여 우리에게 합당하게 맞추어 적용·실행·구현한 정책이나, 추진 중인 도문의 법인法人 등은 우리의 정체성을 살려 가면서도 눈높이를 맞추어 세상에 필요한 부분을 전해 가는 용사적 빛과 힘, 가치가 높은 훌륭한 모델이라고 할 수 있습니다.

28 석문도문의 석문도인들과 석문지로사들 그리고 석문인들은 이러한 석문도문의 정체성에 합당한 석문도법의 대중화·인류화·세

계화에 대한 목적과 목표, 방향성을 깊이 있게 인지·인식·인정할 필요가 있습니다.

29 특히 천상 큰 신神들은 석문도법이 하나님의 도법이자 태공완성의 유일무이한 완성도법完成道法이며 완성진법完成眞法이기 때문에 태공의 학교인 지구를 비롯하여 태공 안의 모든 천지인들을 염두에 두고 도성구우, 광명천로, 조화광명의 단계적 단편성, 복합성, 입체성, 다원성, 다차원성, 동시차원성의 과정과 절차를 밟아야 한다고 보고 있습니다.

30 당면한 현실을 직시해야겠지만, 석문도법의 정체성이라는 전체적이고 총론적인 가치관과 관점을 항상 염두에 두고 현 시기에 직면하는 사안들에 접근해서 다루어야 한다고 생각하는 것입니다. 사실 천상 큰 신神들의 이와 같은 가치관과 관점은 완성도계에 있는 대소大小 신神들이 보편적으로 가지는 기본적인 개념입니다.

31 즉 천상 대소大小 신神들은 석문도법에 의한 석문도문이 후천의 선각도문先覺道門이자 선구도문先驅道門이며 선지도문先知道門이기 때문에 지상의 여타 단체나 국가체계를 단순하게 모방하는 수준으로 지상을 선도해 나가는 것이 아니라, 지상의 문화를 적절하게

인정·존중·배려하되 세상의 존재들이 석문도문이 표방하는 하늘의 뜻에 감읍할 수 있도록 호환·파동·공명의 빛과 힘, 가치를 만들어 천상문화 70%와 지상문화 30%로 구성되는 태공완성문화인 석문문화에 자연스럽게 녹아들어오도록 선도하는 방법·방식·방편이 도법 전파의 중요한 맥脈이 되어야 한다고 보는 것입니다.

32 그런 과정과 절차를 밟기 위해서는 당연히 앞서 말하였듯, 완성도계의 빛과 힘, 가치를 녹여 내어 나투고 밝혀서 나눌 수 있는 완성도인完成道人들과 도통신인道通神人들이 필요합니다. 천지인 섭리·율법·법도에 입각한 그들의 의식·인식·습관이 태공의 학교 구성원인 지상 인류를 비롯한 천지인들을 태공완성세계太空完成世界와 태공완성문화太空完成文化의 길로 자연스럽게 인도하여 지로하기 때문입니다.

33 결국 천상 대소大小 신神들은 '석문도문은 하나님께서 문주門主로 계신 곳'이라는 섭리적인 함의와 무상無上적 비중 그리고 절대적 무게감을 항상 염두에 두고 도성구우, 광명천로, 조화광명의 길을 열어야 한다는 도법 전파의 목적과 목표, 방향성을 잡고 있는 것입니다.

34 이렇게 후천에 태공완성도법太空完成道法을 가진 석문도문이라는 가치관과 관점에서 보면 우리가 대중과 세상 속으로 나가는 과정과 절차는 사실 대중과 세상이 우리 품으로 들어오는 과정과 절차라 할 수 있습니다. 자신의 숨으로부터 시작된 자신이 타인, 천지만물, 우주삼라, 천지인으로 상승·확장·발전되는 것처럼 보이지만, 사실은 본디 근본 자신으로 귀결되는 내외일치와 같은 것입니다.

35 즉 하나님의 유일무이하고 전무후무하고 전지전능한 완성도법인 석문도법을 공부하는 우리 자신의 빛과 힘, 가치를 자성·자각·자혜·자행으로 일깨워 나투고 밝혀서 나누는 것이 곧 대중과 세상 속으로 다가가는 것이고, 그렇게 다가가는 것이 대중과 세상이 석문도문의 품으로 들어오게 하는 것입니다. 이것을 자연스럽게 이루어 가려면 중도中道에 의한 중용中庸의 빛과 힘, 가치를 나투고 밝히고 나눌 수 있어야 합니다. 중도에 의한 중용은 곧 지금까지 체득·체험·체감한 만큼 자기중심이 굳건히 잡혀 있고, 그것에 따라 그만큼 용사를 자유자재로 할 수 있음을 뜻하는 것이기 때문입니다.

36 결국 석문도법의 대중화·인류화·세계화는 석문도법의 석문호흡

을 공부하는 석문인들의 공부 생명력과 직접적인 연관이 있습니다. 따라서 석문인들은 명확한 정체성, 확고한 주인의식, 올곧은 자기중심을 바탕으로 물처럼 유연하게 일념정진, 용맹정진하여 일신우일신, 일취월장하는 가운데 바람에 구름이 밀려가듯 자연스럽게 석문도문의 상승·확장·발전을 이끌어 내어 석문도법의 대중화·인류화·세계화를 이루는 기반을 다져야 함을 항상 염두에 두고 수련과 도무, 일상생활에 임하기를 바랍니다.

한조님말씀 46

桓紀 27年 11月 15日
(2015. 12. 25)

석문도법에 의한 석문공부의 생명력

1 석문도법에 의한 석문공부는 하나님의 창조섭리創造攝理에 따른 천지인 섭리·율법·법도에 입각하여 그에 합당하게 만들어졌으므로 그 정체성에 따른 목적과 목표, 방향성이 정확하고 명확하고 확고하고 명쾌하고 명료하고 명징합니다.

2 따라서 석문도법에 의한 석문공부를 하는 존재는 석문공부의 정체성을 정확하고 명확하고 확고하게 인지·인식·인정해서 자신의 의식·인식·습관을 석문공부의 정체성에 합당하게 만들어 가야만 석문공부의 빛과 힘, 가치가 공부하는 존재에게 일맥·일관·일통으로 호환·파동·공명해서 자연스럽게 녹아들어옵니다.

3 석문도법은 인간적인 삶의 소소한 만족과 행복을 지향하고 추구하여 그것에 안주하기 위해서 만들어진 법이 아닙니다. 석문도법을 이와 같이 생각하고 있다면 그것은 석문도법을 잘못 인식했거나 석문도법을 인간적인 삶의 방편으로 생각하여 본말을 전도시키고 있는 것입니다.

4 석문도법은 자아완성, 지구완성, 우주완성, 태공완성을 위해서 하

나님의 창조섭리에 따라 천지인 섭리·율법·법도에 입각하여 그에 합당하게 만들어졌습니다. 따라서 석문도법은 인간적인 만족과 행복을 그 정도만큼 인정하고 극복하고 뛰어넘어 자아완성, 지구완성, 우주완성, 태공완성을 이루어 나가는 신성적 충만함과 고요함, 만족과 행복을 지향하고 추구합니다. 한 개체, 한 개체가 신성적 충만함과 고요함, 만족과 행복에 의해 가치 있고 충만하고 조화롭고 아름다워지면 바람에 구름이 밀려가듯 자연스럽게 자아완성, 지구완성, 우주완성, 태공완성이 이루어지는 것입니다.

5 그래서 자아완성에서부터 태공완성까지 이루기 위해서는 개체의 완성인 '존재의 완성'이 필요합니다. 즉 개별 존재들이 완성세계인 10천무극대도계十天無極大道界 이상으로 승천할 때 자아완성, 지구완성, 우주완성, 태공완성의 길이 열리도록 안배를 한 것이 바로 하나님의 뜻이었습니다.

6 이러한 하나님의 뜻에 의해서 후천에 석문도법이 만들어졌고, 하나님이 몸소 지상에 내려왔으며, 하나님을 보좌충만補佐充滿하기 위해 기존의 완성도계인 11천도계 이상의 세계에 있던 천상 대소大小 신神들이 지상으로 내려왔습니다.

7 이처럼 인간이 신神이 되고 그 신神이 완성도계인 10천무극대도계 이상으로 승천하여 개별 존재의 완성을 이룰 때, 석문도법의 정체성대로 자아완성, 지구완성, 우주완성, 태공완성을 이룰 수 있기 때문에 태공의 학교인 지구에서 모든 인류가 석문도법의 석문호흡을 통해서 신神이 되는 역사는 천지인조화역사의 핵심 중 하나라고 할 수 있습니다.

8 그런 가치관과 관점에서 볼 때, 기존 선천시대의 인간적 삶에 계속해서 얽매이거나 휘둘린다면 당연히 신神이 되는 자격과 조건을 갖출 수 없으며 그만큼 자아완성, 지구완성, 우주완성, 태공완성의 시운에 유격을 가져올 수 있습니다.

9 그래서 신神이 되려면 신神이 되는 데 필요한 덕목을 갖추어 자격과 조건을 형성하는 것이 중요합니다. 즉 빛과 섭리 그리고 하늘의 특성·특징·특색인 밝고 맑고 찬란함을 가져서 신성적인 충만함과 고요함, 만족과 행복을 지향하고 추구할 때 신神이 되기 위한 합당한 자격과 조건을 갖추어 하늘로 승천할 수 있는 개연성이 열리게 됩니다.

10 이러한 이치와 원리를 석문공부가 구체적으로 적용·실행·구현

되는 방법·방식·방편에 초점을 맞추어 말한다면 다음과 같이 표현할 수 있습니다.

11 석문공부는 석문도법의 본질적인 빛과 힘, 가치를 자신의 빛과 힘, 가치로 담아 낼 수 있도록 스스로를 변화, 발전시킬 수 있어야 진전이 있습니다. 그렇지 않고 자신의 기존 의식·인식·습관의 빛과 힘, 가치에 석문도법의 빛과 힘, 가치를 맞추려고 하면 본말이 전도되는 형식이 되기에 공부에 진전이 없습니다.

12 예를 들어 석문도법의 석문호흡을 선천시대처럼 성性과 명命, 심心과 기氣 어느 한 쪽에 치우쳐서 공부하면 공부가 진전되지 않습니다. 예를 들어 석문호흡을 선禪처럼 하거나 기도祈禱처럼 하거나 무술武術이나 요가처럼 공부하게 되면 진전이 없습니다.

13 선천시대의 성현들도 하늘에서 배출한 도인이지만 극히 일부분에 해당하는 하늘의 빛과 힘, 가치를 지상에 내렸기 때문에 후천의 완성도법을 선천 성현들이 내린 선천도법처럼 공부하게 된다면 무량한 하늘의 빛과 힘 가치를 극히 일부분만 체득·체험·체감하게 되어 공부의 효율이 극히 떨어질 뿐만 아니라 그것이 계속되면 종국에는 자신의 가치관과 관점으로 하나님과 하늘

의 신神을 판단하려는 것과 유사한 결과를 낳을 수도 있습니다.

14 즉 석문도법을 기존의 자기 식으로 공부한다는 것은 마치 공부하는 학생이 수학이 어렵다고 수학 과정을 자기 임의대로 선택해서 익히는 것과 마찬가지입니다. 예를 들어 수학 중 함수만 고집하거나 방정식만 고집하게 되면 수학의 일부만 알고 나머지는 진전이 없게 됩니다. 자신이 하고 있는 공부의 정체성과 목적, 목표, 방향성에 합당하게 일맥·일관·일통하여 호환·파동·공명해야 진전이 있게 되는 것입니다.

15 그래서 선禪은 선禪답게, 기도는 기도답게, 무술은 무술답게, 요가는 요가답게 할 때 공부에 진전이 있듯이, 후천완성도법後天完成道法인 석문공부는 석문도법의 정체성에 합당하게 공부할 때 진전이 있게 되는 것이 합당한 이치와 원리라 할 수 있겠습니다.

16 간혹 완성도계에 승천할 때까지는 석문도법에 합당하게 공부를 하다가도, 완성도계에 승천한 후에는 안주하는 가운데 섭리를 자기에게 맞추려 하면서 공부에 진전이 없는 경우도 있습니다. 완성도계에 승천하였다면 그러한 자리에 합당한 섭리행攝理行인 도인행道人行을 해야 하는데 계속해서 인성적인 자기행自己行에 머무르거나

도인행을 막연하고 애매하고 모호하게 하는 수준에서 안주하게 되면 완성도계에서 공부의 진전은 거의 이루어지지 않습니다.

17 하늘의 큰 신神들은 석문인들이 기본적으로 그런 점이 있음을 알고 있으며, 지금까지 지상의 삶을 살아오면서 형성된 의식·인식·습관이 한번에 모두 정화·순화·승화, 조화·상생·상합하여 상승·확장·발전하기 어렵다는 사실을 이해하면서도 한편으로는 무례하다고 판단하고 있습니다.

18 신神들은 '공부를 적지 않게 하고서도 그러한 상태에 안주하고 있는 이유는 석문공부, 자기, 원신, 신神, 섭리, 하나님을 가볍게 생각하기 때문이며, 그러한 가치관과 관점이 무례하다고 보고 그런 마음과 마음가짐이 자리잡고 있으니 무엇을 해도 무례하게 되지 않는가'라고 다소 신중하고 진중하게 판단하고 있는 것입니다.

19 즉 공부과정에서는 자기중심적인 가치관과 관점이 때때로 나타날 수 있다는 점을 감안하고 이해하려고 하면서도 석문도법에 의한 석문사상, 석문도담, 석문호흡이 가진 빛과 힘, 가치를 듣고 체득·체험·체감한 부분이 적지 않은데도 그러한 본질적인 유격이 생긴다는 것에 대해서 크게 우려를 하고 있습니다.

20 그런 이유로 인해 석문인의 공부가 석문급변과 급진에 합당하다고 할 만큼 전체적인 진전이 일어나지 않고 있지만, 하나님은 그것 또한 더 큰 자신으로 상승·확장·발전되어 가는 과정과 절차 상에서 일어나는 것으로 인정·존중·배려하여 손수 그것을 가교하고 완충하고 있습니다.

21 석문공부는 개체행個體行, 개인행個人行, 자기행自己行을 넘어 진법 체득하여 섭리행攝理行인 도인행道人行을 할 때 공부에 진전이 있게 됩니다. 결국 공부의 생명력이 높고 낮음은 자기 수련과 도무, 일상생활을 섭리적으로 접근하느냐 아니면 자기중심적으로 접근하느냐에 달려 있습니다. 석문인들은 이러한 점을 항상 염두에 두고 석문공부를 하면 참 좋겠습니다.

한조님말씀 47

桓紀 27年 12月 24日
(2016. 2. 2)

석문공부를 통한 상태·행위·현상에 관한 말씀

1 석문공부는 석문도법을 통해 진법체득한 수준에 합당한 광도·밀도·순도와 의식·인식·습관 그리고 품성·품위·품격의 상태狀態가 되고, 그 상태에 적합한 행위行爲를 하며, 그것에 따른 현상現象을 나투고 밝히고 나눌 때 자연스럽게 상승·확장·발전됩니다. 즉 석문공부의 빛과 힘, 가치는 양신陽神 이상의 단계에서부터 자신의 상태·행위·현상에 의해서 그 진전이 결정되는 정도가 극대화됩니다.

2 이것을 풀어서 말하면, 다음과 같이 설명할 수 있습니다. '정기신이 얼마만큼 광도·밀도·순도를 형성하여 유지·관리·발전되고 있는가', '의식·인식·습관이 어느 정도 수준으로 형성되어 유지·관리·발전되고 있는가' 그리고 '품성·품위·품격이 어느 정도로 드러나서 자신의 빛과 힘, 가치를 나투고 밝히고 나누고 있는가'에 따라서 결정되는 수도자의 현재 상태와 그 상태에 따라 드러나는 행위, 그 행위에 일맥·일관·일통으로 호환·파동·공명하여 일어나는 현상들에 의해 공부의 진전이 결정된다는 뜻입니다.

3 밀태장 이상 존재들의 척도를 기준과 원칙으로 삼아 이러한 이치

와 원리를 수치적으로 이해하면 다음과 같습니다. 와식에서 양신까지 상태가 0~100이며, 양신출신해서 2천도계에 승천하여 2천도계를 향유할 수 있는 영역의 상태를 100~300이라고 할 때, 밀태장 이상의 존재들이 2천도계 공부를 원활하게 진행할 수 있는 상태는 250~270 정도가 됩니다.

4 조금 더 세밀하게 보면, 0~30은 인성충만을 하는 시기로 수련 단계로는 와식에서 온양까지이고, 30~70은 영성충만을 하는 시기로 대주천에서 채약까지이며, 70~100은 기본적인 신성충만을 하는 시기로 기화신에서 양신까지라고 할 수 있습니다.

와식에서 온양까지는 인성을 전체적으로 드러나게 하는데, 상대적으로 많이 드러나지 않은 인성의 부분을 더 드러나게 하여 다른 인성의 영역대와 조화할 수 있도록 하여 평균적인 상태로 유지·관리·발전시키는 가운데 전반적인 인성충만의 상태로 만듭니다.

대주천에서 채약까지는 영성을 전체적으로 드러나게 하는데, 상대적으로 많이 드러나지 않은 영성적인 부분을 더 드러나게 하여 다른 영성의 영역대와 조화할 수 있도록 하여 평균적인 상태로 유지·관리·발전시키는 가운데 전반적인 영성충만의 상태로 만듭니다.

기화신에서 양신까지는 신성을 전체적으로 드러나게 하는데, 상대적으로 많이 드러나지 않은 신성적인 부분을 더 드러나게 하여 다른 신성의 영역대와 조화할 수 있도록 하여 평균적인 상태로 유지·관리·발전시키는 가운데 전반적인 신성충만의 상태로 만듭니다.

5 그래서 70~100이 기화신에서 양신 단계라는 말은 곧 양신 공부에 필요한 최대의 신성대가 100이라는 뜻으로, 양신 공부에 합당한 정기신의 광도·밀도·순도를 100으로 유지·관리·발전시키고 의식·인식·습관 또한 광도·밀도·순도에 합당하게 100의 폭과 깊이를 가지며, 그러한 광도·밀도·순도와 의식·인식·습관이 형성하는 수준인 100만큼 품성·품위·품격을 나투고 밝히고 나누어서 전체적인 상태를 100으로 만들어 그에 합당한 행위를 하고 그 정도의 현상을 일맥·일관·일통으로 호환·파동·공명하여 나투고 밝히고 나눌 수 있게 되어 양신 단계에서 형성하는 상태·행위·현상의 수준이 100을 넘게 되면 양신출신을 할 수 있게 되는 것입니다.

6 따라서 위에서 표현되는 100의 상태는 양신출신을 할 수 있는 양신 공부의 최대 임계점이며, 그 단계 공부에 필요한 최대의 신성대神性帶로서 여기까지 광도·밀도·순도, 의식·인식·습관, 품성·품위·품격을 형성하였다는 것은 양신 공부에 필요한 인성충만과 영성충만, 신성충만의 수준을 100%로 채웠다는 것을 뜻하는 것입니다.

7 때때로 인간적인 이분법적 가치관과 관점으로 접근하면 인성과 영성을 버려야만 하는 것으로 인지·인식·인정하는 경우가 많은데, 인성도 섭리를 지향해 가는 인성의 영역대가 있는가 하면, 섭리에서 점차 멀어져 가는 인성의 영역대가 있습니다. 즉 인성을 형성하는 칠정七情 | 기쁨, 슬픔, 즐거움, 노여움, 사랑, 미움, 욕심 중 가운데 위치한 '바랄 욕欲', 즉 욕구欲求를 어떻게 쓰느냐에 따라서 섭리를 지향할 수도 있고, 섭리에서 멀어질 수도 있습니다.

8 예를 들어 욕구 중 식욕은 어떻게 쓰느냐에 따라 섭리를 지향할 수도 있고 섭리와 멀어질 수도 있습니다. 자신이 공부하는 수준에 합당하도록 섭생을 적절히 하게 된다면, 공부에 도움을 주는 차원에서 생명을 건강하게 유지·관리·발전시킵니다. 이때 식욕은 섭리지향적 가치관과 관점에서 보았을 때 순기능을 합니다. 반면 자

신이 공부하는 수준에 합당하지 않는 섭생을 하게 된다면, 생명은 유지가 된다 하더라도 섭리지향적이지 않은 결과를 낳게 될 수 있습니다. 따라서 이 경우 식욕은 섭리지향적 가치관과 관점에서 보았을 때 섭리와 멀어지는 역기능을 하게 됩니다.

9 따라서 인성을 형성하는 '욕구' 자체는 가치중립적이며 이것을 어떤 목적과 목표, 방향성을 가지고 쓰느냐에 따라서 섭리를 지향하는 인성을 형성하여 '인성충만'의 상태로 갈 수도 있고, 반대로 섭리와 멀어지는 '인성결핍'의 상태로 갈 수도 있습니다. 영성과 신성도 이와 같이 섭리와 거리가 있는 낮은 차원에서 점차 더 높은 차원, 즉 섭리지향적인 쪽으로 충만하게 되어 영성충만, 신성충만을 이루게 됩니다.

10 이러한 이치와 원리로 양신 공부에 이르면 신성충만을 하게 되는 70에서 100의 상태가 유지·관리·발전될 수 있도록 해야 하는데, 양신 단계에서는 신성과 영성, 인성의 가교, 완충작용을 했던 영혼백체계가 기초 수준으로 작동하여 신성에서 인성이 곧바로 일맥·일관·일통으로 연결되어 호환·파동·공명하고 그만큼 내면과 외면이 일맥·일관·일통으로 연결되어 호환·파동·공명하기 때문에 수련자의 심상과 그것에 따른 마음과 마음가짐, 섭생, 외

적으로 표현되는 눈빛·표정·자세·단어·용어·문장·말·말투·행동에 따라 신성의 영역에서 곧바로 인성의 영역까지 영향을 미치게 됩니다.

11 그래서 어떤 시간, 어떤 장소, 어떤 상황에서도 희망적이고 긍정적인 가치관과 관점을 바탕으로 자기믿음을 통해 자신을 있는 그대로 바라보고, 바라본 그대로 인지·인식·인정해서, 받아들인 것은 받아들인 그대로 성찰하고 탐구하여 스스로가 체득하고 깨우치고 인식한 만큼 연구·분석·평가·정리·정련·정립·정돈하여 형성한 도심으로 지행합일·언행일치·표리일치·내외일치하는 가운데 그것을 나투고 밝히고 나눔으로써 작고 소소한 것에서부터 밝고 맑고 찬란한 마음과 마음가짐 그리고 기쁨·즐거움·신명남·환희·자비·사랑·배려·충만함·고요함·만족·행복·신성·영광·은혜·축복·복됨의 빛과 힘, 가치가 담긴 눈빛·표정·자세·단어·용어·문장·말·말투·행동으로 주변 존재들을 인정·존중·배려하고 교류·공감·소통하여 같이 함께 더불어 관계의 충만을 이루어 가게 되면, 자연스럽게 70에서 100의 영역에 근접한 상태로 수련과 도무, 일상생활을 하게 되므로 수련에 임했을 때 대맥, 소주천 등의 기본적인 복습을 통해서 보다 쉽게 신성대의 영역으로 들어가서 양신 수련을 할 수 있게 됩니다.

이러한 이유로 양신 단계에 올라 0에서 100의 영역대가 형성되면, 70에서 100의 영역을 중심으로 자신의 빛과 힘, 가치를 주로 써야 합니다. 만약 50에서 60 수준을 빈번하게 쓰게 되면, 도광신력이 내려와도 계속해서 전체 상태가 70에서 100의 영역까지 올라가도록 작용하여 양신 공부의 바탕을 만드는 데 쓰이게 되므로 양신 공부에 진전이 일어나지 않는 것입니다.

12 조금 더 세부적으로 본다면, 70에서 100까지 신성대의 영역 중 70에서 80의 상태가 여의주를 볼 수 있는 영역이고 80에서 90의 상태가 양신을 보고 합일할 수 있는 영역이며 90에서 100의 상태가 양신출신을 할 수 있는 영역이므로 70에서 80의 상태가 유지되면 여의주를 볼 수 있는 자격이 되고, 80에서 90의 상태가 유지되면 양신을 보고 합일할 수 있는 자격이 되고, 90에서 100의 상태가 되면 양신출신을 할 수 있는 자격이 됩니다.

13 그래서 0에서 100의 상태를 공부하고 100에서 양신출신을 하여 양신의 사지를 움직이고 양신의 목이구비촉目耳口鼻觸을 필요한 수준만큼 운용할 수 있게 되면, 100에서 300 상태인 2천도계에 승천하여 자기 세계를 공부할 수 있게 됩니다. 그래서 앞서 말했듯이 밀태장 이상의 존재들은 100인 상태에서 250에서 270까지의 상

태가 되었을 때 2천도계에 승천하여 자기 세계를 원활히 공부할 수 있습니다.

14 이런 이치와 원리로 석문급변과 급진을 통해서 2천도계로 승천한 밀태장 이상의 존재들은 100인 상태에서 250에서 270까지의 상태에 곧바로 적응을 해야 합니다. 이때 양신은 바로 적응할 수 있지만 육신은 그 정도의 빛과 힘, 가치와 호환·파동·공명하여 적응하는 데에 다소 시간이 필요합니다. 그래서 250에서 270 사이의 상태를 만드는 빛과 힘, 가치가 육신의 무유형적 시공성에 영향을 주게 되므로, 적응을 하는 과도기적 기간에 때때로 적지 않은 교란·산란·혼란이 생기기도 하는 것입니다.

15 원래 100의 상태에서 250에서 270의 상태로 상승·확장·발전할 때는 그에 따른 과정과 절차가 필요합니다. 당연히 그 정도 수준의 공부를 할 수 있는 자격을 갖추고 그것을 근거로 그 정도에 합당한 빛과 힘, 가치를 부여받아야 하며, 특히 금제를 해제하고 봉인을 열고 결계를 풀어야 합니다.

16 양신이 도계에 가서 250인 상태가 되면 그것에 합당하게 육신도 250인 상태가 되어야 합니다. 그런데 100인 상태까지 빛을 받을

수 있도록 설정된 금제·봉인·결계가 그대로 있다면 육신은 100의 상태에 머무르게 되고, 그 상태에서는 250의 상태를 만드는 빛과 힘, 가치를 양신이 받았다 해도 육신이 250 상태의 무유형적 시공성을 모두 담지 못하므로 당연히 2천도계로 올라가지 못하고 그 육신도 150만큼 과부하에 걸려 위험해지기에 도광신력을 내리는 의미가 없는 것입니다.

17 그러한 이유로 하늘의 원신은 밀태장 이상 지상분신의 양신이 최소 250인 상태가 유지될 수 있고, 육신이 그것을 받아낼 만한 상태가 되었다고 판단할 때, 자신을 찾아올 수 있는 도광신력을 내립니다. 그렇게 했을 때 양신은 250 정도에 해당하는 기초적인 도광신력을 받아서 호환·파동·공명하여 도광신력을 타고 도계로 승천하여 원신을 찾아가게 되는 것입니다.

18 이때 양신이 250의 상태를 유지하고 있다고 해도 자신의 의식체가 얼마만큼 양신에 실리느냐에 따라 도계에 승천해서 진행하는 공부의 안정성이 결정되기도 합니다. 즉 의식체가 양신에 70%가 실리면 나머지 30%는 육신의 인성적 의식·의식·습관이 작동될 수 있습니다. 그래서 30%만큼의 불확정적 개연성을 가지게 되는 것입니다.

[19] 또한 의식체가 100% 실린다 하더라도 기존의 상태에서 형성된 의식·인식·습관으로 250에 이르는 상태 이상의 새로운 세계를 접하고 있는 것이므로, 이때 기존의 의식·인식·습관으로 판단하려고 하면 여러 덧칠과 왜곡이 일어날 수 있습니다.

[20] 그래서 가급적 현재 자신의 의식·인식·습관으로 내면공간과 도계를 판단하지 않는 의식·인식·습관을 기르는 것이 중요합니다. 처음에 인지되면 인지되는대로 계속 받아들이다 보면 일정한 식式|pattern이 만들어져서 인식되기 시작하고 인식이 계속되면 안정화가 되는데 이때 인정할 수 있게 됩니다. 인정하게 될 즈음이면 판단·선택·결정이 가능해집니다.

[21] 이러한 공부환경과 여건은 처음 승천했을 때뿐만 아니라 공부가 진행되어 기존 상태에서 상승·확장·발전이 일어날 때마다 나타날 수 있습니다. 밀태장 이상 존재의 경우 250에서 270의 상태가 될 수 있는 기초적 빛과 힘, 가치를 내려서 양신과 육신이 그 빛과 힘, 가치에 호환·파동·공명할 때 도계에 승천하여 공부를 시작해도, 이후에 승천할 때마다 조금씩 공부가 진행될 수 있도록 매번 더 높은 상태에 속한 새로운 것을 보여 주기 때문입니다.

²² 이때 분신이 양신을 타고 승천할 때마다 기존에 알지 못했던 새로운 것만 보여 주게 되면 공부를 너무 어려워할 수 있기 때문에 이전에 공부를 했던 세계나 기존의 의식·인식·습관으로 어느 정도 이해할 수 있는 수준의 세계를 보여 주는 가운데, 지금까지 보지 못한 새로운 세계를 보여 주면서 공부를 유도하게 됩니다. 즉 이전에 공부한 것과 새롭게 공부한 것이 일맥·일관·일통하여 호환·파동·공명하게 만들어서 새로운 세계를 조금 더 수월하게 공부할 수 있도록 공부의 체계를 잡아 나가는 것입니다.

²³ 그래서 도계에 승천했다 하더라도 현재 상태에 안주하지 말고, 광도·밀도·순도와 의식·인식·습관 그리고 품성·품위·품격을 항상 유지·관리·발전시켜 점차 더 높은 상태에 이를 수 있어야 하는 것입니다. 상태의 수치로 표현하면, 밀태장 이상 존재가 2천도계에 올라 공부를 원활하게 진행할 수 있는 수준이 250에서 270의 상태라면 평균적으로 260 정도의 상태를 꾸준하고 지속적으로 유지해서 2천도계에 승천하여 특별한 장애·방해·걸림 없이 자기 세계를 공부할 수 있도록 해야 합니다.

²⁴ 이것을 전체적인 가치관과 관점의 측면에서 풀어 보면 다음과 같이 설명할 수 있습니다. 밀태장 이상의 존재가 250에서 270이라

는 상태의 자기 세계를 유지·관리·발전하려면 평균적으로 260 정도의 상태에 있어야 하는데, 그것은 곧 0에서 270의 상태까지 자신의 빛과 힘, 가치를 바람에 구름이 밀려가듯이 자연스럽게 나투고 밝히고 나눌 수 있음을 의미합니다.

25 즉 100에서 270의 상태로 천상의 존재와 교류·공감·소통할 수 있으며, 70에서 100 수준의 기본적인 신성적 상태를 용사하여 그러한 의식·인식·습관을 가진 존재와 교류·공감·소통할 수 있고, 30에서 70 수준의 영성적인 상태를 용사하여 그러한 의식·인식·습관을 가진 존재와 교류·공감·소통할 수 있으며, 0에서 30 수준의 인성적인 상태를 용사하여 그러한 의식·인식·습관을 가진 존재와 교류·공감·소통할 수 있게 되는 것입니다.

26 이때 매우 중요한 이치와 원리가 하나 있습니다. 밀태장 이상의 존재들이 0에서 270의 폭을 쓰면서 해당 영역의 존재들과 교류·공감·소통하는 가운데 밝고 맑고 찬란한 빛을 나투고 밝히고 나누게 된다면 그러한 상태에 맞는 빛들과 호환·파동·공명이 일어나서 더 큰 섭리지향적 상승효과를 일으키게 됩니다. 물론 그 반대로 0에서 270의 폭을 쓰면서 해당 영역의 존재들과 교류·공감·소통하는 가운데 낮은 빛으로 어둠을 짓게 된다면, 그러한 상태에 맞

는 빛들과 호환·파동·공명이 일어나서 섭리와 멀어지는 흐름과 형국을 증폭시키게 됩니다.

27 그래서 밀태장 이상의 존재들이 2천도계의 자기 세계에 승천하게 되면 일단 250에서 270의 상태를 중심축으로 자신의 빛과 힘, 가치를 쓸 수 있어야 합니다. 만약 마음과 마음가짐, 섭생, 수련 그리고 일상의 크고 작은 실천을 그 정도에 합당하게 갖추지 못하여 0에서 30인 인성적 영역이 약화되어 전체 상태가 240에서 250의 상태로 떨어지게 되면 여러 반대급부적인 상황이 일어날 수 있습니다.

28 만약 2천도계를 공부할 수 있는 최소점이 250의 상태인데 240 정도로 떨어지면 하늘에서 시험 조치를 취하게 됩니다. 더 떨어지기 전에 공부에 대한 의지를 물어서 스스로 자신을 상승·확장·발전시켜 다시 250의 상태를 회복할 수 있도록 도와주는 것입니다. 만약 240 이하로 떨어져서 그것이 일정 이상 지속되면 2천도계의 자기 세계를 향유하는 것은 불가능해집니다.

29 250에서 270의 상태에서 240 이하로 떨어졌다는 사실은 자기중심이 약화되었음을 의미하며, 그 상태에서 다른 존재와 접촉하게 되면 자신의 어두움을 다른 존재들에게 호환·파동·공명하여 전

이시키므로 하늘에서 조속히 교육敎育·교정敎正·교화敎化하려고 조치를 취하게 되는 것입니다.

30 높은 도계에 오를수록 기쁨·즐거움·신명남·환희·자비·사랑·배려·충만함·고요함·만족·행복·신성·영광·은혜·축복·복됨의 빛과 힘, 가치도 더 부여받을 수 있게 되지만, 하늘은 반대급부의 상황에 대한 조치도 그만큼 신중하고 진중하고 엄중하게 진행합니다. 높은 빛의 세계로 올라갈수록 그만큼 권한·책임·의무의 정도도 커져서 좋은 것과 엄중한 것이 100 : 100으로 등가비례하여 높아지는 것입니다.

31 만약 밀태장 이상 어느 한 존재의 완성본자리가 1,000인 상태라고 가정한다면 지상분신이 자신의 자리를 찾게 되었을 때 0에서 1,000까지의 세계를 향유할 수 있습니다. 그 경우, 예를 들어 900의 상태가 행성인과 접촉할 수 있는 상태라면, 완성본자리에 승천한 존재는 상시적으로 행성인과 접촉할 수 있는 상태가 되어 있는 것입니다. 그래서 완성본자리에 승천한 존재들은 교류·공감·소통의 다양성과 체득·체험·체감의 폭과 깊이가 극대화되고 그 수준에 합당하게 인지·인식·인정할 수 있는 것들이 많이 생깁니다. 그만큼 영향을 미칠 수 있는 개연성도 높아집니다.

32 창조가 된 이후, 신神으로 살면서 하늘에서 체득·체험·체감할 수 있는 것들이 수없이 많았다 하더라도 지상에 인간으로 내려와 하나님의 인도引導하에 석문도법의 석문공부로 신神이 되어 다시 하늘로 승천하는 과정에서는 같은 하늘이라도 또 다른 차원의 체득·체험·체감 영역을 가질 수 있습니다. 따라서 그렇게 새로운 세계를 체득·체험·체감하면서 권한·책임·의무를 가지게 되는 만큼, 자신의 상태를 유지·관리·발전시키는 정성과 노력을 소홀히 하여 생기는 행위와 현상에 대해서 신중하고 진중한, 때로는 엄중하기까지 한 하늘의 조치가 있을 수 있는 것입니다.

33 만약 광대역이 큰 존재가 섭리지향적이지 않은 행위를 하게 되면 그만큼 어둠을 짓고 자기 광대역이 큰 만큼 다른 존재에게 미치는 영향이 클 수밖에 없는 개연성이 생기기 때문에 하늘에서는 큰 존재에게 심각한 문제가 생겼을 경우, 어떤 특수한 목적이 있는 상황을 제외하고는 문제의 발생을 최소화시키기 위하여 상대적으로 조속한 시간 내에 신중하고 진중하고 엄중한 조치를 취하게 되는 것입니다.

34 전체적으로 정리해 보면, 석문도법을 통해 석문공부를 하여 진법체득한 정도에 합당한 상태까지 정기신의 광도·밀도·순도를

꾸준하고 지속적으로 유지·관리·발전시키고 그 수준에 맞는 의식·인식·습관으로 수련과 도무, 일상생활에 임하며, 그러한 삶의 순간순간에 그만큼의 빛과 힘, 가치가 깃든 품성·품위·품격을 드러내어 자신을 나투고 밝히고 나눔으로써 자신의 상태와 그 상태에 따라 드러나는 행위 그리고 그 행위에 호환·파동·공명하여 일어나는 현상들이 섭리지향적이면 그것 자체가 공덕功德이 되고 하위의 빛을 흐리지 않게 하는 안정적 환경과 여건이 되므로 하늘에서는 그것을 근거로 더 높은 빛을 내려 더 큰 생명력에 따른 생동감 넘치는 공부가 진행되도록 합니다.

35 즉 양신 공부를 하는 수도자에게 필요한 상태가 100이라면, 자기 정기신의 광도·밀도·순도를 100으로 유지·관리·발전시키고, 의식·인식·습관 또한 그 정도의 광도·밀도·순도로 형성할 수 있는 100 정도의 폭과 깊이로 수련과 도무, 일상생활에 임하며, 그것에 일치할 수 있는 100 정도의 품성·품위·품격을 드러내어 자신을 나투고 밝히고 나누어 전체적인 상태를 100으로 만들고 그에 합당한 행위를 통해 그만한 현상을 나투고 밝히고 나누어 자신과 주변에 섭리지향적 빛과 힘, 가치를 전할 수 있을 때 양신출신을 하여 2천도계에 승천하게 되는 것입니다.

36 또한 앞서 말한 대로 밀태장 이상의 존재가 2천도계의 자기 세계를 안정적으로 공부하고 향유하기 위해서 250에서 270까지의 상태가 필요하다고 하면, 자기 정기신의 광도·밀도·순도를 250에서 270으로 유지·관리·발전시키고, 의식·인식·습관 또한 그 정도의 광도·밀도·순도를 형성할 수 있는 250에서 270 정도의 폭과 깊이로 수련과 도무, 일상생활에 임하며, 그것에 일치할 수 있는 250에서 270 정도의 품성·품위·품격을 드러내어 자신을 나투고 밝히고 나누어야 합니다. 그리하여 전체적인 상태를 250에서 270으로 만들고 그것에 합당한 행위를 통해 그만한 현상을 나투고 밝히고 나누어 자신과 주변에 섭리지향적 빛과 힘, 가치를 전하여 양신이 기본적으로 그 정도의 상태가 되었을 때 육신 또한 그만큼 호환·파동·공명하면, 그것이 하나의 자격이 되어 원신이 그것에 합당한 빛과 힘, 가치를 내려서 일맥·일관·일통으로 호환·파동·공명하여 안정적이고 생명력 넘치는 2천도계 공부를 진행할 수 있게 되는 것입니다.

37 만약 광도·밀도·순도가 필요한 상태만큼 유지·관리·발전되지 않고, 의식·인식·습관의 수준이 불안정하며 품성·품위·품격이 자기 공부의 정도만큼 드러나지 않아 상태·행위·현상에 다소 부족함이 생긴다면, 원신은 하늘로 승천할 수 있는 도광신력을 내리는 대신

에 광도·밀도·순도와 의식·인식·습관 그리고 품성·품위·품격이 필요한 수준의 상태가 될 수 있도록 하는 도광신력을 내리게 되므로 공부에 진전이 없습니다. 그래서 자신의 상태·행위·현상이 섭리지향적으로 상승·확장·발전할 수 있도록 정성과 노력을 들이는 실천이 그만큼 중요한 공부의 요소가 됩니다. 정도의 차이는 있지만, 이러한 이치와 원리의 맥락은 당연히 모든 존재들에게 일맥·일관·일통하여 적용·실행·구현됩니다.

38 석문인들은 이러한 점을 항상 염두에 두어 희망적이고 긍정적인 자기믿음을 흥겹고 신명나게 끌어내어 작고 소소한 것에서부터 밝고 맑고 찬란한 마음과 마음가짐으로 기쁨·즐거움·신명남·환희·자비·사랑·배려·충만함·고요함·만족·행복·신성·영광·은혜·축복·복됨의 빛과 힘, 가치가 담긴 눈빛·표정·자세·단어·용어·문장·말·말투·행동으로 주변 존재들을 인정·존중·배려하고 교류·공감·소통하는 가운데 같이 함께 더불어 관계의 충만을 이루어, 자신의 상태와 그 상태에 따라 드러나는 행위 그리고 그 행위에 일맥·일관·일통으로 호환·파동·공명하여 일어나는 현상들을 섭리지향적이 되도록 하여 석문급변과 급진에 합당한 공부의 진전을 이루기 바랍니다.

같이 함께 더불어
석문도문

도계 공부편

도계 공부 시 염두에 두어야 할 사항

도계 공부를 할 때 아래와 같은 사항을 절대적으로 염두에 두고 공부를 진행하기 바랍니다.

도계 공부를 할 때 의식의 일부를 어중간하게 양신에 실은 상태로 도계에 승천하여 뭔가 잘 안 보이거나 애매하거나 흐릿하게 보일 때, 부지불식간에 여러 마음을 일으키며 너무 보려고 하게 되는 경우 도계의 공간에 자신의 관념·의념·상념·사념이 담긴 빛을 쏘는 효과가 일어나 도계에 불필요한 빛이 존속하게 되어 고무적이지 않는 여러 일들이 발생합니다. 따라서 양신에 어중간하게 의식을 실어서 도계에 승천하였을 때 지나치게 보려고 집착하거나 욕심을 내지 말고 순수하고 순일한 마음과 마음가짐으로 보이는 대로 봐야 합니다.

그리고 도계에 대하여 잘 알지 못하면서 임의로 주도성을 형성하려 하지 말고 원신을 찾아 합일하고 원신에게 청하여 원신이 하는 것을 무심하게 보면서 체득하고 깨우치고 인식한 것이 쌓이고 쌓여서 자신감이 생겼을 때 체득하고 깨우치고 인식한 해당 도계의 섭리·

율법·법도에 입각하여 그에 합당하게 조금씩 주도성을 형성하는 식으로 공부해야 합니다.

원신을 만나기 어려우면 보이는 존재들에게 무심으로 물어보고 무심으로 들어서 원신을 만날 때까지 조금씩 경험을 쌓아 나가면서 공부하는 도계에서 체득하고 깨우치고 인식한 천지인 섭리·율법·법도에 입각하여 그에 합당하게 언행言行하려고 해야 합니다.

한기 24년 9월 7일(2012.10.21)

같이 함께 더불어

석문도문

선천도계 공부 조언

여의무심을 통한 진법체득

바쁠수록 돌아가라는 말처럼 여유와 넉넉함을 가지고 공부에 임하는 것이 좋습니다. 그리고 공부에 임할 때는 자신의 모든 알음알이의 선입견과 편견을 내려놓고 항상 백지상태에서 시도하여 진법체득되는 모든 것을 있는 그대로 인지·인식·인정하고 보여지는 대로 보려고 해야 합니다. 그래서 공부하는 과정에서 공부에 대해 가늠하고 평가하면서 '공부가 이렇게 되어야 한다'는 자신만의 설정이나 자기식의 개념을 가지고 할 것이 아니라, 있는 그대로 체득·체험·체감하여 공부되어지는 대로 인지·인식·인정하여 받아들인다는 가치관과 관점으로 공부에 임해야 합니다.

즉 기존의 인간적인 의식·인식·습관으로 이전보다 더 커지고 높아지고 넓어진 도계의 공부를 자기식으로 설정하고 재단하고 생각하여 임하게 되면 많은 것이 덧칠되고 왜곡됩니다. 여의무심으로 결과보다는 과정에 순수하고 순일한 마음과 마음가짐으로 집중할 때 섭리의 진리가 순리여의하게 인식되어 자신에게 녹아들게 됩니다.

한기 25년 11월 20일(2013.12.22)

양신합일도에 따른 인식의 차이

양신에 의식이 온전히 실리게 되면 자신의 육신을 잘 인식하지 못하게 됩니다. 즉 빛의 자신인 양신이 곧 자기 자신이 됩니다. 그런데 의식이 육신에 일부 걸치면서 양신에 의식이 일부만 실리게 되면 보이는 현상들이 흐릿하면서 육신의 감각을 일정 부분 인식하게 됩니다.

보통 의식이 양신에 100% 실리게 되면 자신의 육신을 인식하지 못하고 빛의 자신인 양신을 곧 자신으로 인식하게 되어 공간에서 자신이 주체적으로 움직이고 다니는 것처럼 인식이 됩니다. 그런데 양신에 의식이 70% 정도 실리고 육신에 의식이 30% 정도 걸쳐 있게 되면 마치 3D영화를 보는 것과 같은 현상이 일어납니다. 양신에 의식이 50% 정도 실리고 육신에 의식이 50% 정도 걸쳐 있게 되면 평면 컬러TV를 조금 흐리게 보는 것과 같은 현상이 일어납니다. 양신에 의식이 30% 정도 실리고 육신에 의식이 70% 정도 걸쳐 있게 되면 평면 흑백TV를 흐리게 보는 것과 같은 현상이 일어납니다.

이렇게 육신에 의식이 걸쳐지는 비율이 점점 높아지게 되면 공간에서 자신이 주체적으로 움직이는 것처럼 인식하기보다 다소 수동적이고 피동적으로 움직이는 것 같은 현상이 일어나면서 육신에 대한 여러 가지의 변화를 인식하게 됩니다.

그리고 의식이 양신보다 육신에 더 많이 걸치게 되면 마치 공간이 자신에게 다가오는 것 같은 현상들도 겪게 되고 보이고 들리는 것들이 지상의 인간적인 의식과 혼재되기 때문에 많은 교란·산란·혼란을 겪기도 하고, 자신의 인간적인 의식의 작용이 크게 일어나서 도계에서 보이고 들리는 것에 덧칠이나 왜곡현상이 일어나기도 합니다.

그래서 공부를 할 때는 알음알이의 선입견이나 편견 또는 공부에 대한 자기식의 설정을 가지고 공부에 임하는 것이나 공부의 과정보다 결과에 집착하여 욕심을 부리는 것을 경계하도록 합니다. 따라서 공부를 할 때는 필요 이상의 기대나 조급함이나 선입견, 편견을 가지지 말고 최대한 차분하고 침착하고 무심하게 임하는 것이 좋습니다.

그리하여 공부에 임할 때는 순수하고 순일한 마음과 마음가짐으로 공부한다는 그 사실에 있는 그대로 집중하는 것이 좋습니다. 그리고 진법체득하여 보이고 들리는 대로 인지·인식·인정하고 받아들일 때 공부의 생명력이 살아 숨 쉬게 됩니다.

한기 25년 11월 20일(2013.12.22)

2천도계에서의 원신합일

'2천도계에 승천하여 내 원신을 찾아간다'라는 심법을 걸고 도광신력을 받으면 2천도계에 있는 자신의 원신 원신이 없으면 관계 신神이 2천도계에 원신이 있는 곳으로 승천할 수 있는 도광신력을 지상분신에게 내려주어 원신이 있는 곳으로 인도하게 됩니다.

그리하여 원신이 내려주는 도광신력을 타고 올라가면 특별한 이유가 없는 한, 대부분은 원신에게 바로 인도가 됩니다. 그런데 2천도계 공부가 아직 기초 수준이거나 기본 수준일 때는 보고 듣고 느끼고 움직이는 것 등이 원활하지 않을 수 있어서 원신에게 바로 가지 못하는 경우가 생길 수도 있습니다. 그런 상황에서 보이는 존재에게 자신의 원신인지 물어보고 합일을 시도하는 것은 다소간 위험 요소가 있을 수 있습니다.

즉 2천도계에서 신神들과 말하고 듣는 대화와 움직이는 행동 등이 익숙하지 않는 상태에서 자신의 원신과 합일하고자 하는 마음이 강해지면 상대 존재가 자신의 원신이 아니라고 말해도 자신의 원신이라고 말하는 것처럼 들을 수 있고, 또한 자신보다 품계가 낮거나 배분이 작은 존재일 경우 합일하고자 하는 강한 마음을 가지면 합일이 되는 경우가 있기 때문에 자신의 원신이 아닌 다른 존재와 합일하고 자신의 원신과 합일한 것으로 착각하거나 오판할 수 있습니다.

그래서 2천도계에 올라 원신을 찾아가서 어떤 존재가 보이면 '내 원신이면 합일한다'라는 심법을 걸고 차분하고 침착하고 무심하게 도광신력을 받으면서 기다려야 합니다. 대화가 서툰 상황에서는 물어보고 합일을 시도하는 것보다 그렇게 잠시 기다리는 가운데 자연스럽게 합일이 되면 자신의 원신으로 판단하는 방식이 조금 더 안정성이 높습니다.

한기 25년 11월 20일(2013.12.22)

신(神)의 의식·인식·습관으로 배우는 천상의 문화와 법도

하늘에 승천하여 신(神)의 마음과 마음가짐, 신(神)의 의식·인식·습관을 가지고 신(神)의 문화와 법도를 배우고 익혀야 합니다. 하늘문화를 지상 인간의 마음과 마음가짐, 의식·인식·습관으로 배우고 익히게 되면 많은 부분 덧칠이 되고 왜곡이 일어납니다. 보여지는 것을 현재 자신의 의식과 의식습관(의식체계)인 마음과 마음가짐(마음습관)으로 인지·인식·인정하려 하지 말고 이해가 되든 되지 않든 보여지는 대로 계속 보는 것이 좋습니다.

보통 3천도계에 오르면 주산(主山)의 신(神)인지 봉우리산의 신(神)인지를 확인해 보라고 하는데 이것은 주산에 있는 책임신(責任神)인지 봉우리산의 책임신인지를 확인하라는 의미입니다. 이것은 주산에도 주산을 책임지고 있는 신(神) 외에 여러 품계의 신(神)들이 있다는 의미가 되고 봉우리산에도 봉우리산을 책임지고 있는 신(神) 외에 여러 품계의 신(神)들이 있다는 것을 의미합니다.

그리고 주산의 신(神)과 봉우리산의 신(神)들은 품계가 완전히 다르기 때문에 평소에는 그렇게 자주 접하지 않습니다. 천상의 수직, 수평 간의 관계는 지상과 다르게 한 품계의 차이는 곧 한 차원의 차이와 같기 때문에 자신보다 상위의 존재를 쉽게 접하거나 만날 수 없는 것입니다.

그리고 하위의 존재가 상위의 존재를 만나려고 할 때는 천지인 섭리·율법·법도에 입각하여 그에 합당하게 자신보다 한 품계 높은 상위의 하늘에 천지인 법도에 입각하여 그에 합당하게 상신하여 의중을 물어보았을 때 상위의 존재가 하늘에서 길을 열어 주어야만 승천하여 만날 수 있게 됩니다. 이것이 보편적인 하늘의 문화이고 법도입니다.

그리고 천상의 자신인 원신과 지상의 자신인 분신이 둘이 아니라 하나라는 것을 진법체득으로 알아 가게 됩니다. 그런데 수련일지에 올려져 있듯이 원신이 언급한 "네가 다 가져라."라는 표현은 신神의 언어로는 합당하지 않는 말인데 아마도 그런 느낌을 지상식으로 표현하지 않았나 생각됩니다.

자주 천상에 승천하여 원신합일하면서 신神의 마음과 마음가짐, 신神의 의식·인식·습관으로 신神의 문화와 법도를 하나하나 있는 그대로 배우고 익혀서 더 큰 도인이 되기 바랍니다.

그리고 아주 드물기는 하지만 경우에 따라서는 주산主山의 신神이 봉우리산의 신神의 지상분신이 하늘에 승천한 것을 축하해 주기도 합니다. 아마도 목우木牛 한사의 경우에는 아주 위험한 상황에서 그것을 극복하여 하늘에 승천하다 보니 목우 한사의 3천도계 원신 계열의 상위 품계의 신神이 축하를 해 주었나 봅니다.

그리고 현재 공부과정에서는 주산의 신神이 어떤 이름이나 명칭을 가지고 있는가는 그렇게 중요하지 않습니다. 뿐만 아니라 하위의 존재가 상위 존재의 이름이나 명칭을 부르는 것은 천지인 섭리·율법·법도에 입각하여 그에 합당하지 않기 때문에 주의해야 할 부분입니다.

* 참조 : 3천도계에서는 주봉主峯의 주인이라는 단어는 잘 사용하지 않고 주산主山의 신神이라는 단어를 보편적으로 사용합니다. 즉 봉우리산의 신神이 주산의 신神을 언급할 때는 "주산의 신神께서…."라는 단어로 존칭을 사용합니다.

한기 25년 11월 20일(2013.12.22)

도계 공부를 할 때 가져야 할 마음과 마음가짐

도계라는 곳을 특수한 곳으로만 생각하여 뭔가 특별한 공부를 하려 하거나 뭔가 특별한 것을 찾으려 하지 말고 도계 그 자체를 진법체득할 수 있도록 있는 그대로 체득·체험·체감해야 합니다. 그렇게 하기 위하여 순수하고 순일한 마음과 마음가짐으로 정성과 노력을 다하는 것이 좋습니다.

도계에서 무엇인가 특별한 것을 찾으려 하는 마음과 마음가짐 그 자체가 도계를 공부하는 환경과 여건을 스스로 좁히게 되고 자신도 모르게 선입견을 일으켜서 여의무심이 흐트러집니다. 여의무심이 흐트러지면 보이는 것이 약해지기 때문에 진법체득해야 하는 도계의 삶이 현실적이고 구체적이고 실질적인 삶으로 다가오기보다 다소 막연하고 애매하고 모호하게 다가오게 되어 진법체득의 빛과 힘, 가치가 약해지게 됩니다.

한기 25년 11월 20일(2013.12.22)

신神이 말하는 신성회복방안

한조님 : 그대의 분신이 지금 필요한 것이 무엇이더냐?

원신 : 믿음이옵나이다.

한조님 : 무엇에 대한 믿음인고?

원신 : 자기마음의 순수함에 대한 믿음이옵나이다.

한조님 : 상세히 언급해 보거라.

원신 : 동화 같은 이야기도 진지하고 유연성 있게 받아들일 수 있는 마음에 대한 믿음이옵나이다.

한조님 : 그것이 필요한 이유가 무엇인지 말해 보거라.

원신 : 인간으로 살아온 삶의 무게와 틀이 부지불식간에 강하기 때문에 천지인 섭리·율법·법도의 참된 모습과 이치에 대해서 자신도 모르게 거리감과 부담감을 가져서 살피듯이 받아들이고 인지·인

식·인정하기 때문에 섭리의 진리적 사실과 믿음 사이에 순간순간 유격이 생겨서 믿음의 순수성과 순일함에 틈이 생기게 되는 것 같사옵나이다. 이 틈 사이로 인성적 인식과 인식체계가 부지불식간에 작용하여 섭리의 흐름과 형국을 있는 그대로 받아들이기가 어렵고, 받아들인다 해도 자신의 인성적 인식과 인식체계로 재조정되기 때문에 생명력이 약해지는 보완점이 생기게 되는 것 같사옵나이다.

한조님 : 그러면 어떻게 보완을 하면 좋겠느냐?

원신 : 동화, 신화 등의 이야기를 통하여 상상의 날개를 펼쳐서 인성으로 고착화된 의식과 의식체계에 의한 인식과 인식체계를 유연화시키고 이를 통하여 인식의 폭을 크게 상승·확장·발전시킬 필요가 있는 것 같사옵나이다. 인식의 흐름과 형국을 '모든 것은 가능하다. 다만, 섭리지어진대로 될 뿐이다'라는 기본적인 마음과 마음가짐을 바탕으로 인성의 범위를 뛰어넘어 크게 상승·확장·발전시킬 필요가 있을 것 같사옵나이다.

인간들은 성인이 되면서 섭리에 의한 진리의 세계에 대한 인식과 인식체계보다는 자신들의 7규七竅를 통하여 인식되는 오감五感의 현상들을 통해 부분적이고 자기만의 인식과 인식체계를 자기중심적으로 형성하여 살아가기 때문에 섭리의 진리에 대한 참된 세상을 보게 될 때 느끼는 충격과 당혹스러움 그리고 부담과 유격이 적지 않게 되어 교란·산란·혼란을 겪게 되는 것 같사옵나이다.

그런데 이것은 어릴 때 나투어졌던 신성의 빛과 힘, 가치가 내재되면서 형성된 것이기에 이것이 석문도법의 석문호흡에 의하여 다시 회복하고 나투어져서 그 기능과 역할을 하게 된다 하더라도 그 유연성의 폭이 작아서 적지 않은 장애·방해·걸림을 형성하게 되는 것 같사옵나이다.

그래서 신성의 빛과 힘, 가치가 어느 정도 회복되었는데도 인식의 습관이 인성적인 습관으로 많이 작용되면 어느 정도 회복된 신성의 빛과 힘, 가치가 제대로 발휘되지 못하여 과도기적인 상충이 생기기 때문에 이것을 빠르게 전환시키는 것이 필요한 것 같사옵나이다. 그리하여 동화, 신화적인 이야기를 많이 접해 보는 것이 도움이 되리라 판단하였사옵나이다.

한조님 : 잘 알겠느니라. 그리 전하도록 하마.

한기 25년 11월 20일(2013.12.22)

4 천도계 공부의 핵심

4천도계 공부의 핵심은 사물과 합일하여 사물 그 자체가 되는 것입니다. 양신합일하여 온전한 빛의 자신으로 사물과 합일하여 무아無我를 통한 사물 그 자체가 되는 것입니다. 이것은 '사물이 되었구나'라는 생각마저도 없는, 원래부터 사물 그 자체였던 것으로 자연스럽게 인식되고 절로 그렇게 존재할 수 있을 때까지 사물과 꾸준히 합일을 시도하고 또 시도하는 것입니다.

그렇게 하다 보면 수많은 특성·특징·특색의 존재성과 존재가치를 가지고 있는 천지만물에 깃들어 있는 신성神性들을 자연스럽게 인식하게 되고 이를 통하여 천지만물이 모두 다 다르지만 같고 같지만 모두 다 다름을 알게 됩니다. 그것을 통해 하나님 품속의 모든 존재들은 존재 그 자체로 각각의 특성·특징·특색을 가지고 있고 존재성과 존재가치를 가지고 있기 때문에 그 어느 것 하나 귀하지 않은 것이 없다는 것을 알게 됩니다.

이것이 인정·존중·배려하고 교류·공감·소통하여 같이 함께 더불어 하는 것의 기본이고 시작임을 알게 됩니다. 이를 통해 천지인 섭리·율법·법도의 기준원칙성·균형형평성·기회균등성·과정절차성·의식공유성·등가비례성·입체통합성·희망긍정성·변화발전성·인정배려성·체계논리성·조화광명성을 바탕에 두고 정심정도·공명정대·공평무사함이 무엇인지를 체득하고 깨우치고 인식하게 됩니다.

이렇게 꾸준하고 지속적으로 체득하고 깨우치고 인식하여 생활 속에서 그러한 마음과 마음가짐으로 절로 자연스럽게 언행하여 실천함으로써 심득心得하게 되면 섭리를 지향하는 수련과 도무, 일상생활이 되고 자기 존재와 존재가치의 발휘를 통한 실현이 되기 때문에 그것이 곧 공덕이 되어 더 큰 자신이 될 수 있는 환경과 여건을 부여받게 됩니다.

* 참조 : 대상과 합일하여 사물 그 자체가 된다는 것은 사물과 합일하여 사물의 특성·특징·특색 그대로가 되고 그 사물의 형체 그대로 된다는 의미입니다.

한기 25년 11월 20일(2013.12.22)

천지인 섭리·율법·법도에 따른 신神들의 회합

석문도문의 각 선역仙域에는 완성도계급 신神에서부터 1천도계급 신神에 이르기까지 각양각색의 신神들이 포진되어 있습니다. 그런데 하늘에 승천하여 원신합일한 이후에 현풍玄風 한사의 궁宮에서 선역에 있는 신神들을 초청하여 차를 대접했다면 천지인 섭리·율법·법도상 일반적으로는 선역에 배치된 신神들 중에 5천도계급 신神들이 초청되었다는 의미가 됩니다.

그리고 5천도계급 신神들 중에도 현풍 한사의 5천도계 원신보다 품계가 낮거나 품계는 유사하지만 배분이 작은 신神들을 주로 초청했을 것이고 또한 초청에 응했을 겁니다. 왜냐면 천지인 섭리·율법·법도상 높은 품계의 신神들이 참석하게 되면 천지인 법도의 예법에 의하여 원신합일한 현풍 한사가 주관자가 되기가 어렵기 때문입니다.

지상의 분신이 어떤 마음을 가지거나 무엇인가를 하고자 한다면 천상의 원신이 바로 인지·인식하게 됩니다. 그리고 지상분신이 자신의 수도와 삶에 대한 방향성을 형성하고자 하는 어떤 마음들 중에는 천상원신의 유도를 받아서 깨어나거나 일어나는 것들도 있습니다.

그래서 지상의 분신이 천상에 승천하여 무엇인가를 하고자 하면 천상의 원신이 천지인 섭리·율법·법도에 입각하여 그에 합당하게 사전에 필요한 부분을 관련한 궁宮의 신神들과 논의하고 협의하여 방향을 잡은 다음에 해당 궁宮의 신神들에게 준비하고 대비하게 합니다. 그리하여 지상분신이 천상에 승천하여 무엇인가를 하고자 하고 그에 대한 자신의 개체의지를 발휘하여 판단·선택·결정할 수 있도록 하면서 조금씩 천지인 섭리·율법·법도를 배우고 익힐 수 있도록 합니다.

그리고 이러한 신神들의 행보에는 반드시 천지인 섭리·율법·법도에 입각하여 그에 합당하게 명확한 근거에 의한 명분과 당위성이 있을 때에 일어나기 때문에 모든 천지인의 행보에는 우연이라는 것이 있을 수 없습니다.

한기 25년 11월 20일(2013.12.22)

도계보다 지상의 물체를 인식하기 어려운 이유

도계보다 지상의 물체를 인식하는 것이 어렵게 느껴지는 이유는, 지상의 모습은 양신으로 보고 나서 바로 확인이 가능하기 때문에 부지불식간에 '잘 해야 한다는 마음'과 '정확히 맞추어야 한다는 마음'이 선입견으로 작용하여 있는 그대로 보려는 순수한 마음인 무심無心을 약화시키기 때문입니다. 그러나 순수하고 순일한 마음과 마음가짐으로 결과보다는 과정에 꾸준하고 지속적으로 집중을 하면 조금씩 생명력이 살아나게 됩니다.

한기 25년 11월 20일(2013.12.22)

도계 공부를 할 때 알아 두면 좋을 네 가지 사항

도계 공부를 하며 다음 네 가지를 참조하면 좋겠습니다.

첫째, 순수하고 순일한 마음과 마음가짐을 가지고 호흡·이완·자세·심법·집중·몰입하여 양신을 찾아가서 양신합일한 후 출신해서 원신을 찾아갈 때 '5천도계에 승천하여 내 원신을 찾아간다'라는 심법을 걸고 도광신력을 받으면서 자기믿음을 가지고 기다리면 5천도계의 원신이 빛을 내려 자신에게로 바로 인도하기 때문에 일반적으로는 거의 대부분 자신의 5천도계 원신을 바로 찾아가게 됩니다.

그런데 현재 수련일지를 보면 5천도계 원신에게로 바로 인도되지 않고 중간에 다른 신神들의 인도를 받는 경우가 종종 있는 것 같습니다. 이것은 지금까지의 도계 공부에서는 일반적이지 않은 모습입니다. 그렇다면 왜 이러한 일반적이지 않은 모습이 벌어지는지 궁금해 할 것 같습니다.

그래서 근본원신이 말하는 내용을 들어 보면 그 이유는 두 가지인 것 같습니다. 한 가지는 근자에 들어 10천도계 건설이 완성된 이후로 천지인 섭리·율법·법도에 의한 천지인조화역사가 그 이전보다 강맹하고 빠르게 진행되고 그에 따른 천지인의 흐름과 형국이 급변과 급진이 되고 있습니다. 그래서 5천도계 원신이 역사가 많고 바빠서 지상의 분신을 바로 직접 응하기가 어려운 자리들이 많아졌기 때문입니다.

그리고 다른 한 가지는 이러한 흐름과 형국을 통하여 스스로의 존재성과 존재가치를 어느 정도 인식하게 하기 위한 것입니다. 그래서 진법체득한 만큼 천지인 섭리·율법·법도에 입각하여 그에 합당하게 자신의 존재성과 존재가치에 합당한 명확한 정체성, 확고한 주인의식, 올곧은 자기중심을 가지고 도성구우, 광명천로, 조화광명했으면 하는 근본원신의 바람이 있는 것 같습니다.

둘째, 도계 공부를 할 때 자주 반복해서 양신을 찾아가고 원신을 찾아가다 보면 종종 양신과 원신을 찾아가는 과정과 절차가 접어져서 바로 양신을 찾아가게 되거나 양신합일 상태가 되기도 합니다. 그리고 어떤 경우에는 바로 도계에 승천하게 되거나 도계에 승천하여 원신합일 상태가 되기도 합니다. 그런데 이것은 지극히 정상적인 공부의 과정이기 때문에 크게 염려할 필요가 없습니다.

만약 이렇게 공부의 과정이 접어진다면 불안해하거나 혼란스러워하지 말고 그 상태에서 도광신력을 받아 충만하고 고요해지면 현재 자신이 어떤 상태인지 확인을 하면 됩니다. 양신합일 상태인지 원신합일 상태인지를 확인하는 방법은 도광신력을 받으면서 자신의 모습을 천천히 확인해 보고 천천히 분리하여 확인해 보고 다시 합일해서 한 번 더 확인을 해 보면 자신이 어떤 상태인지를 차분하고 침착하고 무심하게 알 수 있게 됩니다.

그렇게 차분하고 침착하고 무심하게 임하여 자신의 상태를 확인했으면 이제는 그 다음 공부를 차근차근 이어서 하면 됩니다. 계속 공부를 하다 보면 이렇게 공부의 과정과 절차가 접어지는 경우가 많이 일어나게 되는데 그때부터는 단계를 밟아 가는 과정과 절차로 공부를 하면 됩니다. 이렇게 함으로써 진법체득한 자신의 빛과 힘, 가치를 조금 더 자유자재할 수 있게 됩니다.

셋째, 도계 공부를 하다 보면 처음에는 잘 보이다가 어느 순간부터는 흐릿하게 보이거나 잘 안 보이기도 하고 보이는 모습이 전체적으로 보이지 않고 단편적으로 보이거나 부분적으로 보이는 경우가 있습니다. 이것은 지극히 정상적인 공부과정으로 공부가 시작되는 처음에는 자신의 원신과 관계 신神들이 진법체득한 도계인 천상세계에 대한 믿음을 가질 수 있도록 유도하다가 어느 정도 기본적인 수준이 되면 공부하는 당사자가 자신의 개체의지를 사용할 수 있도록 조금씩 원래의 공부과정과 절차를 밟도록 하기 때문입니다. 그렇기 때문에 순수한 마음과 마음가짐으로 부단히 노력하여 진법체득한 자신의 빛과 힘, 가치를 가지고 지상의 삶처럼 그렇게 현실적이고 구체적이고 실질적으로 볼 수 있도록 노력해야 합니다.

넷째, 도계 공부를 할 때 광도·밀도·순도가 가지는 의미가 있습니다. 광도는 빛이 어느 정도까지 도달할 수 있는지를 가늠하게 하고, 밀도는 빛을 어느 정도로 세밀하게 인식할 수 있는지를 가늠하게 하며, 순도는 빛을 어느 정도 선명하게 볼 수 있는지를 가늠하게 합니다.

빛의 밀도와 순도의 비율이 높고 광도의 비율이 낮으면 보고자 하는 대상까지 빛이 도달하지 않기 때문에 보이지가 않습니다. 광도와 순도의 비율이 높고 밀도의 비율이 낮으면 보고자 하는 대상이 세밀하게 보이지 않고 전체적인 윤곽 정도만 보이거나 두리뭉실하게 보이게 됩니다. 광도와 밀도의 비율이 높고 순도의 비율이 낮으면 보고자 하는 대상이 선명하게 보이지 않게 됩니다. 그리고 광도·밀도·순도가 모두 일정 이상의 수준이 되어도 의식이 100%로 몰입이 되지 않으면 보고자 하는 대상을 인식할 수 있는 인식과 인식체계가 온전하지 않기 때문에 있는 그대로 인식할 수 없게 됩니다.

따라서 자신의 광도·밀도·순도를 유지·관리·발전시키는 것은 참 중요한 일입니다. 이것을 잘 하기 위하여 순수하고 순일한 마음과 마음가짐을 가질 수 있도록 성찰과 탐구를 할 필요가 있고, 석문도법서와 석문사상서를 꾸준히 정독하면서 일신우일신, 일취월장할 수 있는 환경과 여건을 조성하고, 행공과 운광 복습 그리고 섭생 등을 잘 관리하여 기본적인 토대를 만들 필요가 있는 것입니다.

한기 25년 11월 20일(2013.12.22)

천지인 섭리·율법·법도에 입각한 천상 모습

목우 한사의 원신이 궁주급이 아니기 때문에 대전大展이라는 단어를 사용하는 것은 합당하지 않습니다. 대전이라는 단어는 궁주가 좌우 보좌신神들과 공무를 논하는 곳이니 향후로는 대전이라는 말보다는 회장會場이나 그 외 다른 단어를 사용하는 것이 좋습니다.

궁주급과 좌우 보좌신神들의 관계와 좌우 보좌신神들 중에 품계가 높고 배분이 큰 신神들과 그보다 품계가 낮고 배분이 작은 신神들과의 관계는 아주 많은 차이가 있습니다. 따라서 인성적인 상승욕구를 가지고 자기식으로 판단·선택·결정을 하게 되면 천상의 원신이 부담스러워지게 됩니다.

또한 궁宮의 궁주가 아니기 때문에 궁宮의 이곳저곳을 마음대로 다닐 수 없고, 다님에 있어 법도가 있기 때문에 스스로를 궁주처럼 생각해서 판단·선택·결정하면 부지불식간에 천상법도에 합당하지 않은 말과 행동을 하게 되니 우선은 원신을 유심히 관찰하면서 언행하는 것이 좋습니다.

덧붙이면 천상에는 남녀의 성性 구별이 없습니다. 보이는 모습이 남자의 모습이거나 여자의 모습일 뿐이지 지상 생물학적 관점의 남자, 여자가 아니기 때문에 천상의 존재들을 볼 때는 이러한 인간적인 마음과 마음가짐으로 보려고 하거나 인식하려고 해도 안 됩니다. 천상의 존재들은 그에 합당하게 충만하고 순수하고 순일한 신성과 신성 체계를 가지고 보여지는 대로 보려고 해야 합니다.

공부를 서두르지 말고 의식이 온전하게 양신에 실릴 수 있도록 차분하고 침착하고 무심하게 호흡·이완·자세·심법·집중·몰입해 들어가야 합니다.

한기 25년 11월 20일(2013.12.22)

궁주와 보좌신의 개념

천상에는 남녀의 구분이 없으니 지상의 인간적인 마음과 마음가짐으로 천상을 보거나 이해하려고 하면 많은 부분 덧칠되거나 왜곡이 됩니다. 그래서 공부에 임할 때는 최대한 여의무심하여 온전하고 완전하게 의식이 양신에 상합하여 실릴 수 있도록 해야 합니다.

그리고 천상에는 품계와 배분을 가지고 있는 신神급인 존재와 그 신神을 도와주고 시중들어 주는 신녀神女ㅣ선녀仙女 또는 신관神官ㅣ선관仙官 등이 있습니다. 그리고 같은 신神급이라고 해도 품계가 낮거나 배분이 작은 신神들은 유사한 일을 하는 자신보다 높은 품계 또는 큰 배분의 신神들을 도와보좌補佐주기도 합니다.

그런데 천상에서는 궁宮의 궁주급들이 자신을 도와주는 예하신하급의 좌우 신神들을 보통 보좌신補佐神이라고 합니다. 그리고 같은 신하급 신神들 간에도 윗 품계의 신神들은 아래 품계의 신神들에 대해 일을 도와주는 신神이라는 의미에서 보편적으로 보좌신이라고 명명하지만 궁주가 언급하는 보좌신이라는 개념과는 많은 차이가 있습니다. 즉 궁주와 예하 신神들의 관계는 군신君臣관계와 유사하고 그 외 신神들간의 관계는 신하 대 신하의 관계와 유사합니다.

그리고 일반적으로 궁주급 신(神)들은 궁(宮)을 통할하여 통치할 수 있는 궁(宮)에 대한 전반적인 자치권과 자율권이 있지만 신하급 신(神)들은 부분 자치권과 자율권을 가지고 있거나 아니면 자치권이 없이 자율권만 가지고 있습니다.

한기 25년 11월 20일(2013.12.22)

5천도계 공부 • 1

석문도법적인 관점에서 천국이나 극락을 고향성이라고 언급하니 향후로는 이렇게 언급하는 것이 좋겠습니다. 그리고 5천도계의 원신이 궁주급이 아니니 향후로는 나의 궁宮이라고 언급하지 말고 내가 있는 궁宮이라고 언급하는 것이 천지인 섭리·율법·법도에 입각하여 그에 합당합니다.

5천도계 예하의 많은 천지의 신神들은 지구적인 관점에서는 대부분 인간의 삶과 생명에 관련된 일을 하고 있습니다. 따라서 각각 신神들의 소임은 그러한 인간의 삶과 생명에 관련된 일 중에 어느 분야의 어떤 일을 하느냐라는 관점에서 소임을 인지·인식할 필요가 있습니다. 참고로 5천도계 원신의 소임은 인간의 생명에 대하여 직접적으로 관여하는 일은 아닙니다.

한기 25년 11월 20일(2013.12.22)

5천도계 공부 · 2

5천도계에 올라 원신합일을 하게 되면 5천도계 신神으로서의 존재성과 존재가치를 형성하기 시작했다는 의미가 됩니다. 따라서 그 예하 도계의 신神들에게는 스스로의 존재를 드러내지 않으면 제대로 인식을 하지 못합니다.

그러나 양신 상태에서 2천도계에 승천하여 2천도계 원신과 합일하고자 하면 저절로 2천도계급의 빛과 힘, 가치로 조정이 되기도 하지만, 향후 5천도계 예하의 도계로 가려고 할 때는 해당 도계의 빛과 힘, 가치에 합당하게 자신의 빛과 힘, 가치를 조정해서 가고자 하는 마음으로 가야 합니다. 그래야 5천도계 예하의 가고자 하는 도계에 필요 이상으로 영향을 주지 않게 됩니다.

그리고 5천도계 예하의 신神들에게는 존칭보다는 가벼운 경칭이나 평어체를 사용하는 것이 좋고 '허락을 받는다'라는 개념보다는 '동의를 받는다'라는 개념이 조금 더 합당하고 적절할 것 같습니다.

한기 25년 11월 20일(2013.12.22)

5천도계 공부 · 3

지옥이라고 해서 꼭 깊은 지하에 있는 것은 아닙니다. 지옥이 깊은 지하에 있고 어둡고 칙칙한 곳일 거라고 생각하는 것은 인간적인 가치관과 관점에서 본 것입니다. 지옥은 연옥과 다르게 지상 삶의 인과因果에 대하여 엄중한 교육을 시켜서 교화하는 곳입니다. 그래서 여러 교육 장소가 있는데 다양한 차원공간들을 사용합니다.

지옥을 가는 방법 중에 가장 흔한 방법은 5천도계에 승천하여 원신 합일한 다음에 지옥으로 가달라고 청하여 원신의 인도로 가는 방법입니다. 이때 원신은 사전에 필요한 과정, 절차, 순서를 밟게 됩니다. 그러한 과정과 절차 중에 일반적인 것은 염라신궁의 지옥을 방문해서 지상분신의 공부를 시켜도 될지를 물어보고 방문 시기, 방법, 방식에 대하여 논의한 다음에 방문하는 것입니다. 이때 흔히 해당 방문 장소로 갈 수 있는 차원의 문을 열어서 바로 가는 방식을 사용하는데 사실은 사전에 이미 과정, 절차, 순서를 밟아서 필요한 부분들을 조치해 두었기 때문에 가능합니다.

도계 공부를 조금 더 깊이 하게 되면 먼저 염라신궁을 방문하고 그곳 신神의 인도를 받아서 교장敎場|학교 같은 곳으로 가벼운 교육을 하는 곳, 연옥,

지옥 중에 방문하고 싶은 곳을 방문하는 것이 법도에 합당합니다.

양신으로 갔는데 인도하는 존재가 하대를 했다면 아직 원신합일도가 높지 않아서 5천도계 원신이 가지고 있는 존재성만큼 인정을 받지 못하고 있기 때문입니다. 그런데 열심히 공부하여 원신합일이 100%가 되고 나면 지상분신의 모습인 양신에 천상원신의 빛과 힘, 가치의 기본이 실리기 때문에 양신 상태에서도 그 빛과 힘, 가치에 합당한 인정·존중·배려를 받게 됩니다.

사실 지상에서 염라대왕이라고 부르는 존재는 5천도계에서는 염라신궁의 궁주로 봐야 합니다. 그런데 염라신궁의 궁주는 특별한 경우가 아니면 직접 심판하지 않습니다. 염라신궁의 궁주 예하에는 상당히 많은 판관신判官神들이 있기 때문에 그들이 심판과 관련한 소임을 대부분 하고 염라신궁의 궁주는 이들 판관신들과 수많은 관련 신神들을 관할하는 일을 합니다.

그리고 염라신궁의 판관신들에 의해서 심판을 받아서 다양한 교육을 통하여 교화를 시키는 그 기간은 보통 300~400년을 넘지 않습니다. 왜냐하면 보편적으로 사람이 죽은 그날로부터 300~400년 정도 뒤에 다시 인간으로 내려보내기 때문입니다.

따라서 수련일지를 보니 전반적으로 인지하고 인식하는 것이 비교적 좋지만 중간 중간에 인간적인 사고 습관이 작용하는 것이 있습니다. 그러므로 공부를 할 때 최대한 여의무심으로 체득·체험·체감하는 중에는 분석하고 판단하려 하지 말고 보이는 대로 보고 들리는 대로 들어서 인식하는 습관을 가져야 합니다.

한기 25년 11월 20일(2013.12.22)

5천도계 공부 · 4

보여지는 현상의 30% 정도는 인식을 하는 과정에서 실제와 조금 다르게 덧칠이 되었습니다. 그리고 서암西巖 진사眞士[2]의 근본원신이 하는 소임과 관련하여 5천도계 공부의 수평적인 확장성이 어느 정도 인가되어 있어서 수평적인 체득·체험·체감이 조금 더 형성될 수 있는 것입니다.

그런데 서암 진사의 5천도계 원신이 있는 궁宮 위에도 많은 5천도계의 계제하늘가 있으니 자신을 너무 크게도 너무 작게도 생각하지 말아야 합니다. 그리하여 있는 그대로의 존재성과 존재가치 만큼 인정하고 존중하고 배려하여 받아들이면 좋겠습니다.

지금까지 여러 제자들을 공부시키는 과정에서 5천도계에서 원신이 궁주급인 제자들이 필요 이상으로 상승욕구를 발휘하여 스스로 고뇌와 힘겨움을 겪는 것을 적지 않게 봤습니다. 천지인 섭리·율법·법도는 명확하기 때문에 순수하고 순일한 열정을 가지는 것은 좋으나 지나친 상승욕구는 오히려 장애·방해·걸림이 됩니다.

---

[2] 도반이 양신출신을 하면 5천도계까지 '진사眞士'라는 호칭을 받게 된다.

천지인 섭리·율법·법도는 5천도계를 넘어선 후천공부부터 더욱 명확해지고 완성본자리에 승천하는 공부나 승천한 이후 도통공부에는 천지인 섭리·율법·법도에 입각하여 그에 합당한 섭리적인 사고가 자신의 사고이자 삶이 되어야만 하기 때문에 이전보다 더 크고 깊고 넓게 순수하고 순일한 마음과 마음가짐을 가져서 조금 더 크고 깊고 넓게 자신을 있는 그대로 볼 수 있는 의식과 의식체계_{습관}에 의한 인식과 인식체계의 공부습관과 생활습관을 가지는 것이 좋습니다.

그래야 불필요한 장애·방해·걸림이 생기지 않고 후천도계가 자연스럽게 열리게 됩니다. 이것은 꼭, 반드시, 절대적으로 염두에 두어야 합니다. 후천도계 공부는 선천도계 공부와는 완전히 다르기 때문에 석문급변과 급진이라 해도 선천도계보다는 천지인 섭리·율법·법도의 기준원칙성·균형형평성·기회균등성·과정절차성·의식공유성·등가비례성·입체통합성·희망긍정성·변화발전성·인정배려성·체계논리성·조화광명성이 더 크고 깊고 넓게 적용·실행·구현됩니다. 이러한 천지인 섭리·율법·법도는 인간의 감정이 없기 때문에 천지인 섭리·율법·법도 그대로 적용·실행·구현됩니다.

그러니 지나치게 상승욕구를 발휘하게 되면 실상_{實相}과 아상_{我相}의 능선을 걸어가는 흐름과 형국이 되어 수시로 심마에 빠져들게 됩니다. 이러한 심마는 자신을 속이는 현상이기 때문에 자신의 양심과 도리의 소리를 듣지 못하게 하고 종국에는 스승의 말도 듣지 못하게 하기 때문에 스스로가 자신의 존재성과 존재가치를 완전히 바꾸는 엄청난 일을 저지르게 합니다.

자신의 뜻으로 흐름과 형국에 순종·순응·순리하는 것은 주체·주도·자율성에 따르는 것이기는 하지만 그것이 천지인 섭리·율법·법도에 입각하여 그에 합당할 때 그 순종·순응·순리의 주체·주도·자율성이 형성하는 빛과 힘, 가치가 크게 나투고 밝히고 나누어지게 됩니다. 있는 그대로 체득한 만큼 자신의 명확한 정체성, 확고한 주인의식, 올곧은 자기중심을 바탕으로 물처럼 유연함을 가져서 더 큰 도인이 되도록 하면 좋습니다.

지금까지의 여러 경험으로 봤을 때 공부의 흐름과 형국이 좋은 만큼 우려감도 크게 일어나기에 '밝고 맑고 찬란한 조언'을 하는 것이니 전신 세포에 새겨서 꼭, 반드시, 절대적으로 인지·인식·인정하여 '순수하고 순일한 마음과 마음가짐'을 가지고 차분하고 침착하고 무심하게 인간적인 상승욕구가 아닌 섭리지향적인 꿈·희망·긍정·열정으로 정진하고 또 정진해야 합니다.

한기 25년 11월 20일(2013.12.22)

천지동시차원성

천상에 올라 원신합일을 하다 보면 간혹 천상에 오르지도 않은 것 같은데 천상에 올라 원신합일하여 보는 것 같은 현상들이 일어나곤 합니다. 이것을 '공부한 만큼의 천지동시차원성 天地同時次元性이 형성된다'고 이야기합니다.

예를 들어 5천도계 공부를 한다면 지상의 분신과 천상의 원신이 빛으로 이어져 있어 5천도계까지 자기 존재의 광대역에서 5천도계 원신과 지상의 분신이 각각 두 극대점을 형성하여 한 덩어리의 광대역으로 상시 교류·공감·소통하고 있는 것을 의미합니다.

이렇게 되면 지상분신의 의식을 가지고 천상원신의 시각으로 보는 경우가 생기기도 하고 천상원신의 의식을 가지고 지상분신의 시각으로 보는 경우가 생기기도 합니다. 따라서 이것은 5천도계를 공부한 만큼 한 빛·한 의식·한 존재·한 세계를 이루어 가는 과정에서 생기는 현상 중의 하나입니다.

한기 25년 11월 20일(2013.12.22)

내면공간이나 여의주 안에서 나타나는 상像

여의주 안의 공간에서 자신의 양신과 함께 다른 사람의 모습이 보였다면 그것은 인식의 잔상이라고 봐야 합니다. 그런데 잔상이 모습을 형성할 정도면 일반 사람들보다 인식의 힘이 강해서 그 여운이 조금 강하게 남는다고 볼 수도 있습니다.

그런데 내면공간이나 여의주 안의 공간에서는 육신이 있는 밖의 모습이나 그 외 보고자 하는 곳의 모습이 보이기도 합니다. 이것은 6신통六神通 중에 천안통天眼通을 통하여 공부하는 도안道眼 수련의 기본적인 개념과 유사합니다. 일반적으로 도안 수련은 최초 내면공간에 들어가 보이는 공간의 정중앙을 넌지시 바라보면서 누구를 본다거나 어디를 본다는 심법을 걸고 빛을 쏘면서 나아가는 방식을 사용합니다. 그런데 간혹 이런 방식으로 시도하지 않았는데도 내면공간이나 여의주 안에 들어갔을 때 자기 빛의 광대역 안에서 자연스럽게 이러한 현상이 일어나기도 합니다.

이럴 때는 부담을 가지지 말고 보이는 대로 자연스럽게 보는 것도 좋은 경험이고 보고 나서 밖의 모습을 확인할 수 있는 것들은 직접 확인함으로써 현재 공부가 어떤 공부인지를 스스로 확인하고 증거·증명·검증하면서 현재 공부에 대한 확신을 높이는 것도 좋을 것 같습니다.

한기 25년 11월 23일(2013.12.25)

원신합일 후에 보이는 지상의 모습과 신족통 공부

도계에 승천하여 원신합일을 했는데 지상의 모습과 유사한 것이 보이는 경우가 있습니다. 이러한 경우에는 보통 세 가지 경우가 일반적입니다. 첫 번째는 원신합일한 상태에서 지상의 모습을 보는 경우이고, 두 번째는 원신합일하려는 상황에서 어떤 이유에 의하여 양신이 지상으로 튕겨내려가 지상의 모습을 보는 경우이며, 세 번째는 원신합일한 상태에서 지상으로 내려가서 특정한 곳을 다니면서 보는 경우입니다. 자신이 어떤 상태인지는 스스로 성찰, 탐구하여 다양한 방법·방식·방편을 사용하여 확인하면 될 것 같습니다.

그리고 신족통神足通|신神들이 이동하는 모든 방법·방식·방편은 천지인 섭리·율법·법도에 입각하여 그에 합당하게 시공을 접어서 다니는 차원성을 사용할 수도 있기 때문에, 신족통을 쓰면 여기에서 저기로 순간이동을 하기도 하고, 수많은 빛의 자신을 만들어 동시에 여러 곳에 스스로를 나투어 내기도 합니다. 도계인 천상에 대한 공부와 차원에 대한 공부는 기존의 3차원적인 인간적 가치관과 관점에서 바라보면서 이해를 하려면 어렵습니다.

그래서 이해하기 어렵다고 하여 인간적 가치관과 관점에서 모든 것을 이해하려고 불필요한 노력을 하게 되면 많은 것이 덧칠되거나 왜곡이 되니, 보이는 모든 것들이 이해가 되지 않아도 계속 시도하고 시도하여 경우의 수를 많이 만들어서 보이는 대로 보려고 하는 것이 필요하고 중요합니다. 이렇게 계속 체득·체험·체감하여, 보고 보고 또 보는 것을 꾸준하고 지속적으로 반복하다 보면 자연스럽게 가감이 되면서 많은 것이 이해되기 시작합니다.

한기 25년 11월 23일(2013.12.25)

심상·심법·심력의 삼합일치

자기믿음을 가지고 심법心法을 잘 용사하면 막연하고 애매하고 모호한 것을 뛰어넘는 데 많은 도움이 됩니다. 심법은 심상心狀과 하나 되었을 때 심력心力이 일어나게 됩니다. 천지인 섭리·율법·법도에 입각하여 그에 합당한 순수하고 순일한 마음과 마음가짐에 의한 심상과 그것을 천지인 섭리·율법·법도에 입각하여 그에 합당하게 적용·실행·구현하기 위한 심법 그리고 그것을 천지인 섭리·율법·법도에 입각하여 그에 합당하게 적용·실행·구현하는 심력이 하나 되는 것은 참 중요합니다.

심상·심법·심력이 하나 되는 것이 곧 지행합일·언행일치·표리일치·내외일치이기도 합니다.

한기 25년 11월 23일(2013.12.25)

2천도계의 전생영

2천도계는 자기 전생영前生靈들의 집합입니다. 지상의 분신이 2천도계에 승천할 때가 되면 자신의 전생영들을 모아서 거듭나게 하고 2천도계에 합당한 교육을 시킨 다음 무리 중에 제일 공부가 높은 존재를 그러한 전생영들이 집단으로 거居하는 궁宮의 궁주가 되게 합니다. 이 궁주가 바로 자신의 2천도계 원신입니다. 나머지 존재들은 궁주를 보좌하는 신하급에 해당하는 신神들이 됩니다.

즉 자신이 승천한 2천도계는 과거생에 자신의 전생영들이었던 존재들이 모여 있는 자신만의 세계이자 궁宮입니다. 따라서 양신출신하여 빛을 타고 승천한 그곳의 원신 궁주급 신神과 보좌신補佐神 | 신하급 신神들은 사실 알고 보면 과거세의 수많은 자신이었던 존재들입니다.

그렇기 때문에 2천도계에 있는 원신原神인 궁주와 보좌신들은 사실은 모두 자신과 같은 존재들이자 다른 존재들로서 '같지만 다르고 다르지만 같다'는 섭리의 진리를 깨우치게 되고 아울러 가족에 대한 많은 것을 성찰하고 탐구하여 깨우치고 인식하게 됩니다.

* 참조 : 완성도계에서 내려온 존재들은 후천에 인간으로 처음 내려왔기 때문에 전

생이 없습니다. 따라서 이들의 2천도계는 완성도계에 승천하는 과정에서 2천도계를 공부할 수 있도록 창조된 존재들입니다. 이들은 향후 도道를 통하게 되면 일반적으로 근본원신에게 자연스럽게 흡수됩니다.

한기 25년 11월 23일(2013.12.25)

석문도법의 본本과 진법체득

진법체득한 명확한 정체성, 확고한 주인의식, 올곧은 자기중심을 가지고 석문도법, 석문사상, 석문도담, 석문호흡, 석문도문, 석문도인, 석문인의 본本을 잘 인지·인식·인정하여 공부가 집착과 욕심이 되거나, 삶과 인생에 있어 방법·방식·방편이 되지 않도록 해야 합니다. 시작부터 본말本末이 전도된 상태에서 공부를 하면 그 이후의 모든 것은 부조화의 연속이 됩니다.

그래서 진법체득한 자기믿음, 의지, 정성, 노력을 통하여 공부에 임하는 마음과 마음가짐을 가지는 것, 천지인을 대하는 마음과 마음가짐을 천지인 섭리·율법·법도에 입각하여 그에 합당하게 순수하고 순일하게 가지는 것 그리고 천지인 섭리·율법·법도에 입각하여 그에 합당한 정심정도를 가지고 차분하고 침착하고 무심하게 임하는 것은 아주 중요합니다. 이것은 너무나 중요하여 아무리 강조해도 지나치지 않습니다.

그리고 석문도법의 본本은 석문도법의 진법으로 체득하여 자신의 근본을 찾아서 천지인 섭리·율법·법도에 입각하여 그에 합당하게 자신의 존재성과 존재가치를 참되게 나투고 밝혀서 나누는 것입니다. 이를 통하여 천지인을 섭리의 진리 그 자체로 인정·존중·배려하고 교류·공감·소통하여 같이 함께 더불어 하는 것입니다. 그리하여 한조천제(하나님)를 보좌충만하고 조화선국을 열어서 자신의 존재성과 존재가치의 인식, 빛의 상승을 통한 거듭남, 조화를 통해 나투어지는 아름다움인 창조섭리의 3대 목적을 이룩하는 것입니다.

한기 25년 11월 23일(2013.12.25)

3천도계의 품계

3천도계는 수많은 수직적인 계界|階와 수평적인 영역이 있습니다. 부연설명하면 3천도계는 여러 층다층|다계의 계界|階가 있고 한 층계界|階에는 수많은 영역이 있는데 이러한 영역을 지상식으로 표현하면 수많은 산맥이 있는 것과 같습니다.

명산 한사의 원신은 이러한 수직적인 여러 층과 수평적인 여러 영역 중의 한 계와 한 영역의 주산主山을 책임지고 있는 신神입니다. 즉 수평적인 한 층의 한 영역이며 한 산맥에 있는 중심산인 주산을 책임지는 신神이라는 의미입니다. 그런데 이러한 주산은 책임신責任神들의 존재성과 존재가치인 품계[3]에 따라서 크고 작은 산맥 정도의 개념

---

[3] 하나님의 창조섭리에 입각하여 하늘의 신神들은 그에 합당한 존재성과 존재가치에 따라 각자 품계를 가지게 된다. 하늘에서의 품계는 셀 수 없이 많은 위계와 층을 이루는데, 지상에서 이와 일맥·일관·일통하여 호환·파동·공명할 수 있도록, 완성도계에 승천한 존재에게는 다음과 같은 품계가 주어진다.
조화천궁과 조화천궁 영역의 존재에게는 1. 대태군大泰君 2. 대태장大泰長 3. 한태장桓泰長 4. 중태장中泰長 5. 태장泰長 6. 태사泰師 7. 대사大師 8. 중사中師 9. 소사小師 10. 천위天位가 주어진다.
천궁과 천궁 영역의 존재에게는 1. 한대군桓泰君|내태군大泰君 2. 대태상大泰長 3. 전태장天泰長 4. 밀태장密泰長 5. 중태장中泰長 6. 태장泰長 7. 태사泰師 8. 대사大師 9. 중사中師 10. 소사小師 11. 천위天位가 주어진다.
12천도계와 11천도계 사이 7신궁의 존재에게는 1. 선금장先金長 2. 선금사先金師 3. 선

과 몇 개의 산이 무리를 지은 정도의 개념으로 나누어지게 됩니다.

일반적으로 완성도계에서 내려온 존재들은 후천에서는 상근기에 해당합니다. 그래서 이들의 3천도계급 원신들은 3천도계에서 상층 상계上界에 존속하게 됩니다. 그런데 이러한 완성도계에서 내려온 존재들 중에 근본원신의 존재성이 대소大小 궁주급宮主級인 경우에는 3천도계에서 그들의 원신이 가지는 품계는 상층에 있는 대소大小 산맥의 중심산인 주산을 책임지는 신神이 됩니다.

그리고 천상에서는 조화천궁과 조화천궁 영역 및 천궁과 천궁 영역의 신神들 중에 조화천궁과 천궁의 각주閣主인 태장 신神들을 궁주급으로 인정·존중·배려하여 예우합니다. 이것은 태공의 주인인 하나님의 유형적인 존재가 거居하고 있는 조화천궁과 천궁의 특수성 때문입니다. 그래서 그들의 지상분신들이 자신들의 근본존재를 찾아 승천할 때 각 도계에서 그들의 원신들은 궁주급에 해당되는 존재

궁장先宮長 4. 선궁사先宮師 5. 선신위先神位가 주어진다.
  11천도계의 존재에게는 1. 금장金長 2. 금사金師 3. 궁장宮長 4. 궁사宮師 5. 신위神位가 주어진다.
  10천도계의 존재에게는 1. 문장門長 2. 문사門師 3. 선장仙長 4 선사仙師 5. 선위仙位가 주어진다.

성과 존재가치의 품계를 가지게 됩니다. 조화천궁 영역의 한명신궁, 천궁 영역의 천명신궁, 밀명신궁의 궁주를 제외한 신궁神宮들의 궁주들은 품계가 태장이기 때문에 균형형평성을 맞춘 것입니다.

그 외 12천도계에 있는 신궁의 궁주들이 지상에 내려온 후 그들의 지상분신들이 자신의 근본존재를 찾아 승천할 때 각 도계에서 그들의 원신들은 궁주급에 해당되는 존재성과 존재가치의 품계를 가지게 됩니다.

만약 천궁의 대태군들이 지상에 내려오게 되면 그들의 지상분신들이 자신의 근본존재를 찾아올라갈 때 각 도계에서 그들의 원신들은 궁주급에 해당되는 존재성과 존재가치의 품계를 가지게 됩니다. 그리고 천궁의 대태장들이 지상에 내려오게 되면 그들의 지상분신들이 자신의 근본존재를 찾아올라갈 때 각 도계에서 그들의 원신들은 보좌신에 해당되는 존재성과 존재가치의 품계를 가지게 됩니다.

한기 25년 11월 23일(2013.12.25)

6신통에 의한 소혼술과 숙명통

공부에 대한 다음 세 가지를 조언합니다.

첫째, 소혼술召魂術을 사용할 때 의수단전한 상태에서는 영가靈駕를 찾아가는 것이 아니라 영가를 불러서 대화를 하면 됩니다. 영가를 찾아가서 대화를 하는 방식에는 내면공간에서 빛을 쏘면서 찾아가는 방식과 양신출신하여 보이는 공간의 정중앙에 시선을 두고 빛을 쏘면서 찾아가는 방식 그리고 도계에 승천하여 원신합일한 상태에서 찾아가는 방식 등 세 가지가 있습니다.

그런데 천지인 섭리·율법·법도상으로 죽은 영가를 자유자재로 찾아갈 수 있는 도력은 5천도계에 승천해야 부여되지만 5천도계 공부 이전에도 부분적으로는 찾아갈 수 있습니다. 다만 영가靈駕에 대한 천도薦度는 차원을 넘나드는 빛의 통로를 열어서 넘나들 수 있는 권한이 부여되는 5천도계의 신神이 되어야 가능합니다.

둘째, 6신통에 근거하여 용사하는 소혼술이나 숙명통 등의 도력은 선입견, 편견, 알음알이 등을 내려놓은 순수하고 순일한 마음과 마음가짐 그리고 차분하고 침착하고 무심하게 보이는 그대로 보는 것이 중요합니다. 숙명통을 통하여 본 것에 대해서는 많은 부분 여의무심이 필요합니다.

셋째, 숙명통을 통하여 전생을 볼 때는 내면공간에서 누구의 전생을 본다는 심법으로 보이는 공간의 정중앙을 넌지시 바라보면서 빛을 앞으로 쏘아나가는 방식과 도계에서 원신합일하여 보이는 공간의 정중앙을 넌지시 바라보면서 빛을 앞으로 쏘아나가는 방식 그리고 원신에게 보여 달라고 부탁하여 보는 방식이 있습니다. 그중에 빛을 쏘아나가는 방식으로 할 때는 이러한 방식으로 빛을 쏘아나가게 되면 공간이 열리면서 과거생의 모습이 보이고 들리게 됩니다.

이때 중요한 것은 과거생의 모습을 보고 듣는 것만 해야지 그 외에 다른 것을 시도하면 안 됩니다. 이것은 섭리적으로 금지되어 있는 것이기 때문에 숙명통을 통하여 과거생을 찾아갔을 때는 그 과거생의 당시 상황 속에서 누군가와의 대화가 제대로 되지 않았을 것입니다. 왜냐하면 시공에 흔적으로 남아 있는 과거생의 모습들에 영향을 주게 되면 많은 부수적인 일들이 일어날 수 있기 때문에 관계 신神들이 그 당시 과거생의 현상에 영향을 주지 못하도록 교류를 차단하기 때문입니다.

＊ 참조 : 다음 단계를 위하여 공부를 하기보다 현재 하고 있는 공부에 의미를 두고 흥을 일깨워서 즐겁게 공부하는 자세가 중요할 것 같습니다. 공부를 함에 있어 어떤 의식으로 바라보고, 어떤 인식으로 인지하여, 어떤 의미를 부여해서 자신의 것으로 녹여 내는가는 참 중요합니다. 이러한 것들을 바탕에 두고 무엇을 어떻게 하겠다는 자기계획을 세워서 공부의 막연함, 애매함, 모호함, 지루함에서 오는 불안감과 두려움을 뛰어넘어갈 때 공부가 공부로서 그 빛과 힘, 가치를 발휘하게 됩니다.

한기 25년 11월 23일(2013.12.25)

양신합일과 원신합일을 확인하는 방법

양신이나 원신과 합일이 되었는데 명확하지 않아 미심쩍은 마음이 든다면 도광신력을 받아서 충만해질 때 자신의 양신이나 원신을 천천히 확인하고 다시 천천히 분리하여 확인하는 과정을 가지는 것이 미묘한 의구심을 없애고 스스로 명확한 마음을 가지게 하여 공부에 크게 도움이 됩니다.

그리고 무심한 집중력을 꾸준하고 지속적으로 발휘할 수 있도록 공부하면서 생각하거나 분심을 일으키지 말고 기본에 충실하여 자기 믿음을 가지고 심법을 걸고 석문호흡으로 이완을 시키면서 그 자체로 몰입하여 내면공간이 인식이 되면 또 심법을 걸고 차분하고 침착하고 무심하게 도광신력을 받으면서 기다리면 됩니다.

여의주나 양신이 보이면 그에 맞게 또 심법을 걸고 도광신력을 받으면서 차분하고 침착하고 무심하게 기다리고, 도계에 올라 원신이 보이면 또 심법을 걸고 도광신력을 받으면서 흐름이 형성될 때까지 기다리고, 원신합일을 하면 원신에게 공부를 청하여 원신이 하는 것을 차분하고 침착하고 무심하게 기다리면서 보이는 대로 보고 들리는 대로 들으면서 배우고 익히면 됩니다.

평소에 자신의 빛과 힘, 가치를 잘 발휘할 수 있도록 정기신의 광도·밀도·순도를 잘 유지·관리·발전시킵니다. 수련할 때는 호흡·이완·자세·집중·몰입하여 수련에 적합한 상태가 될 때 필요한 심법을 겁니다. 그리고 최소한의 의식과 인식작용을 하면서 자기믿음을 가지고 움직일 수 있는 상태가 될 때까지 즐겁게 기다리고, 움직이기 시작하면 보이는 대로 보고 들리는 대로 듣는 식으로 공부를 하는 것이 중요합니다.

즉 수련할 때는 수련하는 데 필요한 최소한의 의식인 심법만 사용하여 수련하는 그 자체에만 집중합니다. 수련하는 도중에는 성찰하거나 탐구하지 말고 수련을 하기 전이나 수련을 한 이후에 성찰과 탐구를 하는 것이 좋습니다. 그렇게 해야만 수련하는 도중에도 있는 그대로의 순수한 마음인 무심無心이 유지되어서 체득·체험·체감되어지는 그대로 인식할 수 있게 됩니다.

한기 26년 1월 22일(2014.2.21)

6신통 중 타심통으로 대화하기

수련일지 중 질문
"타심통他心通으로 과거와 미래의 상태도 빛을 보고 물어보면 되는지 여쭙습니다."

타심통의 정도를 어느 정도의 폭으로 하느냐에 따라 달라집니다.

타심통으로 현재 지상 인물의 마음을 읽어 보는 것이라면 현재를 중심으로 현재와 과거에 대한 질문은 비교적 사실에 근거하여 답변을 들을 수 있을 것입니다. 그러나 다가올 미래에 대한 것을 알아보는 것은 일정한 한계가 있습니다.

다가올 미래에 대한 부분은 인간의 영역이 아니라 신神의 영역이기 때문에 오히려 목우 한사의 5천도계 원신이나 읽어보는 상대 존재의 원신원신이 있을 때만 가능합니다이나 도장에 있는 신神이나 그와 같은 천사天事를 하는 신神들에게 물어보는 것이 낫습니다.

물론 도안을 열어서 알아볼 수도 있습니다. 알아보는 방법은 누구누구의 미래 언제쯤의 모습을 본다는 마음으로 내면공간에서 보이는 공간의 정중앙에 시선을 넌지시 두고 도광신력을 쏘면서 앞으로 나아가면 어느 정도 흐름이 진행되다가 입체적인 모습이 보이는데 그것이 그 대상자의 다가올 미래에 대해서 알고자 하는 내용입니다.

여기에서 주의할 점은 보이는 모습들에 대하여 직접적으로 관여해서는 안 되고 보고 듣기만 해야 합니다. 그리고 이렇게 다가올 미래의 모습을 알게 된 내용은 함부로 발설해서는 안 됩니다. 도안을 열어서 다가올 미래를 볼 때도 보고자 하는 존재의 존재성과 존재가치에 따라서 볼 수 있는 정도에 많은 차이가 있기 때문에 자신이 본 내용이 반드시 모든 것이라고 생각하면 곤란합니다.

이미 지난 과거는 존재의 개체의지가 발휘되어서 확정된 사실이지만 다가올 미래는 당사자의 개체의지를 비롯하여 여러 가지 요인들이 복잡다단하게 작용할 수 있기 때문에 자신이 본 내용은 기본적인 사실이라는 관점에서 받아들여야 하고 최소한 30%에서 최대 70% 정도의 변동성이 있을 수 있다는 것을 염두에 두어야 합니다.

왜냐하면 후천에는 후천완성도법인 석문도법을 통하여 개체의 꿈·희망·긍정·열정에 의한 도전의식이 선천시대보다 강하게 작용될 수 있어서 개별 존재의 개체의지의 폭과 비중이 선천시대보다 아주 높기 때문입니다. 그리고 여기에 하나님을 비롯하여 수많은 크고 작은 신神들이 지상에 내려와서 하나님을 보좌충만하고 있고 또한 천상에 있는 크고 작은 신神들도 아주 깊은 관심을 가지고 하나님을 보좌충만하기 위하여 직접·적극·능동적으로 지상의 일에 참여하여 신성의지를 최대한 발휘하고 있기 때문입니다.

수련일지 중 질문
"타심통으로 산, 도시, 강, 바다 등의 사물들과는 어떻게 대화하면 되는지 여쭙습니다."

산, 도시, 강, 바다 등의 사물들과 대화를 원활하게 하려면 빛을 빛으로 볼 수 있는 4천도계 공부를 통한 깨우침이 있어야 합니다. 보편적으로는 기본적인 4천도계 공부와 같이 양신출신하여 사물과 합일하여 사물 그 자체가 된 상태에서 자문자답하듯 대화교류를 시도하는 방법이 있습니다.

이렇게 하는 과정에서 깨우침을 통하여 지혜가 크고 깊고 넓어지게 되어 사물에 내재된 무형의 빛 기본적인 신성의 빛을 체득·체험·체감으로 깨우쳐서 인지하여 인식하고 인정하게 되면 사물에 내재되어 있는 무형의 빛들과 호환·파동·공명하여 대화교류하는 방법도 있습니다.

사물에 내재된 무형의 빛들과의 호환·파동·공명을 하기 위한 방법은 내면공간에 몰입하여 어떤 사물의 무형의 빛을 본다는 심법으로 보이는 공간의 정중앙을 넌지시 바라보면서 도광신력을 쏘면서 앞으로 나아가면 그 사물이 형성하고 있는 무형의 빛과 만나게 되고 그것과 교류하여 대화를 하면 됩니다. 그리고 다른 방법은 자신의 빛을 나투어 어떤 사물에 내재된 무형의 빛과 호환·파동·공명을 형성하여 대화교류를 해도 됩니다.

그리고 산, 도시, 강, 바다를 담당하는 신神들과 대화교류를 하여 알고자 하는 바를 질문하고 답변을 듣는 방법도 있습니다.

한기 26년 3월 3일(2014. 4. 2)

2천도계의 기본 구조와 법도

"2천도계 궁宮 전체를 보여 달라고 하자 하늘로 올라가 궁宮과 마을, 산, 들판, 구름, 성벽과 성곽 등이 보이고 투명한 막을 지나 둥근 타원형의 막에 감싸인 2천도계 전체가 내려다보였습니다. 주변은 우주같이 검푸른 공간에 드문드문 별 같은 것들이 보였습니다."_수련일지의 일부

전체 2천도계의 차원공간이 벌집과 같다면 각각의 지상분신의 원신이 있는 2천도계의 궁宮과 궁宮의 주변이 있는 개별 공간은 벌집 안의 방 하나와 같습니다. 그런데 이러한 지상분신의 원신이 있는 2천도계의 궁宮과 궁宮 주변에 있는 개별 공간은 그 공간에 존속하는 원신과 그 외의 존재들에게는 그 자체로 무한한 차원공간을 형성하고 또한 그렇게 인식됩니다. 그리고 이러한 개별 공간의 광대역은 존재의 품계에 따라서 크고 작은 많은 다양성을 가지게 됩니다.

따라서 궁宮을 기준으로 상하좌우로 계속해서 가도 그 끝이 없습니다. 그러므로 2천도계 궁宮의 경계는 보이지도 인식되지도 않습니다. 다만 상천上天의 인가를 받아서 원신이 그에 합당한 빛과 힘, 가치를 발휘하면 자신이 있는 궁宮에서 다른 개체가 있는 개별 공간의 궁宮으로 갈 수는 있지만 이때도 가게만 될 뿐, 그 경계는 보이지도 인식

되지도 않습니다. 그런데 이러한 궁(宮)과 궁(宮) 간의 이동은 쉽게 인가를 받을 수 있는 부분이 아니기 때문에 흔한 경험은 아닙니다.

만약 2천도계의 원신이 있는 궁(宮)이 전체 2천도계에서 중간 정도의 위치에 있다면 이러한 개별 공간은 벌집의 방 하나와 같은 차원공간이 되기 때문에 설사 차원의 벽을 넘어 그 공간의 영역을 나왔다 해도 상하좌우의 다른 개별 공간으로 들어가게 됩니다. 그렇기 때문에 개별 공간에 우주와 같은 검은 공간에 별 같은 것이 보이는 모습이 형성되어 있지 않는 한 그와 같은 형상은 보이지 않습니다. 각각의 개별 공간에 이와 같은 모습이 나타나는 현상들은 보편적이지 않기 때문에 다른 개별 공간에서 이러한 모습을 보는 것은 사실상 어렵습니다. 그리고 자신보다 바로 윗 존재의 개별 공간으로 갔다 하더라도 자신의 원신이 있는 2천도계의 개별 공간과 그 개별 공간을 감싸고 있는 공간 전체의 모습은 보이지도 인식되지도 않습니다.

그리고 원신이 지상분신에게 경어를 사용하기 시작하는 시점은 보편적으로 도인공부를 할 즈음이고 원신이 지상분신에게 머리를 숙일 정도의 예를 갖추는 것은 도인공부가 끝이 나고 섭리공부로 넘어가서 다음 공부를 할 때까지 대기하기 시작할 즈음입니다.

상주 위주의 인성적인 관념·의념·상념·사념으로 보려고 하지 말고 삼주가 조화·상생·상합이 된 충만하고 고요한 신성의 빛인 마음의 눈으로 보려고 해야 합니다. 그렇게 하기 위해서는 자신의 정기신이 가지고 있는 광도·밀도·순도를 유지·관리·발전시킬 수 있도록 꾸준하고 지속적으로 노력해야 합니다.

한기 26년 3월 18일(2014.4.17)

권한 이양

권한이라는 것은 한 존재가 그 존재성에 합당한 존재가치를 발휘할 수 있도록 소임을 부여받아서 역사하는 모든 빛과 힘, 가치를 말하는 것이기 때문에 스스로 존재하여 그 빛과 힘, 가치를 발휘한다면 그것이 곧 권한이 되는 것입니다. 이러한 것을 천지인 섭리·율법·법도에 입각하여 그에 합당한 기준원칙성·균형형평성·기회균등성·과정절차성·의식공유성·등가비례성·입체통합성·희망긍정성·변화발전성·인정배려성·체계논리성·조화광명성에 바탕을 두고 일정한 체계·논리·합리성을 통하여 객관성과 효율성을 높여서 조화·상생·상합하게 하여 개개의 존재성에 의한 존재가치를 발휘할 수 있도록 체계를 잡은 것이 권한에 의한 질서입니다.

"이후 좌석에서 일어나 대전으로 이동하고 원신과 저절로 분리되어 환복하였습니다. 환복 시 요대가 결착하는 감각이 잘 인식되었습니다. 원신과 함께 이동 후 원신께서는 권좌에, 저는 양신 상태로 대전 권좌 앞 좌석에 앉았습니다. 수석보좌신명부터 차례로 도계 도무에 대한 상세한 책무와 흐름을 말해 주었고 중간에 차를 마시기도 하였습니다."
_수련일지의 일부

권한의 일부 이양에 대한 개념과 의미를 지극히 지상적으로 생각하는 것 같습니다.

첫째, 상기의 글은 지상에서 왕이 왕자를 세자로 책봉하여 국사國事에 참여하게 하는 방식과 유사합니다. 그런데 중요한 한 가지를 간과하고 있는 것이 있습니다. 천상의 원신과 지상의 분신은 두 존재가 아니라 한 존재라는 사실입니다. 상기의 수련일지에 나와 있는 관점은 천상의 원신과 지상의 분신을 전혀 다른 두 존재로 바라보고 생각하는 관점이 강합니다.

이러한 관점에서 볼 때 천상의 원신과 지상의 분신이 한 빛·한 의식·한 존재·한 세계라는 일심일체감一心一體感이 빛의 조화·상생·상합성은 형성되고 있는데 그것을 운용하는 체계신성체계, 의식체계, 정기신체계, 마음체계(마음가짐)가 지상의 인간적인 의식·인식·습관체계가 많이 적용·실행·구현되고 있다 보니 새롭게 더 커진 신성을 본本으로 하고 인성을 용用으로 사용하는 체계가 원활하게 적용·실행·구현되지 않는 것을 알 수 있습니다.

둘째, 권한의 일부 이양이라는 것은 앞서 수련일지에서도 설명했지만 조금 다른 관점에서 첨언하면 원신합일이 100%가 되어서 천상의 원신과 지상의 분신이 '한 빛·두 의식·두 존재·두 세계'에서 '한 빛·한 의식·한 존재·한 세계'가 되어 천상의 원신이 가지고 있는 빛과 힘, 가치 중에 일부를 지상의 분신이 그대로 일맥·일관·일통으로 호환·파동·공명하여 용사할 수 있게 된다는 의미입니다.

따라서 천상에 승천하고 원신합일하여 하늘의 천사天事를 볼 때는 원신합일이 100%가 된 이후의 일심일체로써 권한·책임·의무를 행사하는 것이기 때문에 그 이전과 조금 더 크고 강한 일심일체감을 인지·인식·인정하게 됩니다.

그러므로 원신과 분리하여도 좌우의 신神들이 원신과 유사한 예를 갖추게 된다는 것이 차이라면 차이입니다. 이러한 차이 때문에 2천 도계에 승천한 신神으로서 그 존재성에 따른 존재가치에 의한 소임을 시작할 수 있게 되는 것이기 때문에 이 시점부터 참된 신神으로서 신격神格을 갖추기 시작하는 것입니다.

셋째, 원신으로부터 권한을 일부 이양받는다는 것은 원신의 빛과 힘, 가치를 일부 그대로 지상분신의 양신에게 일맥·일관·일통으로 호환·파동·공명하여 양신의 빛과 힘, 가치가 화피탈피華皮脫皮의 환골탈태換骨奪胎하게 됨을 의미합니다.

따라서 양신이 육신으로 내려와서 조화·상생·상합하게 됨으로써 지상분신의 빛과 힘, 가치가 화피탈피의 환골탈태로 거듭나게 된다는 의미도 됩니다.

그러므로 원신으로부터 권한을 일부 이양받은 만큼 지상에서 지상분신이 천상의 원신이 가지고 있는 권한·책임·의무에 의한 빛과 힘, 가치를 천지인 섭리·율법·법도에 입각하여 그에 합당하게 지상에 적용·실행·구현할 수 있게 됨을 의미합니다.

한기 26년 4월 15일(2014.5.13)

천수 天壽에 관한 이야기

누군가 질문을 한 적이 있습니다.

"아프리카의 아이들 중에는 태어난 지 며칠, 몇 달도 되지 않아 죽어 가는 아이들이 많은데 태어난 지 얼마 되지도 않은 그 아이들이 무슨 죄를 그리 지었다고 일찍 죽어야만 하는지, 이런 일을 대할 때마다 너무도 속이 상합니다."

이 부분에 대한 것은 천지인 섭리·율법·법도에 입각하여 그에 합당한 보편적인 기준과 원칙이 있습니다. 그에 따른 여러 가지 경우가 있지만 그중 한 가지를 소개하면 다음과 같습니다. 지상에서도 학교에 입학할 수 있다는 것 자체가 기회가 될 수 있듯이 내생來生에 인간으로 태어난다는 것 자체가 기회가 될 수 있습니다.

따라서 인간으로 창조되었지만 먼저 그 영靈이 인간의 삶으로부터 먼 동물의 몸에서부터 인간에 가까운 가금家禽의 몸으로 여러 생生을 통하여 옮겨오도록 해서 인간성과 관련한 기초적인 의식과 의식체계가 형성되도록 합니다. 이러한 기초적인 의식과 의식체계가 형성되면 이제는 인간의 몸으로 태어나게 하여 살아가게 하는데, 이때 기본적인 인간의 삶이 형성된 환경과 여건 지상적 관점에서 볼 때, 이러한 곳은 원시 상태와 가까운 지역이나 저개발국가입니다 속에서 인간성과 관련한 기본적인 의식과 의식체계를 가질 수 있게 합니다.

이렇게 인간의 몸으로 태어나게 될 때까지의 과정과 절차 중 형성되는 의식과 의식체계의 정도와 공덕에 따라 개체가 판단·선택·결정할 수 있는 폭과 정도가 달라집니다.

그러므로 인간으로 태어나고자 하는 존재는 앞서 언급되었던 기본적인 인간의 삶이 형성된 곳에서 '어떤 환경과 여건에서 어느 정도의 폭과 기간 동안 체득·체험·체감할 것인가'를 기본적으로 판단·선택·결정할 수 있고, 이와 관련한 천사天事를 보는 신神들이 이러한 개체의 판단·선택·결정을 천지인 섭리·율법·법도의 기준원칙성·균형형평성·기회균등성·과정절차성·의식공유성·등가비례성·입체통합성·희망긍정성·변화발전성·인정배려성·체계논리성·조화광명성에 입각하여 그에 합당하게 조정·중재·조화력을 발휘하게 됩니다.

이때 숙명과 운명 그리고 각각의 시운에 대한 정도가 형성되는데 그 중에 애초에 기본 천수가 짧게 부여되었거나 기본 천수는 제법 길지만 천수에 급살운이 있거나 개체의 천수와 상관없이 집단운이 적용·실행·구현되었거나 하는 등 여러 가지 이유로 인하여 태어난 지 얼마 되지 않았지만 단명하는 경우가 생기게 됩니다.

결론적으로 그러한 숙명과 운명 그리고 어떤 환경과 여건에서 태어나게 할지에 관한 판단·선택·결정은 전체적인 관점에서 볼 때 개별 존재의 판단·선택·결정력이 30% 정도 작용을 하고 나머지는 관계 신神들의 조정·중재·조화력과 판단·선택·결정력이 70% 정도 작용하여 이루어지게 되는 것입니다.

한기 26년 6월 4일(2014.6.30)

천지인 섭리·율법·법도에 입각한 양신의 복식

"내 여의주 안에서 양신을 보고 합일하기 전에는 양신은 대부분 옷을 입고 있지 않았습니다. 합일을 한 이후에 그리 화사하지 않은 가벼운 격식의 옷을 빛으로 만들어 입고 도계에 승천합니다."_수련일지의 일부

양신이 옷을 입는 모습은 천지인 섭리·율법·법도에 입각하여 그에 합당한 기준과 원칙이 있습니다. 그중에서 가장 보편적인 것을 소개하면 다음과 같습니다. 양신의 처음 모습은 뱃속의 아기와 같이 나신裸身의 모습이지만 양신을 이루고 출신하게 되면 근본원신의 판단·선택·결정에 의하여 이천도계의 원신이 양신의 형체에 기본적인 옷을 입히게 됩니다. 이것은 지상에서 갓 태어난 아기에게 부모가 배냇저고리를 입히는 것과 유사합니다.

그리고 2천도계에 올라 원신합일이 100% 정도 되면 지상분신의 뜻에 의하여 양신의 형체에 옷을 입힐 수 있게 됩니다. 이것도 지상에서 아이가 성장하여 청소년이 되기 시작하면 자신의 판단·선택·결정으로 옷을 구입해 입는 것과 유사합니다.

또한 2천도계 이후부터는 각 도계에서 개체 존재의 존재성과 존재

가치에 따라서 양신의 형체에 입을 수 있는 옷이 조금씩 달라지는데 천지인 섭리·율법·법도의 기준원칙성에 입각하여 그에 합당하게 원신의 뜻과 지상분신의 개체의지가 기본적으로 적용·실행·구현이 되며 공부가 되면 될수록 점점 선택의 폭이 커지고 넓어지게 됩니다.

그러나 대체적으로 가벼운 격식의 옷을 입는 것이 보편적이고 공부가 깊어지면 깊어질수록 점점 천상식에 가까운 기본 격식의 옷을 입게 됩니다. 왜냐하면 원신합일의 횟수가 많아지고 천상문화를 배우고 익혀서 녹여 낼수록 지상분신의 의식과 의식체계가 자연스럽게 천상적인 것을 지향하기 때문에 그러한 현상이 일어나게 됩니다.

그리고 완성도계에 입천했거나 도통을 했다 해도 자신이 양신의 형체를 나신으로 보기를 원하면 그러한 형체로 보이기도 합니다. 이것은 지상에서도 성인이 되어서 옷을 입기도 하고 벗기도 하는 것과 유사하지만 일반적으로 활동을 할 때는 기본적인 격格을 갖추는 것처럼 양신도 활동을 할 때는 공부의 정도에 따라서 그에 합당한 기본적인 격格을 갖추는 것이 보편적입니다.

한기 26년 6월 4일(2014.6.30)

원신합일 시 원신과 분신의 존재성과 존재가치

"합일을 하기 전에 원신이 나(양신)를 대전으로 이끕니다. 결국 내가 나를 이끌고 가는 것이지만… 합일을 하기 전에는 다른 개체임에는 틀림이 없습니다. 지금 앞서 가고 있는 원신이 바로 나인데… 나는 나를 지금 바라보고 있습니다. 지상에서는 결코 경험하지 못할 상황입니다."
_수련일지의 일부

천상의 원신과 지상의 분신이 원신합일을 100% 이루게 되면 창조된 빛의 광도·밀도·순도에 의한 존재의 특성·특징·특색은 일맥·일관·일통하지만 존재가치는 다르게 발휘할 수 있습니다. 천지인 섭리·율법·법도에 입각하여 그에 합당한 천상의 문화와 문명에 맞게 존재가치를 발휘하고 지상의 분신은 지상의 문화와 문명에 합당하게 존재가치를 발휘합니다. 그리고 도통을 하게 되면 개체의 영역 한도 내에서 자신이 향유하고 있는 천지문화와 문명을 가교하고 통합하여 새로운 문화와 문명인 후천도인문화와 문명을 창달하게 됩니다.

즉 원신합일을 100%까지 이루게 되면 천상원신과 지상분신의 의식이 하나로 공유되기 시작하지만 기본적인 의식체계는 각각에게 부여된 환경과 여건에 합당하게 어느 정도 발휘가 된다는 의미입니다. 그리고 이때는 원신합일을 하지 않아도 이미 수많은 원신합일을 통하여 의식을 하나로 공유하기 때문에 강한 일체감 및 동질감이 형성되어 두 개체이지만 하나의 일체감과 동질감을 가지게 됩니다. 마치 지상에서 일란성 쌍둥이가 서로에 대해 느끼는 강한 일체감 및 동질감과 유사합니다.

한기 26년 6월 4일(2014.6.30)

양신에 대한 자신감과 호연지기

도계 공부는 양신에 대한 자신감을 가지는 것에서 시작합니다. 자신감은 절대적 자신감과 상대적 자신감이 있는데 절대적 자신감이든 상대적 자신감이든 그 자신감의 주인은 바로 자기 자신이라는 점이 중요합니다. 즉 자신이 자신감을 가지려고 하면 자신감은 이미 자신에게 있게 되는 것이 곧 자신감의 정체성입니다.

그러한 양신에 대한 자신감을 가지고 호흡에 대한 자신감, 이완에 대한 자신감, 자세에 대한 자신감, 심법에 대한 자신감, 집중에 대한 자신감, 몰입에 대한 자신감을 가져서 바로 자신이 그렇게 하고 있는 사실에 대한 자신감을 가지는 것이 중요합니다. 그렇게 자신감에 대한 순수한 마음과 마음가짐으로 순일하게 한 번 두 번 하다 보면 자신감이 자신에게 체화되어 공부가 살아 숨 쉬게 됩니다.

자신의 양신에 대한 자신감을 가지고 호흡으로 심신을 이완하면서 하주를 넌지시 바라보듯이 집중하여 내면공간으로 깊이 몰입하여 차분하고 여유롭게 자신의 양신을 찾아갑니다. 그렇게 하다 보면 흐리게 보일 때도 있고 존재감만 인식될 때도 있고 이미 합일이 되어 있을 때도 있습니다.

이때 중요한 것은 마음을 서두르지 않고 차분하게 진행하려고 하는 것입니다. 흐릿하게 보이거나 존재감만 느껴질 때는 즐거운 인내와 충만한 끈기로 조금 더 명도가 밝게 보일 때까지 어느 정도 기다려 보는 것도 좋습니다. 그렇게 해도 크게 변화가 없다면 양신처럼 보이는 것에 도광신력을 보내 봅니다. 변화가 있으면 변화를 그대로 보면 되고 변화가 없으면 변화가 없는 것을 그대로 보면서 인지·인식·인정하면 됩니다.

그리고 변화가 일어나든 일어나지 않든 합일을 시도해 봅니다. '내 양신이면 합일한다'라는 심법으로 합일을 시도했는데 합일이 되면 그 상태에서 도광신력을 받아서 충만해질 때까지 기다립니다. 그렇게 기다리다 보면 조금씩 모습이 보일 때가 있습니다. 모습이 보이면 천천히 바라보고 다시 분리하여 양신의 모습을 확인하면 됩니다. 그런데 합일이 되지 않으면 불안해하지 말고 천천히 최초 내면공간까지 뒤로 물러나왔다가 다시 자신의 양신을 찾아가면 됩니다.

양신과 합일을 했으면 이제는 도계에 승천하여 원신합일을 합니다. 도계에 올라 원신을 찾아갈 때도 순수한 자신감을 가질 필요가 있습니다. 그러한 자신감이 원신을 생명력 있게 대하게 하고 합일 이후 공부를 살아 숨 쉬게 합니다. 그리고 도계 공부를 할 때도 용기, 배짱, 당당함을 통한 호연지기를 가지고 자신감 있게 하는 것이 아주 중요합니다.

이렇게 하다 보면 공부가 크게 열리게 되어 자연스럽게 밀려가게 됩니다.

한기 26년 6월 15일(2014.7.11)

4 천도계 공부의 무형·유형·공간성

천지간의 모든 존재들은 무형성·유형성·공간성을 형성하고 있습니다. 그리고 양신출신을 하여 만물과 합일했을 때 만물의 유형적인 형체뿐만이 아니라 그 만물이 가지고 있는 무형적인 빛과 그 빛이 형성하는 공간성 무형적 공간성인 차원성과도 하나가 됩니다.

이때 그 사물과의 합일도가 평균 70%를 넘어서기 시작하면 만물이 가지는 이러한 무형적인 공간성을 인식하기 시작하고, 합일도가 100%가 되면 만물의 무형성과 유형성 그리고 공간성을 자유롭게 인식하기 시작합니다. 현재 금강 진사의 만물과의 합일도가 70~100%대에 있기 때문에 이러한 현상 중 하나를 경험하고 있는 것입니다.

그리고 천지만물과 천지만물이 형성하는 무형적인 공간성은 태공의 우주가 가지고 있는 무형적 공간성인 차원성과 기본적으로 일맥·일관·일통으로 호환·파동·공명되어 있기 때문에 만물과 합일했을 때 마치 자신이 우주공간 그 자체가 된 듯한 느낌을 받을 수가 있습니다.

한기 26년 6월 15일(2014.7.11)

동시차원성

천상의 대전보좌신補佐神의 경우 원신이 머무는 곳과 수련하는 지상의 장소가 겹쳐지는 현상을 동시차원성에 의한 현상이라고 합니다. 간단하게 표현하면, 5천도계급으로 자신의 존재성이 형성하는 무형과 유형의 광대역에서 5천도계의 원신이 무형의 한 축을 형성하고 지상의 자신이 유형의 한 축을 형성하여 두 무형과 유형의 축을 기점으로 하나의 차원적인 시공성을 형성하는 것을 의미합니다.

이것은 원신합일이 되어 한 빛·두 의식·두 존재·두 세계가 일시적으로 한 빛·한 의식·한 존재·한 세계를 형성하여 지상에서 천상에 존속하는 자신의 세계를 인식하고, 동시에 천상에서 지상에 존속하는 자신의 세계를 인식하게 되어 두 세계가 한 세계로 겹쳐서 보이는 현상이 만들어집니다.

따라서 이것은 천지인 하나에 의한 일맥·일관·일통으로 호환·파동·공명되는 현상으로서 공부가 좋은 흐름과 형국으로 나아가고 있음을 의미합니다.

한기 27년 1월 7일(2015.2.25)

원신의 마음과 혜안에 의한 안목으로 보기

5천도계 공부는 5천도계급 신(神)의 마음과 혜안에 의한 안목으로 5천도계를 보이는 대로 보고, 들리는 대로 듣는 것이 중요합니다. 그렇게 하려면 원신과의 합일도를 높여서 원신의 마음과 혜안을 통한 안목으로 보고 들으려고 해야 합니다. 그렇게 하기 위해서는 배우고 익히고자 하는 마음과 마음가짐을 가지되 필요 이상으로 주체·주도·자율성을 발휘하지 말고 있는 그대로의 순수한 마음과 마음가짐으로 보이는 대로 보고 들리는 대로 듣는 것이 중요합니다.

아직은 그러한 빛과 힘, 가치가 형성이 되지 않았는데도 5천도계를 필요 이상의 주체·주도·자율성을 가지고 지상식으로 보고 들으려고 하면 많은 것이 부지불식간에 덧칠되고 왜곡되기 되기 때문에 5천도계급 신(神)의 마음과 혜안에 의한 안목으로 보아야 하고, 그렇게 하기 위해서는 양신에 실린 지상의 의식과 의식체계를 원신의 의식과 의식체계와 하나가 될 수 있도록 원신합일도를 높여야 합니다. 그리고 이것을 통하여 5천도계의 구조와 구조체계를 있는 그대로 인식할 수 있는 원신의 의식과 의식체계로 볼 수 있도록 해야 합니다.

그래야 5천도계의 구조와 구조체계가 있는 그대로 양신에 실린 의식과 의식체계에 일맥·일관·일통으로 호환·파동·공명되면서 인식이 됩니다. 이렇게 꾸준히 지속적으로 체득·체험·체감하게 되었을 때 이 지상분신의 의식과 의식체계가 천상원신과 합일하여 인식하게 된 체득·체험·체감에 의하여 크게 상승·확장·발전하게 됩니다.

한기 27년 1월 7일(2015.2.25)

차원을 넘나드는 빛의 통로

신神들이 시공간의 차원의 세계를 넘어 다른 차원의 세계로 갈 때는 해당 신神이 있는 시공간의 차원과 가고자 하는 다른 시공간의 차원이 가지고 있는 창조적인 온도의 차이에 의한 광도·밀도·순도의 차이와 그것이 형성하는 광대역의 차이에서 오는 빛의 흐름과 형국의 변화를 용사하여 시공간의 빛의 통로를 형성하고 시공간의 차원을 넘나들게 됩니다.

그래서 보통은 신神들이 가지고 있는 신력을 용사하여 보이는 시공간의 정면으로 빛을 투사해서 시공간의 차원을 넘을 수 있는 빛의 통로를 형성합니다. 그런데 이것을 여러 다양한 방법·방식·방편으로 응용하여 용사하기도 합니다. 그러나 보편적으로 공부 초기에는 기초나 기본에서 응용하여 더 심화시키는 심화공부나 심화용사공부보다는 기본 충실이라는 관점에서 기초적인 공부나 기본적인 공부를 우선적으로 지로하여 지상의 분신이 배우고 익힐 수 있도록 합니다.

한기 27년 1월 7일(2015.2.25)

천상 신神들과 교류·공감·소통하는 방법

천지인 섭리·율법·법도에 입각하여 그에 합당하게 부합할 수 있는 신성과 신성체계, 의식과 의식체계, 정기신과 정기신체계, 마음과 마음가짐에 의한 의식·인식·습관과 의식·인식·습관의 체계를 형성하는 것이 천지 대소大小 신神들과 교류·공감·소통하는 데 있어 가장 효율적입니다.

따라서 눈빛·표정·자세·단어·용어·문장·말·말투·행동 등을 가장 적합하고 효율적인 방법·방식·방편으로 신神들과 같이 함께 더불어 하는 것이 공부를 통한 천상문화와 문명을 배우고 익히는 데 효율적입니다. 즉 후천지상문화와 문명의 70%를 형성하는 천상법도를 참되고 제대로 배우고 익혀서 나투고 밝혀서 나누게 되면 공부를 하는 데 있어 많은 장애·방해·걸림을 해소하게 됩니다.

그러므로 수련일지를 작성할 때도 천상서문법天上書文法에 합당하게 체계·논리·합리적으로 정련되고 안정감이 들 수 있도록 작성하는 것이 천상 대소大小 신神들의 마음을 얻는 데 크게 도움이 됩니다.

한기 27년 3월 16일(2015.5.4)

4 천도계 공부의 실질적 방법

첫째, 사물이 된 것으로 인식하는 것이 아니라 사물 그 자체가 되어야 합니다. 사물과 합일할 때 내가 사물의 모양처럼 되는 것으로 인식하는 것이 아니라 자신이 바로 사물 그 자체가 되어야 하고 사물을 자신의 인식으로 인식하는 것이 아니라 그 사물의 체계대로 인식할 수 있어야 합니다.

둘째, 사물과 합일하여 사물의 빛과 힘, 가치를 인식하는 것에 비중을 두지 말고 사물 그 자체가 되어야 합니다. 사물이 가지고 있는 빛과 힘, 가치에 대한 느낌은 사물 그 자체가 된 이후에 절로 자연스럽게 일어나는 것을 인지·인식·인정하면 됩니다.

셋째, 천지만물과 합일하고 있다는 사실에 긍정적인 의미를 부여하고 과정 자체에 순수하고 순일한 도심道心으로 집중하고 몰입해야 합니다. 천지만물과 합일하고 그 사물 그 자체가 되어서 그 사물의 광도·밀도·순도, 특성·특징·특색, 품성·품위·품격의 빛과 힘, 가치가 절로 자연스럽게 인지·인식·인정될 수 있도록 할 때 정심정도·공명정대·공평무사함의 참된 가치를 진법체득하게 됩니다.

한기 27년 3월 19일(2015.5.7)

5천도계의 구조

5천도계의 신神들이 관할하는 5천도계 신神들의 예하 세계 중 하나인 고향성 인성적인 순도가 높은 지구인의 영靈이 존재하는 곳에 가서 그곳의 문화와 문명 그리고 그곳에 형성되어 있는 법도를 탐방하여 인식하는 것은 합당하나 배운다는 것은 합당한 표현이 아닙니다.

지구권 우주천에 해당하는 5천도계에는 신神들의 세계와 태공의 학교인 지구의 지구인을 비롯한 여러 행성인들의 세계 그리고 지구인을 비롯한 행성인들의 사후세계 등 여러 세계가 차원적으로 영역을 달리하여 존재하는 광범위한 곳이니, 이것을 잘 인식하여 염두에 두고 공부를 해야 합니다.

한기 27년 6월 20일(2015.8.4)

자랑스러움

자랑스러움이란 진법체득하여 깨우치고 인식한 자신을 사랑하고 자신에게 당당할 때 일어나는 법입니다. 그러하니 자신을 자랑스러워하는 마음이 절로 자연스럽게 일어나서 자신을 자랑스러워할 수 있도록 하면 자신의 빛과 힘, 가치가 절로 자연스럽게 살아 숨 쉬게 될 것입니다.

그리하면 자신의 빛과 힘, 가치가 빛의 속성이자 섭리의 속성이며 하늘의 속성인 밝고 맑고 찬란함으로 나투어지고 밝혀지고 나누어지게 되어 천지인 섭리·율법·법도 속에 절로 자연스럽게 녹아들어 섭리행이자 도인행을 절로 자연스럽게 하게 됩니다. 그리하여 절로 자연스럽게 생활 속에 도인이 되는 것입니다.

한기 27년 7월 17일(2015.8.30)

즐겁게 공부하는 방법

자신이 잘 하고 있는 장점을 찾아서 상승·확장·발전시키는 것이 자신으로부터 흥을 일깨워서 즐겁게 공부하는 가장 좋은 방법입니다.

한기 27년 9월 1일(2015.10.13)

신명이 되는 방법

자신의 장점과 자신의 아름다움을 찾아서 격려하고 칭찬하고 사랑하게 되면 신명神明이 저절로 일어납니다.

신명나는 자신自身이 곧 자신自神이 됩니다.

한기 27년 9월 1일(2015.10.13)

창조섭리

1. 창조섭리의 3대 목적
    ① 존재성과 존재가치의 인식
    ② 빛의 상승을 통한 거듭남
    ③ 조화를 통해 나투어지는 아름다움

2. 창조섭리의 3대 변용 축軸인 3도수道數
    ① 무형성
    ② 유형성
    ③ 공간성

3. 창조섭리의 12대 속성 및 12대 운행수運行數
    ① 기준원칙성
    ② 균형형평성
    ③ 기회균등성
    ④ 과정절차성
    ⑤ 의식공유성
    ⑥ 등가비례성
    ⑦ 입체통합성

⑧ 희망긍정성

⑨ 변화발전성

⑩ 인정배려성

⑪ 체계논리성

⑫ 조화광명성

4. 창조섭리의 12대 속성 중 네 가지 유사 속성

① 기준원칙성·과정절차성·체계논리성

② 균형형평성·기회균등성·등가비례성

③ 희망긍정성·변화발전성·인정배려성

④ 의식공유성·입체통합성·조화광명성

5. 창조섭리의 12대 속성 및 12대 운행수가 가지는 선천, 후천, 완성 도계적인 가치관과 관점

앞서 밝혀 놓은 '창조섭리의 12대 속성 및 12대 운행수' 중 ①에서 ⑤까지는 선천도계5천도계 | 우주천 단위를 인식하고 표현할 때 기본적으로 필요하고, ⑥에서 ⑨까지는 후천도계9천삼도계를 인식하고 표현할 때 기본적으로 필요하며, ⑩에서 ⑫와 ①에서 ⑫까지는 완성도계를 인식하고 표현할 때 기본적으로 필요합니다.

즉 ①기준원칙성에서 ⑫조화광명성은 천상원신과 지상분신의 관계와 유사하게 ①과 ⑫를 축으로 입체적인 통합성을 가지고 있습니다. 그리고 이것을 일맥·일관·일통적인 가치관과 관점으로 보면 ①에서 ⑪까지는 ⑫에 모두 귀결되어 포함됩니다. 다시 설명하면 ②는 ①을 포함하고, ③은 ①과 ②를 포함하는 식으로 하여 ⑫는 ①에서 ⑪까지를 포함하는 개념이 되는 것입니다.

6. 창조섭리의 작용

창조섭리는 '존재성과 존재가치의 인식, 빛의 상승을 통한 거듭남, 조화를 통해 나투어지는 아름다움'이라는 창조섭리의 3대 목적에 입각하여 '무형성·유형성·공간성'이라는 창조섭리의 3대 변용 축인 3도수道數를 바탕에 두고, 창조섭리의 12대 속성 및 12대 운행수를 기본으로 하여 다양한 창조섭리적인 가치관과 관점을 적용·실행·구현한 것입니다.

한기 27년 9월 28일(2015.11.9)

의식·인식·습관의 상승·확장·발전

공부의 흐름과 형국이 좋아서 의식·인식·습관이 상승·확장·발전될 때는 공부가 상승·확장·발전되는 폭만큼 명확한 정체성, 확고한 주인의식, 올곧은 자기중심을 상승·확장·발전시켜야 하는 것이 불문율입니다. 그래야 안정감을 가지고 물처럼 유연하게 상승·확장·발전할 수 있기 때문입니다.

그리고 진법체득한 천지인 섭리·율법·법도를 항상 중심에 두고 판단·선택·결정을 해야 합니다.

한기 27년 11월 19일(2015.12.29)

3천도계의 정체성

창조섭리에 의해서 창조될 때는 창조의 정체성과 그 정체성에 의한 목적과 목표, 방향성이 정확하고 명확하고 확고하게 설정되기 때문에 천상의 각 도계들도 각각의 도계에 합당한 정확하고 명확하고 확고한 정체성과 그 정체성에 의한 목적과 목표, 방향성이 있습니다.

그래서 3천도계는 3천도계에 맞는 정체성을 가지고 있습니다. 3천도계는 '지상 수도자들이 산山에 모여서 하늘을 그리워하면서 수도했던 그 순수하고 순일한 도심道心의 빛과 힘, 가치를 인정·존중·배려하고, 그러한 도심의 빛과 힘, 가치를 통해서 신神의 마음과 마음가짐 그리고 빛, 섭리, 하늘을 가교하고 완충하는 것을 정체성으로 합니다.

따라서 3천도계에는 궁宮과 궁宮체계에 의한 문화와 문명이 있지 않습니다. 그래서 보편적으로 관모, 관복, 장신구 등을 사용하지 않고 건축물도 있지 않습니다. 그러므로 3천도계는 지상의 산山과 산山의 구성원들이 가지는 빛과 힘, 가치에 의해서 조성되고 형성되고 만들어지는 환경과 여건들이 중심적이고 보편적인 배경이 됩니다. 그리고 3천도계에서 신神들의 거처는 차원의 시공성을 적절하게 용사하기 때문에 특정한 건축물을 거처로 사용하지 않고 보편적으로 머무는 그곳 자체를 거처로 사용합니다.

하나님도 지상에 내려와서 다시 천상의 자신을 찾아 승천할 때는 천지인 섭리·율법·법도를 인정·존중·배려한 만큼 이러한 3천도계의 정체성을 있는 그대로 인정·존중·배려하여 그에 준(準)하는 의복과 모습을 가졌습니다.

한기 28년 3월 17일(2016.4.23)

알음알이와 심마

석문도인이 진법체득한 만큼 빛과 힘, 가치를 있는 그대로 인지·인식·인정하는 것이 자연스럽지 않은 이유 중 하나는 체득·체험·체감되어지는 섭리의 진리적 사실보다 머리와 인성적인 마음 그리고 자신의 틀로 인지·인식·인정하는 것을 고집하기 때문입니다. 즉 공부의 체득·체험·체감을 자신의 머리와 인성적인 마음 그리고 자신의 틀에 의해서 설정한 것에 맞추어서 하려고 하기 때문입니다. 이러한 공부의 방법·방식·방편으로 도계 공부를 하면 아주 위험합니다. 이것들이 어느 한순간에 심마를 소리없이 일어나게 합니다.

그래서 석문공부는 지상의 일반 학문들을 공부하는 것과 다르게 체득·체험·체감한 섭리의 진리적인 사실이 모이고 쌓여서 절로 자연스럽게 넘쳐서 밀려갈 수 있도록 하는 것이 참 중요합니다. 그래야 진법체득한 자신의 빛과 힘, 가치가 절로 자연스럽게 나투어지고 밝혀져서 나누어지게 됩니다.

이것은 아주 중요한 문제이니 전신 세포에 각인을 할 수 있도록 해야 합니다. 천지인 섭리·율법·법도는 진법체득의 순수하고 순일한 도심과 신성으로 녹여 내어도 쉽지 않는데 머리와 인성적인 마음 그리고 자신의 틀만으로는 녹여 내기가 어렵습니다.

그러니 섭리행에 대한 마음, 생각, 고뇌만 가지는 것이 아니라 작고 소소한 것이라도 섭리행에 합당하게 실천하는 꾸준하고 지속적인 노력이 필요하고 중요합니다. 공부가 마음, 생각, 고뇌만으로 이루어지지 않는다는 것을 수월守月 한사도 잘 알고 있을 것입니다. 섭리행이라는 것은 마음만큼이나 꾸준한 실천을 통한 지속적인 노력이 필수적인 것입니다. 실천이 뒷받침되지 않으면 결국은 알음알이가 되어 두도사頭道士, 구도사口道士 밖에 되지 않습니다.

따라서 변화와 발전을 위한 마음, 생각, 고뇌를 꾸준하고 지속적인 섭리행을 위한 실천으로 이어질 수 있도록 하면 좋을 것 같습니다.

그리고 지상에서 인간으로 살아온 삶과 그 삶 속에서 형성된 것을 성찰·탐구·연구·분석·평가·정리·정련·정립·정돈하여 인간으로 살아오면서 형성된 자신自身의 빛과 힘, 가치와 신神으로 살아오면서 형성되었던 원래의 자신自神의 빛과 힘, 가치를 구별해서 자신自神의 빛과 힘, 가치를 본本으로 중심中心에 두고 자신自身의 빛과 힘, 가치를 말末로써 용사用事할 수 있도록 꾸준하고 지속적으로 밝고 즐겁게 노력하는 것은 참 중요하고 아름다운 일입니다.

그렇게 할 수 있도록 의수단전, 내관반청을 생활화하여 공부에 임할 때 자신을 간단·간결·단순화시켜서 무심하게 집중하고 몰입하여 심법으로 공부의 방향성을 잡아 정진하는 좋은 공부습관을 가지는 것은 참 중요하며, 그렇게 실천하면 참 좋을 것 같습니다.

한기 28년 3월 19일(2016.4.25)

원신의 빛과 힘, 가치를 회복하여 내려받는 기준과 원칙

선천도계 공부에서 해당 도계 공부를 할 때 원신공부를 끝내게 되면 원신의 빛과 힘, 가치 중에 10%를 회복하여 내려받고, 권한공부를 끝내게 되면 원신의 빛과 힘, 가치 중에 30%를 회복하여 내려받고, 6신통공부를 끝내게 되면 원신의 빛과 힘, 가치 중에 50%를 회복하여 내려받게 되며, 도인공부를 끝내게 되면 원신의 빛과 힘, 가치 중에 70%를 회복하여 내려받게 되어 섭리공부로 넘어가서 다음 공부를 할 준비와 대비를 하게 됩니다.

그리고 천상의 원신이 가지고 있는 빛과 힘, 가치를 지상의 육신으로 70%까지 회복하여 내려받기 때문에 도통신인이 되어도 원신을 뛰어넘는 것도, 원신과 완벽히 동등해지는 것도 아닌 원신인 천상의 자신이 본本이자 중심中心이 되어 천상 자신의 하나인 지상 자신이 되어 원신의 빛과 힘, 가치 중에 용사적인 빛과 힘, 가치를 지상에 발휘하게 되는 것입니다.

* 참조 : 완성도계 공부에서는 원신공부를 끝내게 되면 원신의 빛과 힘, 가치 중에 10%를 회복하게 되고, 도인공부를 끝내게 되면 원신의 빛과 힘, 가치 중에 30%를 회복하는데 이때부터 시공의 차원성에 대해서 기본적이면서 실질적인 공부를 하게 되고, 원인圓人공부10천도계는 자연인自然人, 11천도계는 원인圓人, 12천도계는 광인光人

를 끝내게 되면 원신의 빛과 힘, 가치 중에 50%를 회복하며, 도통공부를 끝내서 도통신인 道通神人이 되면 원신의 빛과 힘, 가치 중에 70%를 회복하게 됩니다.

한기 28년 6월 5일(2016.7.8)

원신, 양신, 육신이 가지는 광도·밀도·순도의 일맥·일관·일통

원신의 광도·밀도·순도와 양신의 광도·밀도·순도 그리고 육신의 광도·밀도·순도가 일맥·일관·일통으로 호환·파동·공명할 수 있도록 하여 원신의 의식·인식·습관과 양신의 의식·인식·습관 그리고 육신의 의식·인식·습관이 일맥·일관·일통으로 호환·파동·공명되게 하는 것은 참 중요합니다.

그렇게 하여 천상에서 보고 듣고 인식한 것을 그대로 양신에 실어서 지상의 육신으로 돌아왔을 때도 그와 같이 보고 듣고 인식한 것이 표현되고 표출되고 표방될 수 있도록 해야 천상과 지상이 한 빛·한 의식·한 존재·한 세계가 될 수 있습니다. 그렇게 되었을 때 천상과 지상이 다차원 입체성에 의한 동시차원성을 통해 일맥·일관·일통성이 형성되어 천지간의 일상과 생활 그리고 삶이 섭리적으로 평범하고 자연스러워질 수 있게 됩니다.

한기 28년 6월 6일(2016.7.9)

원신합일공부의 핵심

자주 틈틈이 천상에 승천하여 원신과 합일을 해서 공부하고 있는 천상에 대해서 하나씩 배우고 익힘으로써 천상원신의 빛과 힘, 가치와 의식·인식·습관을 내려받는 것이 원신합일공부의 핵심입니다. 그러한 원신합일공부를 하면서 기본적으로 현재 접하고 있는 도계의 문화와 문명을 체득·체험·체감하여 인지·인식·인정하는 공부를 하게 됩니다.

그런데 공부하고 있는 천상에 대해서는 거의 아는 것이 없는 지상분신이 지상적인 의식·인식·습관대로 지나친 주체·주도·자율성을 발휘하게 되면 원신합일을 통해 원신의 빛과 힘, 가치와 의식·인식·습관을 자연스럽게 내려받을 수 있는 흐름과 형국에 장애·방해·걸림이 일어나게 됩니다.

그래서 원신합일 공부를 할 때는 기본적인 자존감과 기본적인 개체의지를 가지고 원신합일을 통해 보는 것, 듣는 것, 느끼는 것, 말하는 것, 행동하는 것 등 원신이 하는 모든 것을 꾸준하고 지속적으로 같이 함께 더불어 체득·체험·체감함으로써 자연스럽게 원신의 빛과 힘, 가치와 의식·인식·습관을 내려받을 수 있도록 하는 것이 중요합니다.

천상의 섭리·율법·법도에 대해 참되고 제대로 알지 못하는 상황에서는 개체의지를 일정 이상 발휘하기가 쉽지 않습니다. 그러니 지금은 필요 이상으로 개체의지를 발휘하기보다 보이고 들리고 느껴지고 인지·인식·인정되는 대로 하나씩 배우고 익히는 것이 중요합니다.

지상에서도 학교에 갓 입학한 학생이 그 학교의 공부에 대해 아는 것이 전무한 상태에서 학생 마음대로 뭔가를 하려고 한다면 공부를 지로하는 선생님 입장에서 어떤 마음이 일어나겠습니까?

한기 28년 7월 24일(2016.8.26)

공부에 임하는 마음과 마음가짐

공부에 대해서 불안과 두려움으로 주저하고 움츠리기보다 용기와 배짱, 당당함으로 호연지기를 발휘하여 밝고 활짝 열린 마음과 마음가짐으로 작고 소소한 것에서부터 실천하여 자신의 의식·인식·습관을 상승·확장·발전시킬 수 있도록 하는 것이 중요합니다.

그리고 공부에 임할 때는 최대한 심신을 이완시키고 몰입이 자연스러울 수 있도록 하여 최대한 의식체가 양신에 온전히 실린 상태로 도계에 승천하여 천상의 원신과 합일할 수 있도록 해야 합니다. 천상에 승천해서 하는 공부에 지상의 자의식이 필요 이상으로 발휘되지 않도록 배우고 익힌다는 마음과 마음가짐으로 섭리에 순종·순응·순리해야 합니다.

그러니 공부에 임할 때는 자신이 원하는 방법·방식·방편대로 공부를 하려고 하기보다 섭리적인 방법·방식·방편으로 공부할 수 있도록 자신을 백지상태로 만들어서 공부에 임할 필요가 있습니다.

사실 지상에서 살아온 세월 동안 체득·체험·체감했던 의식·인식·습관과 유사한 것을 천상에서 체득·체험·체감을 하거나 지상적인 의식·인식·습관 이외의 것을 천상에서 체득·체험·체감을 하게 되면, 지상에서 체득·체험·체감했던 의식·인식·습관의 한도 내에서 판단하거나 판단하려는 경향이 있고 그것을 지상적인 의식·인식·습관 안에서 표현·표출·표방하는 경향이 있습니다.

그래서 공부에 임할 때는 현재까지 체득·체험·체감했던 의식·인식·습관을 인정하고 극복하고 뛰어넘어서 천상적인 의식·인식·습관으로 천상문화와 문명에 따른 현상과 모습들을 체득·체험·체감할 수 있도록 모든 것을 내려놓고 백지상태에서 시작할 수 있게 밝은 정성과 노력을 경주할 필요가 있습니다.

따라서 천상원신과 자주 틈틈이 합일하여 원신이 하는 것을 배우고 익혀서 원신의 의식·인식·습관을 자연스럽게 내려받을 수 있도록 해야 합니다. 그를 통해 천상의 것은 천상식으로 배우고 익혀서 보고 듣고 말하고 느껴 체득·체험·체감함으로써 신神의 의식·인식·습관을 점점 크게 상승·확장·발전시켜 나갈 수 있도록 밝은 정성과 노력을 경주해야 합니다.

그렇게 하기 위해서 앞서 공부한 선학先學들과 틈틈이 나눔수련을 통해 선학들의 체득·체험·체감을 배우고 익히고 참조하여 전해 받을 수 있도록 하고 석문도서 石門道書를 자주 틈틈이 정독해서 성찰과 탐구에 도움을 받을 수 있도록 하면 좋을 것 같습니다. 또한 수련과 도무, 일상생활에 임하는 마음과 마음가짐에 대한 성찰과 탐구와 함께 자주 틈틈이 행공과 운광 복습 그리고 채식 위주의 담백한 섭생 등을 통해 정기신의 광도·밀도·순도가 잘 유지·관리·발전되도록 꾸준하고 지속적으로 밝은 정성과 노력을 경주하면 좋을 것 같습니다.

한기 28년 8월 4일(2016.9.4)

공부를 잘하는 방법

내면공간을 입체적으로 인식하는 정도가 70% 이상이 되면 여의주를 보게 되어 있습니다. 그럼에도 여의주가 보이지 않는다는 것은 다음 공부로 넘어가는 데에 장애·방해·걸림이 될 수 있는 심상이 있다는 뜻입니다.

여의주를 보았다는 것은 그만큼의 확장성의 공부가 일어났다는 것입니다. 확장성의 크기만큼 반대급부로 교란·산란·혼란이 생기지만 기존의 공부된 본本을 정확하고 명확하고 확고하게 형성하고 있다면 그 힘으로 교란·산란·혼란을 정리하고 긍정의 힘, 과정의 힘을 통해 거듭남의 힘을 발휘하여 확장된 공부를 안착시켜 안정성을 확보할 수가 있습니다.

공부를 잘하기 위해서는 자신에 대한 순수하고 순일한 믿음이 있어야 합니다. 그러한 순수하고 순일한 믿음을 통해 자신에 대한 확신과 자신감이 생기고 그로 인해 용기, 배짱, 당당함이 생깁니다. 호연지기라는 말 안에 용기, 배짱, 당당함 등이 포함되는데 호연지기로 인해 열정이 일어나고 열정이 일어나면 노력을 하게 됩니다. 노력은 공부가 될 수 있도록 하는 성찰, 탐구와 함께 정기신의 광도·밀도·순도의 유지·관리·발전 등 모든 것을 말합니다.

공부를 잘하고 싶고, 이루고 싶은 바람이 있다면 직전의 공부 정도에 의미를 두지 않고 백지상태에서 차분하고 침착하고 무심하게 시도해야 합니다.

그렇게 시도하여 이루어진 공부를 당연한 과정으로 생각하느냐 불편함, 불안함, 부정적으로 생각하느냐에 따라 전혀 다른 가치관과 관점이 만들어집니다.

즉 자기 심상이 조화로운 상태이냐, 조화롭지 못한 상태이냐에 따라 그 다음의 행위, 현상에 의한 흐름과 여건이 달라질 수밖에 없습니다.

무엇이든지 일맥·일관·일통하기 때문에 완성도계 공부도 마찬가지입니다. 공부가 순리대로 되지 않는 것에 대한 원인과 이유는 자기가 가지고 있습니다. 심상이 백지와 같은 상태, 잔잔한 호수와 같은 상태로 되어 있어야 원신이 공부를 지로할 수 있고 그것을 받아 낼 수 있습니다. 원신의 의지가 강하더라도 공부에 대한 인지·인식·인정은 분신이 하는 것이기 때문에 공부의 기준과 원칙,

과정과 절차, 정성과 노력 그리고 공덕 등을 통하여 공부가 되게 하는 것은 분신의 몫이 되는 것입니다. 그러한 것이 순수순리하게 될 때까지 과정과 절차를 반복할 수밖에 없습니다.

한기 28년 8월 21일(2016.9.21)

신神들이 쉰다는 것

신神들에게 쉰다는 것은 자신自神의 빛과 힘, 가치를 나투고 밝혀서 나누는 활성·발산·순환의 과정 다음에 오는 수렴의 과정으로 충만하고 고요하게 하는 것을 의미합니다. 신神들에게 이것은 일종의 풍류와 같아서 차를 마신다거나 바둑을 둔다거나 그림을 그린다거나 산책을 한다거나 가만히 삼매에 든다거나 하는 것이 여기에 속합니다.

즉 신神들은 창조된 존재성과 존재가치에 의해 부여된 소임을 행하는 역사 이외에 자신의 광대역 안에서 할 수 있고 해도 되는 모든 것에 존재의지를 사용하는 것을 풍류로 여깁니다. 신神들에게는 이것이 인간들이 말하는 쉬는 것이 됩니다.

한기 28년 8월 22일(2016.9.22)

후천도계 공부 조언

7천도계 공부

7천도계를 공부할 때는 7천도계 전체를 인식할 수 없기 때문에 자신이 있는 곳이 7천다계 七天多界에서 어느 정도의 위치이고 어떤 지점에 있는지를 알 수가 없습니다. 그리고 7천다계의 수많은 우주천 사이를 다닐 때 빛보다 빠르게 다니게 되면 마치 자신이 통로를 지나는 것처럼 인식이 되기는 하지만 보편적으로는 그것이 정해진 어느 통로를 지나는 것은 아닙니다.

또한 어떤 특정 우주나 차원공간으로 가기 위해서 보이는 공간의 정중앙을 관조 넌지시 바라봅니다 하면서 빛을 쏘아나가면 자신이 가고자 하는 우주나 차원공간으로 갈 수 있는 빛의 통로가 열리게 됩니다. 그래서 빛의 통로가 보편적으로 고정되어 있는 것처럼 인식하는 것은 다소 무리가 있습니다.

7천다계는 무수히 많은 우주천 별처럼 보이지만 실질적으로는 빛덩어리들과 그 우주천들 속의 여러 형태와 가짓수의 광계들, 그 광계들 속의 은하들, 그 은하들 속의 항성들, 그 항성들 속의 행성들로 이루어져 있기 때문에 개념과 정의, 의미를 잘 가늠해서 사용할 수 있어야 합니다.

7천다계에 대한 공부가 처음에는 다소 두리뭉실할 수 있겠지만 조금씩 진법체득을 하면 할수록 본격적이고 실질적인 공부가 되어 7천다계의 본모습에 조금씩 접근하면서 그 속에 존속하고 있는 수많은 존재들과도 교류·공감·소통하여 자신의 의식·인식·습관을 7천다계의 그 광활하고 무한하며 끝없는 공간 및 차원성과 같이 그렇게 상승·확장·발전시킬 필요가 있습니다.

자신의 인성적인 가치관과 관점에 의한 관념·의념·상념·사념으로 우주를 보려고 하지 말고 있는 그대로 볼 수 있도록 노력해야 합니다. 7천다계에서 이것을 기본적으로라도 얻어야 다음 공부를 할 수 있는 기본적인 자격이 부여되니 절대 소홀하지 말고 꾸준하고 지속적으로 끝없이 신명을 일깨워서 정성과 노력을 다하면 좋겠습니다.

한기 26년 4월 19일(2014.5.17)

천지인 섭리·율법·법도에 입각한 행성인과의 대면

7천도계에 승천하여 신격神格을 갖추어 신력神力을 행사하는 신神이 행성인우주인을 대할 때는 보통 하대를 하고 행성인은 신神에게 정중하게 예를 갖추게 됩니다. 그러나 지금은 7천도계에 승천한 지 얼마 되지 않고 신격을 갖추어 가고 있는 중이니 경어를 사용하는 것이 좋겠습니다. 그리고 신격을 다 갖추고 나서도 하대하기보다는 경어를 사용하는 것이 조금 더 나을 것 같습니다.

그리고 행성인과의 대면에 있어 기본적으로 다음과 같은 섭리적인 사실을 알아 두면 좋습니다. 천지인 섭리·율법·법도에 입각하여 그에 합당하게 신神들은 행성인들과 쉽게 접촉하거나 대면하지 않습니다. 이것은 마치 지구인이 신神들과 쉽게 대면하지 못하는 것과 유사합니다.

또한 천지인 섭리·율법·법도에 입각하여 그에 합당한 명분과 당위성이 있어서 해당 신神의 빛과 힘, 가치를 어느 정도 갈무리하여 대면을 한다 해도 신神과 행성인이라는 존재적인 수직성에 의한 서로 간의 법도가 있기 때문에 행성인은 신神을 대하는 데 있어 자신과 유사한 행성인을 대하듯 하지 않고 해당 신神이 나투어 내고 있는 빛과 힘, 가치에 맞추어 자연스럽게 그에 합당한 예의를 갖추게 됩니다.

한기 26년 4월 19일(2014.5.17)

같이 함께 더불어
석문도문

......

완성도계 공부 조언

......

천상원신과 지상분신의 상호관계와 위상

"대전의 단 위에 둘이 나란히 서자, 의복을 담당하는 신명이 대례복 한 벌을 가져왔습니다. 그리고 나양신에게 입혀 주었습니다. 원신이 입고 있는 옷과 같은 옷이었습니다." 수련일지 중 일부

완성도계의 예하 도계에서도 도인공부를 하게 될 때 천상원신과 지상분신이 거의 100 대 100의 관계가 형성되는 것처럼 완성도계 공부에서도 도인공부를 시작하면서 천상원신과 지상분신이 거의 100 대 100의 관계가 형성되고 도통을 하면 이것이 안착되어 천지상합을 온전하고 완전하게 그리고 안정적으로 용사할 수 있게 됩니다.

따라서 원신합일을 100% 이루고 권한공부를 시작하는 관점에서는 천상원신과 지상분신은 아직 지상의 부모와 자식 관계와 유사하기 때문에 천상원신과 지상분신이 동등한 위상과 입지를 형성하지 않습니다.

한기 26년 1월 14일(2014.2.13)

섭리행을 통한 섭리적 의식·인식·습관의 형성

천지인 섭리·율법·법도에 입각하여 그에 합당한 존재성과 존재가치에 의한 주체·주도·자율성은 천지인의 존재들과 같이 함께 더불어 할 때 개체 존재의 빛과 힘, 가치가 참되게 발휘됩니다. 그리고 이러한 섭리에 의한 섭리행으로서의 어울림은 수직, 수평간의 존재들을 다양하게 접할수록 크게 도움이 됩니다.

이러한 관점에서 볼 때 완성도계에 승천한 존재들은 가끔씩 백두헌白頭軒에 와서 수련을 하는 것이 크게 도움이 됩니다. 천상에서는 백두전白頭殿이나 백두헌과 같은 빛과 힘, 가치를 쉽게 접하기가 어렵고 또한 이러한 곳을 전담하는 큰 신神들을 접하기도 어렵기 때문입니다. 그래서 다소 위축되거나 부담스러움이 있더라도 자기만의 울타리에서 안주하려고 하지 말고 천지인 섭리·율법·법도에 입각하여 그에 합당한 기본적인 석문예법을 갖추어 호연지기를 발휘하는 것이 공부를 하는 과정에도 크게 도움이 되고 자신을 거듭나게 하는 과정에도 크게 도움이 됩니다.

그리고 지상에서 살면서 형성된 인성에 의한 의식·인식·습관을 중심으로 하여 부지불식간에 신성을 용사하려고 하는 본말本末이 전도된 현상을, 지상의 삶이 형성하는 일상생활 속에서 잘 극복하고 뛰어넘어서 천지인 섭리·율법·법도에 입각하여 그에 합당하게 항상 본本을 바로 세우고 그 본本을 참되게 담을 수 있는 체体를 제대로 만들어서 용用을 잘 발휘할 때 자신의 존재성이 형성하는 빛과 힘, 가치가 크게 일깨워지고 나투어지고 밝혀져서 나누어지게 됩니다.

완성본자리에 승천한 성취감이나 자긍심과 자부심을 마음껏 발휘하고 싶은 마음도 충분히 이해가 가지만 중요한 것은 자신이 완성본자리에 승천한 존재이며 천지의 신神들이 그렇게 인식하고 있다는 것입니다. 따라서 조금씩 이에 합당한 품성·품위·품격을 형성할 필요가 있고 섭리에 입각하여 할 수 있는 것과 할 수 없는 것, 해도 되는 것과 해서는 안 되는 것 그리고 섭리가 지향하는 것 등에 대한 섭리적인 의식·인식·습관을 조금씩 형성해 나가야 합니다.

이것은 아주 중요한 문제이니 가슴 깊이 새겨야 합니다. 하늘이 단순히 관념의 세계, 고정되어 있는 세계, 신화神話의 세계가 아닌, 지상보다 더 강력한 생명력으로 살아 숨 쉬고 있는 지극히 현실적이고 구체적이고 실질적인 세계이기 때문에 지금까지 체득·체험·체감한 것보다 앞으로 배우고 익혀야 할 것이 더 많다는 사실을 가슴 깊이 새겨야 합니다.

그렇게 해야 섭리를 섭리로 알고 섭리행을 하는 천광사자 석문리더로서의 빛과 힘, 가치를 자유자재하게 됩니다. 이것은 아주 중요합니다.

한기 26년 1월 20일(2014.2.19)

한조천광과 도계의 다양한 빛

한조천광桓祖天光은 근본 창조의 빛이고, 천일천광天一天光은 천제天帝급 창조의 빛이고, 천일신광天一神光은 천일천광에서 파생된 천상의 모든 빛을 한 단어로 표현한 것입니다. 그리고 천상에는 한조천광에서 파생된 여러 개념의 빛들이 있는데, 이에 해당하는 지상의 개념과 언어가 없어서 일단 지상에서 천지天地의 기본 요소로 알려진 풍수화토風水火土 4대 구성 요소의 관점으로 접근하여 근본 창조의 빛인 한조천광을 구성하는 것을 천일천광天一天光, 천일천풍天一天風, 천일천수天一天水, 천일천토天一天土 네 가지로 나누어서 설명하고 이 빛에서 파생된 빛인 천일신광天一神光, 천일신풍天一神風, 천일신수天一神水, 천일신토天一神土로 천지만물을 창조했다는 개념으로 기본적인 설명을 합니다.

그런데 근본 창조의 빛인 한조천광은 상기 4대 구성 요소 외에도 아주 많이 있지만 지상에서 그 개념과 용어가 없어서 상기 네 가지 정도로만 표현한 것입니다. 다시 설명하면 천일천광에서 파생된 천일신광천상의 모든 빛, 천일천풍에서 파생된 천일신풍천상의 모든 바람, 천일천수에서 파생된 천일신수천상의 모든 물, 천일천토에서 파생된 천일신토천상의 모든 흙로 표현합니다.

그리고 천일천광, 천일천풍, 천일천수, 천일천토에서 파생된 천일신광, 천일신풍, 천일신수, 천일신토는 각 도계마다 광도·밀도·순도의 차이가 있기 때문에 각 도계마다 다릅니다. 낮은 도계로 갈수록 상위 개념에서 파생된 것으로 생각하면 됩니다.

도광신력道光神力은 한조천광에서 파생된 이러한 여러 개념의 빛들 중에 현재 수련하고 있는 단계의 공부에 필요한 여러 빛 천일신광, 천일신풍, 천일신수, 천일신토 중에 필요한 빛을 의미합니다. 따라서 도광신력의 구성 요소는 한 존재라 해도 매 수련단계, 매 과정, 매 순간에 약간의 차이가 있을 수 있습니다.

한기 26년 2월 19일(2014.3.19)

창조섭리에 의한 빛의 종류

천궁천광天宮天光, 천궁천풍天宮天風, 천궁천수天宮天水, 천궁천토天宮天土는 한조천광을 구성하는 천일천광, 천일천풍, 천일천수, 천일천토 중에 천궁을 창주할 때 적용·실행·구현시켰던 것들입니다. 이 천궁천광, 천궁천풍, 천궁천수, 천궁천토에서 파생된 것을 천궁신광天宮神光, 천궁신풍天宮神風, 천궁신수天宮神水, 천궁신토天宮神土라고 하는데, 이것은 천궁의 신神들이 천궁을 바탕으로 용사할 수 있는 천일신광, 천일신풍, 천일신수, 천일신토를 의미합니다. 따라서 천궁신광, 천궁신풍, 천궁신수, 천궁신토에도 여러 급수의 천궁신광, 천궁신풍, 천궁신수, 천궁신토가 있습니다.

그리고 이것과 12천도계 전체적인 관점에서 보편적으로 사용하는 12천도계급 천일신광, 천일신풍, 천일신수, 천일신토와는 다소 차이가 있습니다. 천궁신광, 천궁신풍, 천궁신수, 천궁신토가 조금 더 핵심적이고 특화된 빛이라고 생각하면 본래의 개념에 가까울 것 같습니다.

그리고 천일신광 중 한 가지 예를 들어 개별 존재의 관점에서 화황신광苹皇神光을 설명하면, 이것은 그러한 천일천광에서 파생된 천일신광 중 조화천궁 대태군大泰君이자 내궁백內宮白이며 가교합백架橋合白인 화황군華皇君의 존재성과 존재가치에 합당한 천일신광을 의미합니다. 천일천광에서 파생된 천일신광에는 아주 많은 급수의 빛들이 있는데, 화황신광은 현재 창조된 존재의 빛 중에서 첫 번째 급수의 빛이 됩니다. 이보다 더 높은 급수의 빛도 많이 있지만, 현재로는 화황신광 이상 급수의 신神을 창조할 필요성을 인식하지 않기 때문에 현재 창조된 존재로는 이것이 첫 번째라 할 수 있습니다.

그런 이유로 인간계에서 첫딸은 집안의 재산 밑천이라는 말이 나온 것 같습니다. 신神들 중에 첫 번째가 여신이다 보니 여러 신神들에 의하여 이것을 상징하는 말이 천손민족 중 장자손인 한민족에게 전달되어 그렇게 표현되지 않았나 생각합니다. 사실 원래는 첫 번째가 남신이고, 두 번째가 여신, 세 번째가 남신, 네 번째가 여신이었는데, 첫 번째와 두 번째, 세 번째 신神이 천상의 질서를 크게 어지럽혀 '신神소멸역사'가 이루어진 결과, 네 번째 신神이 첫 번째 신神이 되었는데 이 존재가 여신女神이었던 것입니다. 물론 지상에서는 첫딸이 많은 일을 하기 때문에 그렇게 지어진 것처럼 보이기도 하지만 원래의 의미는 신神 중에 첫 번째가 여신이라는 관점에서 나온 말인 것 같습니다.

한기 26년 2월 19일(2014.3.19)

천지동시차원성에 의한 원신합일

천지상합天地相合은 원신합일의 본질적인 개념으로서 도인공부 이후에 하게 되는 원신합일을 명명한 말입니다. 즉 한 빛·한 의식·한 존재·한 세계라는 가치관과 관점에서 볼 때 거듭난 자신의 존재성에는 천상원신과 지상분신이 천지의 두 축을 형성하게 됩니다. 그런데 이때 무형적인 축은 천상원신이고 유형적인 축은 지상분신이 되는데, 이 시점부터는 원신과 분신의 개념이 아니라 천상의 나와 지상의 나라는 동등한 개념이 형성되기 시작합니다.

그렇기 때문에 필요에 따라서는 지상 자신의 의식을 천상 자신의 체体|體에 두게 되면 지상 자신의 의식으로 천상의 것을 보고 듣게 되어 천상의 나로서 역사를 할 수 있게 되고, 또 필요에 따라서는 천상 자신의 의식을 지상 자신의 체体|體에 두게 되면 천상 자신의 의식으로 지상의 것을 보고 듣게 되어 지상의 나로서 역사를 할 수 있게 되며, 또 필요에 따라서는 천상 자신의 의식과 지상 자신의 의식으로 동시에 천상과 지상을 보고 듣게 되어 천지의 나를 하나로 역사할 수 있게 됩니다. 이것을 자신의 거듭난 존재성에 입각한 '천지동시차원성天地同時次元性'이라고 합니다.

따라서 천지동시차원성이 형성되기 시작한 이후 천지상합의 본격적이고 실질적인 공부는 도인공부 이후에 자연스럽게 하게 됩니다. 그러나 도인공부 이전에도 조금씩 단편적으로 천지상합의 현상들이 일어나기도 하는데, 이것은 양신을 출신하여 도계에 올라 원신합일 하지 않아도 천상원신과 지상분신이 빛으로 이어져 있어 의식이 자연스럽게 교류·공감·소통되기 때문입니다.

그리고 도인공부 이후에 천지동시차원성에 의하여 천지상합이 자연스럽게 일어날 때는 그 흐름에 부합해서 정진하는 것이 좋습니다. 그러나 평소에는 기본에 충실한다는 관점에서 양신출신의 과정을 밟아 원신합일하여 천지인 섭리·율법·법도를 진법체득으로 공부하고 역사하는 것을 기본으로 하는 것이 좋습니다.

한기 26년 2월 19일(2014.3.19)

신성적인 의식·인식·습관과 인성적인 의식·인식·습관의 차이

12천도계의 태장泰長급 이상 신神들과 11천도계의 대소大小 궁宮의 궁주급 신神들을 제외한 나머지 신神들은 대부분 자치권 없이 자율권을 가지고 상위 신神들의 명命을 이행하는 위치에 있기 때문에, 본인이 공부를 하고 있는 천상에는 그러한 위치에 있는 원신들과 유사한 품계의 신神들이 제법 많이 있고 그들이 각자 소임에 관련된 천사天事들을 보고 있습니다.

그렇기 때문에 그러한 위치에 있는 신神들의 주변에 있는 신神들은 품계가 낮은 신神들만 있는 것이 아니고 그 무리 속에서 품계는 유사한데 배분이 조금 크거나 배분이 조금 작은 신神들도 많이 있습니다. 그렇기 때문에 모든 것을 자기중심적으로 생각하고 바라보지 말고 있는 사실 그대로, 보여지는 대로 보려고 해야 합니다. 그래야 천상의 생활과 모습이 조금 더 현실적이고 구체적이고 실질적으로 인지·인식·인정될 수 있습니다.

그리고 신성적인 의식과 인성적인 의식의 차이를 간략하게 설명하면 다음과 같습니다.

첫째, 신성적인 의식은 섭리지향적인 의식이고 인성적인 의식은 개체지향적인 의식입니다.
둘째, 신성적인 의식은 천지인중심적인 의식이고 인성적인 의식은 자기중심적인 의식입니다.
셋째, 신성적인 의식은 객관적인 의식이고 인성적인 의식은 주관적인 의식입니다.

신성이 인성보다 존재성의 광도·밀도·순도가 높고 그 광대역이 매우 큽니다. 그래서 신성은 천지인 섭리·율법·법도와 호환·파동·공명하는 정도가 인성과는 비교할 수 없을 정도로 수직, 수평적으로 광대하기 때문에 인성보다 훨씬 더 섭리지향적이고 천지인을 위하는 객관적인 의식과 의식체계를 크고 깊고 넓게 형성하게 되는 것입니다.

한기 26년 2월 21일(2014.3.21)

고뇌의 섭리적 의미

고뇌 자체는 힘겨움이지만 고뇌를 통하여 더 발전할 수 있으니 고뇌한다는 것은 결국 스스로 생명력 있게 살아 숨 쉬게 하는 즐거움을 가지게 합니다. 고뇌는 개체 의지의 빛과 힘, 가치 중 하나로서 고뇌를 즐거움의 하나로 받아들일 즈음이면 도통이 눈앞에 다가오게 됩니다. 그리고 도인으로서 통通하여 자유자재함을 가지는 것에는 수많은 정화·순화·승화와 조화·상생·상합에 의한 상승·확장·발전이 필요하기 때문에 그 흐름과 형국이 항상 부드러울 수는 없습니다.

그러나 흐름과 형국이 부드럽지 않다고 하여 섭리의 순리대로 여의하지 않는 것은 아닙니다. 음陰인 정正이 있으면 양陽인 반反이 있고 이 반反의 모습이 자신의 또 다른 모습이기 때문에 이것을 통하여 더 큰 합合으로 나아가는 것은 당연한 순리이고 이것이 또한 만사형통萬事亨通의 기본입니다.

그러니 그러한 과정이 즐겁지 않을 수 있겠습니까?

한기 26년 2월 21일(2014.3.21)

완성도계의 불변성과 가변성 그리고 모습과 구조

천궁을 비롯한 도계 건축물에는 '불변성과 가변성'이 있습니다. 즉 본本은 기본적으로 변화가 없이 고정되어 있는 '불변성'을 가지지만 용用은 동화 속의 요정들의 세계처럼 변화무쌍한 '가변성'을 가지기도 합니다. 이것은 인간의 불수의근과 수의근의 관계와도 유사합니다. 그래서 고정된 지상의 의식으로 보면 이해가 되지 않는 모습들이 제법 있을 수 있습니다.

도계, 특히 완성도계의 시공성도 이와 유사합니다. 이것과 저것이 이어진 것처럼 보이기도 하지만 반드시 이것과 저것이 이어져 있지 않는 것처럼 보이기도 하고, 그리고 같은 차원 또는 다른 차원으로 나누어져 있는 것처럼 보이는 등 많은 다원성과 다차원성을 형성하지만 사실은 이것이 하나의 시공성 안에 있는 여러 다양한 모습이라는 것을 알게 됩니다.

이것이 완성도계의 모습과 구조를 이해하는 데 있어 가장 기본적인 개념이니 진법체득으로 잘 녹여 낼 필요가 있습니다.

그래서 공부를 하면 할수록 안광이 더 깊어지고 넓어져서 조금 더 천상의 본모습에 가까운 모습들을 보게 됩니다. 이것이 최대한 지상적인 가치관, 관점, 습관, 버릇 등을 모두 다 내려놓고 있는 그대로 무심하게 집중하고 몰입해 들어가야 하는 이유이기도 합니다.

한기 26년 3월 3일(2014.4.2)

천지동시차원성에 의한 천지상합의 과정

원신합일공부가 끝이 나면 지상의 자신이 천상원신과 하나의 의식을 공유하게 됩니다. 그래서 그 자체로 온전하고 완전한 신神이자 인간인 도통신인의 도인道人이 되어 가는 것입니다. 따라서 지상 자신의 자문자답도 원신으로부터 답을 듣는 것과 같습니다. 다만, 아직은 기본적인 수준을 넘지 못하는 것뿐입니다. 그러므로 이러한 현상은 천지동시차원성에 의한 천지상합이 조금씩 되어 가는 현상 중 하나입니다.

한기 26년 3월 3일(2014.4.2)

하나님 중심의 천상가족

완성도계에서의 가족 개념은 지상에서의 가족 개념보다 광의적이기 때문에 지상의 협의적인 개념과는 다소 차이가 있습니다. 완성도계는 완성도계 전체가 하나의 큰 가족인 천상가족을 형성합니다. 그리고 전체 신神의 세계가 하나의 큰 가족과 같습니다.

섭리적으로 본다면 사실 천지인이 모두 하나의 큰 가족과 같습니다. 다만 지구의 인류와 같은 행성인들은 한정된 시공간 안에서 많은 다양성을 체득할 수 있도록 하기 위하여 의식과 의식체계를 행성인의 정체성과 삶에 합당하게 창조했기 때문에 그러한 가족 개념이 섭리에 의한 광의적 개념보다 축소된 협의적 개념을 가지게 된 것입니다.

그리고 완성도계에서는 지상과 같이 결혼을 하지 않습니다. 지상에서 인간들은 스스로 홀로 우뚝 서기가 어렵기 때문에 남자와 여자가 서로의 부족한 부분을 채워 주기 위하여 결혼으로 가정을 이루어 완전함을 지향하지만 천상 완성계의 신神들은 모두 완전한 빛으로 창조되었기 때문에 스스로 존재의 부족함이 없습니다. 그래서 신神들끼리 결혼으로 가족을 구성하여 완전함을 지향할 필요가 없습니다.

또한 완성도계의 신神들은 스스로 자신의 존재성과 존재가치를 정확하고 명확하고 확고하게 인식하고 있기 때문에 자신이 어떤 존재인지 잘 알고 있을 뿐만 아니라 스스로가 불변적 항구성과 가변적 다양성을 가지고 있습니다. 따라서 지상의 인간들처럼 존재의 한시성 때문에 자손을 두어서 존재의 연속성을 형성할 필요가 없습니다. 그리고 완성도계의 신神들은 그들이 모두 하나님에 의해서 창조된 존재들이라는 것을 잘 알고 있고 서로 간의 일체감이 아주 크기 때문에 결혼으로 무리를 형성하지 않습니다.

특히 하나님이 거居하는 곳인 천궁은 이러한 완성도계의 특성·특징·특색이 예하 11천도계보다 더 명확하게 드러납니다. 왜냐하면 천궁은 하나님을 직접 보좌하는 곳일 뿐만 아니라 천궁에 있는 신神들은 하나님과 조금 더 가까운 빛으로 창조된 존재들이기 때문에 서로 간의 일체감이 예하 11천도계의 신神들보다 훨씬 크고 가깝습니다. 그리고 천궁의 신神들은 하나님을 지근至近에서 보좌하기 위하여 창조되었기 때문에 그들의 존재성과 존재가치에 입각한 명확한 정체성에 의하여 신神들끼리 결혼과 같은 제도로 무리를 짓거나 자손을 두는 경우도 없습니다.

지상의 결혼문화는 불완전한 지상인류가 존재의 완전함을 위하여 표면적인 무리를 구성함으로써 서로 간의 부족한 부분을 채워서 각자의 완전함을 지향하고, 한정된 시공성에 의한 존재의 한시성을 극복하고 뛰어넘어 존재의 연속성을 형성하여 불변적 항구성과 가변적 다양성을 이어가기 위하여 만들어진 섭리적인 개념입니다. 그리고 섭리적인 가치관과 관점에서 볼 때 이것은 하님 품안에서 하나님 중심의 천상가족이라는 크고 전체적이며 광의적인 개념을 부분적이고 단편적이며 협의적인 개념으로 축소하여 각각의 행성이 가지고 있는 존재성과 존재가치에 합당한 정체성에 의한 특성·특징·특색에 맞게 천상 신명계에서 내려준 개념입니다.

그러므로 천상을 공부할 때는 지상 인간적인 의식과 의식체계에 따라 형성된 의식·인식·습관에 의한 가치관, 관점, 버릇 등을 모두 다 내려놓고 백지상태에서 섭리의 진리적인 사실 그대로 보고, 듣고, 느껴서 인지하고 인식하고 인정하려고 노력하는 공부습관을 가져야 합니다. 즉 스스로 자신이 인간이라는 습관적인 가치관과 관점을 모두 내려놓고 천상문화와 문명에 대하여 섭리의 진리적인 사실 그대로 인지·인식·인정하는 목이구비촉감目耳口鼻觸感을 형성할 필요가 있습니다.

한기 26년 3월 9일(2014.4.8)

빛의 이치

"순수하지 못한 저의 마음의 상태로 인하여 11천도계의 깨끗하고 청정한 밝고 맑은 빛이 내려오다가 저의 인성의 빛의 막으로 인하여 11천도계의 빛이 뚫고 들어오지 못하고 있음을 알게 되었고…."_수련일지의 일부

자신의 인성의 빛 때문에 11천도계의 근원적인 빛이 뚫고 들어오지 못하는 것이 아니라 그 빛이 들어와서 인성의 빛들을 정화하고 정리하는 데에 11천도계의 빛이 많이 사용되거나 아니면 내려오는 11천도계의 빛이 기본적인 수준으로 다소 약하게 내려오기 때문에 생기는 현상들입니다. 섭리적으로 11천도계의 빛이 지상 인성의 빛보다 더 고高광도·밀도·순도의 빛이기 때문에 인성의 빛에 의해 들어오지 못하는 경우는 없습니다.

한기 26년 4월 21일(2014.5.19)

천상법도 • 1

천궁은 하나님이 거居하는 곳이라 천궁에 있는 대태군大泰君 신神이라 해도 하나님의 허락 없이는 천궁의 상공에 오르지 못합니다. 그리고 천궁의 대태군 신神들도 내궁內宮에 드는 것은 내궁백內宮白인 염황군琰皇君의 허락을 얻어야 하며, 허락을 얻었다 해도 조심스러워 하는 곳입니다. 뿐만 아니라 천궁의 내궁, 중궁, 외궁을 책임지고 있는 대태군 신神들도 천궁의 전체 모양, 모습, 형태, 구조를 알지 못합니다. 이들은 자신들이 책임을 지고 있는 영역의 70% 정도만 인식하고 있습니다.

그래서 다음과 같이 조언하고자 합니다.

첫째, 11천도계의 신神이 천궁의 상공에 올라서 12천도계의 본本이자 천궁의 차원성을 가지고 있는 천궁을 한눈에 내려다본다는 것은 천지인 섭리·율법·법도에 입각하여 그에 합당하지 않을 뿐만 아니라 사실상 불가능합니다.

둘째, 11천도계의 신神들은 천궁이 상천에 있다는 것은 알지만 어디에 어떤 모양, 모습, 형태, 구조를 가지고 있는지 알지 못합니다. 그리고 11천도계 대궁의 궁주(宮將) 신(神)들이 필요에 의하여 상천의 천궁으로 불려올라갔다고 해도 보통은 중궁에 자신들과 관계된 곳으로만 가기 때문에 자신들이 갔던 중궁의 극히 일부분만 인식합니다. 그런데 11천도계의 신(神)이 상천으로 불려올라가서 자신이 어디에 있는지 알고서 그곳의 지명을 언급한다는 것은 천지인 섭리·율법·법도에 입각하여 그에 합당하지 않을 뿐만 아니라 사실상 불가능합니다.

셋째, 11천도계에 있는 원신 자체도 천궁에 쉽게 들어가지 못하기 때문에 자신의 지상분신을 천궁으로 초청한다는 것은 천지인 섭리·율법·법도에 입각하여 그에 합당하지 않을 뿐만 아니라 사실상 불가능합니다. 설사 어렵게 어렵게 상천의 허락을 받았다 하여도 하나님으로부터 직접 인가를 받지 않는 한 그것은 내궁이 아니라 중궁에서 그러한 일과 관계된 곳 중 보편적인 장소에서 이루어집니다.

넷째, 천상은 법도가 명확하기 때문에 같은 도계에 있는 존재라 해도 자신보다 품계가 높은 신(神)들을 마음대로 볼 수가 없고, 그렇게 되어지지도 않으며, 보여지지도 않습니다. 설사 자신보다 높은 품계를 가진 존재가 허락을 하여 본다고 해도 그 광도·밀도·순도가 자신보다 높고 광대역이 크기 때문에 한눈에 인식되지 않아 밝고 맑고 찬란한 빛 정도로만 인식합니다. 그리고 자신보다 높은 품계의 존재가 그 빛과 힘, 가치를 갈무리해서 어느 정도 모습을 볼 수 있게 한다고 해도 천상의 법도에 의하여 그 존재는 높은 단상이나 자리에 있고 자신은 머리와 허리를 숙이기 때문에 전체 모습을 인식하기는 어렵습니다.

다섯째, 천상에서는 위에서 아래를 볼 수는 있지만 아래에서 위를 볼 수는 없습니다. 왜냐하면 품계에 따른 존재의 광도·밀도·순도와 광대역이 달라서 아래 품계의 존재에게 윗 품계의 존재가 제대로 인식이 되지 않기 때문입니다. 그래서 천상의 신神들이 후천에 이르러 태공의 학교인 지구에 인간으로 내려오게 된 이유 중의 하나가 태공의 완성을 위하여 하나님을 보좌충만하고 수직, 수평간에 교류·공감·소통력을 높여서 서로의 존재를 쌍방간에 지구지상에서라도 인식할 수 있도록 하기 위해서입니다.

한기 26년 4월 21일(2014.5.19)

천상법도 · 2

천지인 섭리·율법·법도상 자신과 유사하거나 낮은 품계의 궁주가 있는 곳이라 해도 궁宮의 전체를 마음대로 볼 수는 없습니다. 왜냐하면 품계와 상관없이 그 궁宮에 대한 자치권을 부여받지 못했기 때문입니다. 이것은 마치 지상에서 자신의 국가보다 작고 힘이 약한 나라에 갔다 하여도 그 나라의 방공 영역을 마음대로 다닐 수 없는 것과 유사합니다.

그리고 뭔가 기쁜 일이 있어서 연회가 베풀어지고 있었고 다른 여타 궁주들이 초청된 가운데 연회를 베풀고 있는 궁宮의 궁주를 보기를 원했는데 그 궁주 가까이 다가가지 못했다면 그 궁주의 품계가 다른 여타 궁주의 품계보다 높다고 봐야 합니다.

이것을 지상적인 가치관과 관점으로 본다면 지상에서도 각 국의 수장들을 초청할 만한 좋은 일이 있어 연회가 베풀어질 때 그러한 각 국의 수장들을 초청한 나라의 수장은 최소한 그러한 각 국의 수장들을 부담없이 초청할 정도의 국력을 가진 국가의 수장이라는 뜻이 됩니다. 그만큼 국격이 높고 그 수장의 비중이 크다면 여타 다른 나라의 수장들이 자기 마음대로 그 나라의 수장 옆으로 가서 담소를 나누기는 어려울 것입니다.

연회가 베풀어지고 있는 궁宮의 광도·밀도·순도와 그 빛의 광대역이 크고 그것이 서암 금장의 현재의 의식·인식·습관의 범위 안에 들어오지 않는 것들이 있기 때문에 그 궁宮의 여러 모습들이나 건축물들이 인식의 영역으로 쉽게 자리잡혀지지 않았던 것입니다. 물론 낮은 품계의 궁주가 있는 궁宮에서 보이는 건축물들도 바로 모든 것이 이해되는 것은 아닙니다. 하지만 건축물이 특이해 보이고 이해가 되지 않을 뿐이지 모호하거나 애매하거나 막연하게 인식되지는 않습니다.

따라서 연회가 베풀어지고 있는 궁宮의 영역 중에서 증거적인 측면에서 극히 일부의 허락된 차원의 영역은 어느 정도 기본적으로 투영되어 인식이 되는데 그 밖의 허락되지 않는 차원의 영역은 인식과 인식체계에 들어오지 않기 때문에 깜깜할 수밖에 없습니다. 그러므로 연회가 베풀어지고 있는 궁宮의 정경 중에 서암 금장이 본 것은 그 궁宮의 극히 일부의 차원적인 영역이라고 생각하면 됩니다. 그 외의 것은 인성적인 것이 다소 작용한 것입니다.

그리고 11천도계에서 11천도계의 상위 금장급 궁주들을 초청하여 연회를 베풀 수 있는 곳은 11천도계 서열 1위인 20천좌二十天座의 수장이 있는 궁宮 밖에 없습니다. 석문도법시대에 즈음하여 완성본자리에 승천한 도인들이 24수二十四數를 형성하고 석문도문 본원의 반경이 기존 1km에서 3km로 상승·확장·발전하게 되어 지상에 11천도계가 조금 더 드러날 수 있는 천지인 삼시 삼합의 시운이 도래하는 것을 축하하기 위하여 11천도계의 수장이자 20천좌의 수장인 여신女神이 11천도계의 여타 상위 금장급 신神들을 초청하여 연회를 베푼 것 같습니다.

이것은 11천도계의 수장이자 20천좌의 수장인 여신이 12천도계와 11천도계를 직접·적극·능동적으로 가교하고 자신의 빛과 힘, 가치를 지상에 발휘하기 시작할 때가 되었음을 알리는 것으로 11천도계에서 내려온 많은 신神들이 자신들의 모습을 지상에 드러낼 때가 되었음을 상징하는 것이기도 합니다. 그래서 보편적인 관점에서 11천도계에서 12천도계 영역으로 승천할 때 11천도계의 수문장 역할을 하는 궁宮의 궁주인 서암 금장을 통해 이것을 일부 증거하게 한 것 같습니다.

한기 26년 4월 21일(2014.5.19)

천상문화

천상의 신神들 중에는 침실을 가지고 있는 신神들도 있습니다. 다만 천상의 신神들은 잔다는 개념을 하나의 풍류이자 놀이이며 취미 정도로 인식한다는 점이 지상과 다릅니다. 그래서 침실을 하나의 소품이나 인테리어처럼 만들어 놓기만 한 신神들도 있습니다. 천상의 신神들에게 있어 존재성과 존재가치에 의한 소임 이외의 모든 것들은 천상 삶의 윤활유이자 풍요로움을 형성하는, 용사적 다양성을 가져다주는 풍류風流이자 놀이이며 취미 정도로 인식합니다.

그리고 천상의 신神들은 검은 옷을 입는 경우가 없습니다. 지상에서는 육신을 보호하고 감추고 자신의 생각을 밖으로 표현·표출·표방하는 수단으로 옷을 사용하고, 여유가 된다면 누구나 그러한 옷을 입을 수 있다는 개념을 가지고 있지만 천상의 신神들에게 있어 옷은 자신의 존재성과 존재가치를 표현하는 것입니다.

그래서 신神들의 존재성과 존재가치에 의한 광도·밀도·순도의 품계와 그 품계에 의한 품성·품위·품격에 따라서 입는 옷에 큰 차이가 있고 자신이 입고 싶다고 해서 입을 수 있는 것이 아니라 천지인 섭리·율법·법도에 입각하여 그에 합당하게 의복에 관한 기준과 원칙이 있어서 이것이 진중하게 준수되고 있습니다.

한기 26년 6월 1일(2014.6.27)

하나님과 신神

천상에서 하나님의 가르침과 지상에서 하나님의 가르침은 서로 다른 둘이 아닌 하나입니다. 하늘에서만 천지인 섭리·율법·법도를 배우고 익히는 것이 아니라 후천에는 지상에서도 천지인 섭리·율법·법도를 배우고 익히고 있다는 섭리의 진리적 사실을 잘 알아야 합니다.

그리고 후천에는 하늘에 있는 신神만 신神이 아니라 지상에 있는 신神이자 인간인 도인道人도 신神이라는 섭리의 진리적 사실을 마음에 잘 새겨야 합니다.

한기 26년 6월 1일(2014.6.27)

원신과 분신의 대화예법

완성도계에서 원신과 분신이 동등한 관계가 되는 공부의 단계는 도통공부부터입니다. 그 이전에는 분신이 원신에게 존칭과 존대의 경칭을 사용하는 것이 천상법도의 불문율입니다.

일반적으로 도인공부까지는 지상의 분신이 천상의 원신에게 존칭을 사용하고, 천상의 원신은 지상의 분신에게 하대를 합니다. 그리고 도인공부를 넘어가게 되면 지상의 분신이 천상의 원신에게 존대의 경칭을 사용하게 되고 천상의 원신은 지상의 분신에게 가벼운 경칭을 사용하게 됩니다. 그러다가 지상분신이 도통공부를 하게 되면 천상의 원신과 지상의 분신이 상호간에 경칭을 사용하는 것이 보편적인 천상의 법도입니다.

그러나 지상의 분신에게 도인공부까지 동시차원성을 적용·실행·구현하여 그 공부가 평균 70%를 넘어서기 시작하면 천상의 원신들에 따라서는 지상의 분신에게 가벼운 경칭을 사용하기도 합니다. 그리고 도인공부 이후 도통공부까지 동시차원성이 적용·실행·구현되고 그 공부가 평균 70%를 넘어서기 시작하면 천상의 원신과 지상의 분신이 서로 경칭을 사용하기도 합니다. 또한 완성도계 공부가 처음부터 도통공부까지 동시차원성을 적용·실행·구현한 상태에서 그 공부가 평균 70%를 넘어서게 되면 천상의 원신과 지상의 분신이 서로 경칭을 사용하는 경우가 있습니다.

그런데 공부를 함에 있어 현재 동시차원성이 적용되어 있지 않고 그 공부가 도인공부 이전일 경우에 천상의 법도에 입각하여 본다면 천상의 원신이 지상의 분신에게 하대를 하는 것이 합당하고 지상의 분신이 천상의 원신에게 존칭을 사용하는 것이 합당합니다.

원신 합일공부가 끝이 나서 천상의 원신과 100% 합일되어 한 빛·두 의식·두 존재·두 세계가 한 빛·한 의식·한 존재·한 세계가 되었다는 생각에서 천상의 원신과 지상의 분신이 서로 가벼운 경칭을 사용해도 되지 않을까라고 생각하는 경향이 있는 것 같습니다. 그러나 이것은 천상생활에 대한 실질적인 생명력에서 기인했다기보다는 천상생활에 대한 지상 인간적인 관점에서의 개념 정리로 볼 수 있습니다. 그래서 공부를 하는 데에 있어 다소 교란·산란·혼란을 느끼는 것 같습니다.

그럼에도 분명한 사실은 한 빛·두 의식·두 존재·두 세계의 천상원신과 지상분신이 원십합일을 100%하게 됨으로써 한 빛·한 의식·

한 존재·한 세계를 형성하기 시작했다는 것입니다. 다만 이것은 시작하는 과정이지 완성된 결과가 아닙니다. 그러므로 천상의 원신과 지상의 분신이 한 빛·한 의식·한 존재·한 세계의 존재로서 하나 된 의식을 가지기 시작하기는 하지만 아직은 천상의 원신과 지상의 분신이 가지는 의식체계가 하나로 일맥·일관·일통되는 정도가 완성된 수준이 아니기 때문에 이것을 형성해 나가야 하는 과정이 남아 있습니다.

그래서 한 빛·한 의식·한 존재·한 세계의 존재로서 지상분신이 천상의 원신과 하나의 의식체계를 형성하기 위하여 지상 일상의 여러 다양한 환경과 여건 속에서 수없이 많은 반복적인 학습과 연습을 통하여 천상의 원신이 가지고 있는 광도·밀도·순도, 특성·특징·특색, 품성·품위·품격이 형성될 수 있도록 하여 천상원신이 가지고 있는 의식과 의식체계, 인식과 인식체계, 습관과 습관체계를 갖추어야 합니다. 이러한 것이 어느 정도 갖추어지는 공부단계가 도통공부라고 보면 될 것 같습니다.

한기 26년 9월 3일(2014.9.26)

천상의 가족 개념과 구성

지구를 비롯한 행성의 모든 문화와 문명의 원류는 천상으로부터 기원한 것입니다. 이것을 역으로 설명하면 지구를 비롯한 행성의 모든 문화와 문명의 원류적인 모습들은 천상에 있다는 뜻이 되기도 합니다. 물론 똑같지는 않지만 원류적인 관점에서 유사하다는 의미입니다.

지금까지의 공부가 천상의 특성·특징·특색이라는 관점에서 주로 자신의 근본존재와 그러한 근본존재가 있는 곳 그리고 그러한 곳에서 유사한 존재들 간의 교류·공감·소통에 대한 것이었다면 이번에는 지상지구적인 삶과 유사한 한 부분에 대하여 공부를 했던 것 같습니다. 물론 다소 덧칠과 왜곡이 있기는 하지만 그 기본적인 의미에 대해서는 어느 정도 인식을 한 것 같습니다.

즉 완성도계 중에 11천도계에서 신神급의 존재들은 지상처럼 그렇게 가족을 구성하는 경우는 없습니다. 구성을 하려면 할 수 있기는 하지만 신神들이 필요성을 인식하지 못하기 때문에 실질적으로는 하지 않습니다. 그러나 11천도계의 4계에 있는 존재들 중에 평존재들은 간혹 가족을 이루는 존재들이 있습니다. 물론 천상의 가족은 지상의 가족이 구성되는 개념과 다소 차이가 있습니다. 지상에서는 인간 창조의 정체성에 입각하여 존재의 연속성을 유지·관리·발전시킨다는 필요충분조건에 의한 것이라면 천상은 존재의 다양성에 의한 가치 실현의 장場으로서 일종의 풍류이고 부수적인 것입니다.

그런데 천상의 가족은 지상처럼 반드시 남녀와 자녀라는 형식으로만 구성되지 않고 여자와 자녀, 남자와 자녀, 남녀와 자녀와 같이 다양한 형태로 구성되기도 합니다. 그리고 이들이 자녀를 얻어서 가족을 구성하는 방법에는 여러 가지가 있는데, 그중에 일반적이고 보편적인 방법으로는 상천에 기원하여 빛으로 형체를 이루는 '화생化生'이 있습니다. 물론 여기에서 남자와 여자라는 것은 지상의 남자와 여자라는 개념이 아니라 그와 같은 모습을 한 존재들이라는 의미입니다. 그리고 천상에서 남녀의 모습을 한 존재들은 지상의 남녀와 같이 교합을 하지는 않지만 빛의 호환·파동·공명을 통한 교류·공감·소통으로 그와 유사한 현상을 일으킬 수는 있는데, 이것은 지상의 인간적인 가치관과 관점에서 보면 정신 감응과 유사합니다.

또한 이들이 살아가는 집의 구조도 지상처럼 반드시 거실과 부엌, 잠자는 방 등으로 되어 있는 것은 아닙니다. 존재들의 특성·특징·특색과 그들이 집이라는 것을 통하여 얻고자 하는 목적과 목표 그에 따라 지향하고자 하는 방향성에 맞춰서 여러 형태로 구성됩니다.

* 참조 : 12천도계에서는 지상(지구)과 유사한 개념의 가족을 구성하는 경우가 없습니다. 12천도계의 존재들도 가족을 구성할 수 있지만 그러한 필요성을 느끼지 못합니다. 왜냐하면 12천도계의 창조적 구조의 특수성도 있지만, 광도·밀도·순도가 높고 광대역이 큰 존재들일수록 창조주 하나님과 가깝기 때문에 모두가 하나님으로부터 나온 하나의 가족과 같은 존재라는 것을 잘 알고 있고, 서로에 대한 친근성이 매우 크고 높고 강할 뿐만 아니라 하나님에 대한 보좌충만이라는 존재성과 존재가치적인 소임을 예하 도계의 존재들보다 훨씬 명확하게 인식하기 때문입니다.

한기 26년 9월 23일(2014.10.16)

신神의 존재성

신神은 인간들과 다르게 빛 그 자체로서 무형·유형·공간성을 모두 하나로 가지고 있기 때문에 내면이라는 용어와 표현을 사용하지 않습니다. 신神들은 그와 같은 것을 무형적 자신과 유형적 자신, 공간적 자신으로 나누어 인식하기도 하고 이것을 통합적으로 빛 그 자체의 자신으로 인식하기도 합니다.

따라서 지상 인간적인 가치관과 관점에서 내면으로 몰입하거나 침잠하는 것을 천상 신神의 가치관과 관점으로 표현하면 용사적인 존재가치에서 본질적인 존재성으로 인식의 중심을 옮겨서 자신의 광도·밀도·순도와 광대역을 본질적 수준으로 상승·확장·발전시키는 것을 의미합니다. 그리고 지상에서 사용하는 '각성한다'라는 의미는 '천상에서는 광도·밀도·순도와 그에 따른 광대역을 상승·확장·발전시킨다'라는 뜻이 됩니다.

한기 26년 9월 23일(2014.10.16)

섭리의 만법귀일에 입각한 내외일치

"내면공간을 내외일치감으로 생명력 있게 보고 느끼는 가운데 양신을 찾아 합일하고 출신하여 하늘의 빛을 보고 도계에 승천하였습니다. 빛으로 환한 도계의 어느 곳에서 원신합일을 하였는데 오늘은 특이하게도 공중에서 내려다보는 상황이 있었습니다.

그렇게 공중에서 내려다보듯 주변 건물들이 보이기 시작하더니 원신께서 아래로 더 내려가 다가갔습니다. 그곳이 어느 시공간의 장소인지, 저의 궁궐 안이었는지 아니면 다른 곳이었는지 몰랐고, 이렇게 일지를 정리하면서도 아직 모르겠습니다.

순간 어떤 건물의 안으로 들어가니 정확히 무엇이라 표현할 수 없는 '커다란 빛의 둥근 장치'들이 돌면서 움직이고 있는 것 같았습니다. 원신합일 상태에서 엇비슷한 방향으로 놓여져 있는 듯한 두 개의 '커다란 빛의 둥근 장치' 속으로 들어간 것인지 아니면 순간 다른 방법으로 시공을 이동한 것인지 명확히 알 수 없지만, 그곳의 '커다란 빛의 둥근 장치'를 통하여 이동한 것 같았습니다.

이 '커다란 빛의 둥근 장치'는 제가 도계에서 현재까지 체득·체험·체감하였으며 관리하는, 12천도계로 가는 빛의 통로와는 그 형태와 모양, 빛대가 많이 달랐기 때문에 제가 관할하는 것인지, 아니면 소궁小宮에서 관할하는 또 다른 역할의 장치인지는 모르겠습니다. 아마 여러 번 체득·체험·체감하다 보면 절로 알아지리라 생각됩니다.

그렇게 그것을 통해 찰나간 이동하였는데 처음에는 빛 한 점 없는 검은 우주공간 같은 곳에 있게 되었습니다. 그런데 오히려 마음이 미동을 하지 않고 숙연해지고 편안하였습니다.

한참을 넓고 넓은 검은 우주공간 같은 곳을 유영하듯 있었는데 갑자기 위아래 대칭적으로 나선회전을 하는 빛무리가 나타났습니다. 그리고 그 가운데로 홀Hole이 열리는 모습처럼 보이는 것이 있었습니다. 즉 검은 공간 속에 회전하는 빛이 생기더니 그 한가운데를 중심으로 공간이 보이며 주변으로 다시 빛의 줄기처럼 생겨나는 형상이 있기에 그 빛 안으로 들어갔습니다. 터널은 아닌 것 같은데 긴 구멍 같은 곳을 지나듯 또 다른 검은 시공간이 생겨난 듯하더니 그렇게 또 다른 곳으로 들어온 것이었습니다.

그리고 다시 계속 한참을 그 시공간에 머물러 있으니 밝고 환한 빛이 보이는데 묘妙하였습니다. 무어라 표현할 수 없는 아주 큰 구체처럼 보였고 그 구체가 여러 빛으로 다른 여러 차원의 빛과 함께 쌓여 있는 듯하였습니다. 그 알 수 없는 구체의 외곽 경계에서 나오는 밝고 환하게 너울거리는 빛의 흐름을 타고 그 주변을 한참 돌다가 아주 커다란 구체 같은 것 속으로 들어갔습니다.

그런데 처음에는 광계의 빛덩어리가 이렇게 보일 수도 있나 하고 생각했었지만 판단의 정확한 이유는 모르겠지만 오히려 광계보다도 그 시공간성의 크기가 훨씬 더 크게 보이면서 인지되었습니다.

그 속으로 깊이 들어가 무심無心히 바라보니 행성의 둥근 모습이 아니라, 또한 이런저런 둥그스름한 시공간의 모습과 같은 것들이 여기저기 보였습니다. 그러한 빛들의 큰 흐름과 움직임을 그저 지켜보고 있다가 수련을 정리하였습니다."_수련 일지의 일부

전체의 무·유형적인 차원성, 개체의 무·유형적인 차원성 그리고 전체와 개체가 가지고 있는 무·유형적인 차원성과 그 각각과 전체가 호환·파동·공명으로 일맥·일관·일통되어 있는 다차원 입체인 개체와 전체 그리고 개체와 전체가 하나인 세계의 단편적이고 기본적인 한 부분을 체득·체험·체감한 것 같습니다.

앞으로 공부를 지속적으로 해 나가야 하니, 이것에 대하여 한 가

지 조언을 한다면 태공을 형성하는 요소가 있다면 완성도계에 있는 신神들을 형성하는 요소가 있을 것이고, 태공에 기본적인 세포 단위가 있다면 완성도계에 있는 신神들을 형성하는 것에도 기본적인 세포 단위가 있을 것입니다.

그리고 모든 천지인과 천지만물은 태공 안에 있고, 그래서 만법귀일이라는 관점에서 볼 때 태공의 기본 세포 단위가 우주천들이라면 완성도계에 있는 신神들을 형성하는 기본 세포 단위도 이러한 우주천들에서 파생된 기본적인 개념일 것입니다. 그렇다면 태공의 기본 세포 단위인 우주천들과 완성도계에 있는 신神들을 형성하는 기본 세포 단위는 전체와 개체로써 일맥·일관·일통으로 호환·파동·공명되어 있을 것입니다.

이것을 존재의 무·유형적인 광대역의 개념과 연계해서 공부하면 완성도계에 있는 온전하고 완전한 신神들과 그들 신神들의 내적인 광대역과 외적인 무한한 광대역인 태공과 어떻게 일맥·일관·일통으로 호환·파동·공명되어 있는지에 대하여 근본 존재성 만큼은 진법체득하게 될 것입니다. 이것을 진법체득으로 기본적인 섭리적 진리를 인지·인식·인정하게 되면 내외일치 內外一致 | 2원적 1원성, 2원적 대원성 大圓性, 2원적 입체성, 2원적 통합성, 2원적 일통성을 의미합니다에 대하여 실질적인 깨우침

을 온몸으로 녹여 내게 될 것입니다.

"내이불내 內而不內 안이나 안만의 모습이 아니요,
 외이불외 外而不外 밖이나 또한 밖의 모습만이 아니니
 내외일치 內外一致 안과 밖이 구별 없는 하나이구나!"

한기 26년 10월 3일(2014.11.24)

창조섭리에 입각한 개별 존재의 다차원입체적 광대역

"오늘은 양신이 금속처럼 보이는 갑옷을 입고 있는 듯 보였습니다. 합일하고 출신하여 11천도계에 승천하여 원신합일하였습니다.

처음 안광이 열릴 때는 신장神將들이 도열하고 있는 모습이 보였습니다. 그러다가 순간이동을 한 것인지 많은 관계 신神들이 원탁에 한 줄씩 앉아 있는 것이 보였으며 그렇게 원형으로 둘러 있는 원탁의 공간 가운데로 우주 같은 검은 공간이 펼쳐져 보였습니다.

원신께 '지금 여기서는 무엇을 하는 것입니까?'하고 여쭈니 '우주공간의 빛을 조정·중재·조화시키고 있다.'고 답변하는 것이었습니다.

처음에는 그 변화되는 빛의 모습이 인지되지 않았는데 일정 시간이 지나니 원형으로 둘러 있는 원탁의 공간 사이로 우주처럼 보이는 검은 공간이 순간 빛으로 가득해졌습니다. 그리고 원신이 들어간 것도 아닌데 우주공간 같은 입체 공간 속에 들어가서 직접 보는 듯이 다양한 우주공간의 빛들을 보았습니다. 그리고 그 빛들이 점점 예하 차원의 세상으로 퍼져나가는 것으로 인지되듯 보였습니다. 신묘神妙하였습니다.

원신께서 '모든 존재는 홀로 떨어져 존재할 수가 없다. 지상식으로 표현하면 태양 빛이 있어야 식물이 자라듯 우주의 모든 존재는 이렇게 근본 생명빛을 받아야만 생존한다.'고 하였습니다.

이 말씀을 듣고 있으니 둥글게 놓인 원탁 한가운데의 우주공간 같은 곳에서 지구도 보이고 또한 다른 행성들도 보였습니다. 그리고 그곳의 뭇 존재들이 인지되었는데 근본 생명빛이 지구의 존재뿐만 아니라 우주의 다차원적 뭇 존재들에게도 내적인 변화의 빛을 일으키고 있음이 보였습니다.

그런데 특히 근본 생명빛이 지구에 놀랄 만큼 많이 유입되고 밝게 비추어지는 것이 경이롭고 신묘하게 보였습니다. 그보다 더욱 놀라운 것은 그 빛이 지구의 사람들 몸속으로 배어 들어가는 것이었습니다. 비록 단편적인 수준에서 짧게 체득·체험·체감을 한 것이지만 태공 안의 모든 존재는 근원의 근본 생명빛을 받아야만 생존할 수 있음을, 그리고 그러한 빛의 근원이며 원천은 분명히 생각컨대 한조님의 뜻을 받들어 섭리적 진리대로, 순리대로 움직이는 관계 신神들에 의해서 일정 부분은 조정·중재·조화되는 것임을 직접 알게 된 공부라 생각하였습니다."

_수련 일지의 일부

서암 금장이 한기 24년 9월 29일_{태양력 2014년 11월 21일} 금요일 점심 잠시 수련에 들었을 때 진법체득한 내용 중에 언급한 "우주공간의 빛을 조정·중재·조화시키고 있다."는 말의 의미를 간결하지만 조금 더 깊은 의미로 설명하겠습니다. 그리고 이것은 서암 금장의 수련일지 한기 24년 9월 23일 | 태양력 2014년 11월 15일에 달았던 댓글의 연장선상으로, 천지인 섭리·율법·법도에 의한 도道의 진리적인 관점으로 조금 더 심층적이고 확장적인 부분을 설명해서 공부에 참조할 수 있도록 하겠습니다.

상기 서암 금장의 원신이 언급했던 "우주공간의 빛을 조정·중재·조화시키고 있다."는 말의 의미와 "그 빛들이 점점 예하 차원의 세상으로 퍼져 나가는 것으로 인지되듯 보였습니다."는 말의 의미는 섭리의 진리적 가치관과 관점에서 볼 때 서로 일맥·일관·일통합니다.

즉 이것은 태공의 다차원적이고 입체적인 공간과 서암 금장의 원신이 가지는 존재로서의 다차원적이고 입체적인 광대역의 공간과 공통분모로 일맥·일관·일통되는 개념의 우주공간을 의미하고 또한 예하 차원의 세상을 의미하는 것이기도 합니다.

그러므로 서암 금장의 원신이 언급했던 '우주공간과 예하 차원의 세계'라는 것은 곧 서암 금장의 원신이 가지는 자신의 무형적인 광대역의 세계이자 태공의 무한한 차원의 세계와 교집합으로 겹치는 공통분모의 세계를 언급한 것입니다.

그리고 이것을 조금 다르게 설명하면 지상의 사람들도 자신의 안광이 닿지 않는 곳은 보이지 않듯이 신神들이 자신의 광대역 밖의 다차원적이고 입체적인 세계는 인식할 수 없습니다. 따라서 신神들이 인식하는 우주공간과 차원의 세계라는 것은 곧 해당 신神의 광대역 안에 있는 우주공간이자 차원의 세계라는 것을 의미하는데, 이 우주공간과 차원의 세계는 곧 태공의 한 부분이기도 하니 이것은 곧 태공과 해당 신神의 광대역이 교차하는 공통분모의 세계인 태공의 한 부분의 세계이자 해당 신神의 광대역의 세계가 되는 것입니다.

다시 말하면 태공의 기본적이고 부분적인 다차원의 입체적인 세계이자 서암 금장 자신의 세계인 우주공간과 예하 차원의 세계를 언급했다고 볼 수 있다는 의미입니다. 이것은 제법 깊은 섭리의 진리적 부분의 공부이기 때문에 서두르지 말고 차분하고 침착하고 무심하게 그리고 차근차근 진법체득으로 녹여 낼 수 있도록 해야 합니다.

* 참조 : 섭리는 크게 두 가지로 분류할 수 있습니다. 첫째는 섭리의 보편적 공통성이고, 둘째는 섭리의 특성적 개별성입니다.

한기 26년 10월 3일(2014.11.24)

창조섭리에 입각한 원신과 분신의 관계

원신합일을 하면 할수록 양신의 광도·밀도·순도와 특성·특징·특색, 품성·품위·품격의 빛과 힘, 가치가 원신의 빛과 힘, 가치와 호환·파동·공명하는 정도가 상승·확장·발전함으로써 원신과 양신의 일맥·일관·일통성의 정도가 크게 상승·확장·발전하게 되어 온전하고 완전하게 하나가 되면 도통신인의 중요한 토대가 잡히게 됩니다.

그리고 양신의 빛과 힘, 가치가 원신의 빛과 힘, 가치와 호환·파동·공명하여 일맥·일관·일통한 만큼 양신이 지상의 육신으로 돌아와서 지상의 육신과 호환·파동·공명으로 일맥·일관·일통하게 되니 결국은 천상의 원신과 지상의 육신이 그만큼 호환·파동·공명하게 되는 것입니다.

한기 26년 10월 10일(2014.12.1)

창조섭리에 입각한 천지인의 존속

천지인 섭리·율법·법도라는 관점에서 만인萬人의 만인은 바로 천지인天地人을 의미합니다. 따라서 태공 안의 모든 천지인은 창조주인 하나님의 뜻에 따라서 천지인 섭리·율법·법도에 입각하여 그에 합당하게 그 존재성과 존재가치에 대한 개념과 정의, 의미가 부여되어지고, 그러한 천지인 섭리·율법·법도에 입각하여 그에 합당하게 존재성과 존재가치에 대한 기준원칙성·균형형평성·기회균등성·과정절차성·의식공유성·등가비례성·입체통합성·희망긍정성·변화발전성·인정배려성·체계논리성·조화광명성이 형성됩니다.

그리고 태공 안의 존재들은 지어진 존재 그 자체의 모습이 참모습이고, 거듭나는 모습도 참모습입니다. 다만 그러한 참모습의 근본이 무엇이고, 그것이 어떤 모습이며, 어떤 빛과 힘, 가치를 가지고 있느냐가 중요합니다. 이것에 따라서 어떤 방법·방식·방편으로 얼마만큼 상승·확장·발전하여 거듭날 수 있고, 어느 정도의 빛과 힘, 가치를 부여받을 수 있느냐가 결정되기 때문입니다.

또한 현재 수많은 우주천에 있는 행성인들의 모습들은 태공의 학교이자 우주의 학교인 지구에 수많은 존재생명체를 형성하는 데 있어서 다양한 표본이 되기도 했습니다. 즉 지금의 지구인 또한 지금처럼 존재하고 존속하게 된 것도 수많은 행성인들을 창조한 과정과 결과물의 빛과 힘, 가치가 입체적이고 통합적으로 적용·실행·구현된 총체적 결과로 이루어진 것입니다. 그러므로 이것은 수많은 행성인의 창조 과정과 결과물을 통하여 신神의 모습을 바탕으로 지금의 지구인들을 창조하게 되었다는 것을 의미합니다.

한기 26년 10월 10일(2014.12.1)

창조섭리에 입각한 천상기억회복

"저는 합일상태에서 계속 그저 가만히 지켜만 보고 있었는데 원신께서 차분히 마시는 것이었습니다. 그런데 그 느낌이 그대로 마치 저를 위해 마시는 것처럼 그냥 느껴지는 것이었습니다.

'무엇입니까?'
'천상에서의 기억과 생각 그리고 천상에서의 삶의 모습들에 대하여 일정부분 그 기억을 일으키는데 도움이 되는 신차神茶이다.'

그래서 가만히 제대로 느껴 보려 하니 솔직히 정확히 모르겠지만 뭔가가 채워진다는 정도의 느낌만 들었습니다.

'금방 이 빛을 녹여 낼 수는 없으니 차츰 시간이 되면 빛의 작용으로 천상의 기억들과 생각들 그리고 그 삶의 모습들이 생각이 날 것이다!'하고 제 마음을 읽으시고 다시 자상히 설명하여 주었습니다."_수련일지의 일부

천상의 자신에 대한 기억을 회복한다는 것은 자신의 근본존재가 가지고 있는 수많은 기억소자_{기억과 관련한 기본적인 빛과 힘, 가치 | 빛과 빛의 체계를 저장하고 운용하는 기본적인 빛과 힘, 가치}들이 모여서 하나의 군집을 이루어 일정

한 류(類)를 형성함으로써 일정한 체계를 가지게 되는 것을 말하는데, 자신의 근본존재가 가지는 기억에는 이러한 기본적인 기억군집의 류(類)들이 헤아릴 수 없이 많습니다.

그런데 지상의 분신이 천상에 있는 근본 자신의 존재성을 찾아 원신 합일하여 진법체득으로 이러한 기본적인 기억군집의 류(類)들이 가지고 있는 빛과 힘, 가치의 30%를 회복하게 되면 나머지 70%는 천지인 섭리·율법·법도에 입각하여 그에 합당하게 일정한 기준과 원칙 그리고 과정과 절차를 통하여 자동으로 회복하게 됩니다.

이때 이렇게 회복되는 기본적인 기억군집의 류(類)들이 많아져서 기억과 관련한 빛과 힘, 가치에 있어 일정 이상의 광도·밀도·순도의 광대역이 만들어지면 기억과 관련한 금제·봉인·결계의 빛과 힘, 가치가 해제되고 열리고 풀어져서 자신의 근본 존재성과 존재가치에 대한 장애·방해·걸림이 많이 사라지게 됩니다.

상기 원신의 행위는 이와 같은 기억과 관련한 금제·봉인·결계의 빛과 힘, 가치를 해제하고 열어서 풀어내고 있는 것입니다. 이렇게 금제·봉인·결계를 해제하고 열고 풀어서 장애·방해·걸림이 사라지게 되면 차근차근 조금씩 자신의 근본 존재성과 존재가치와 관련한 기억들을 지상의 육신으로 인식할 수 있게 되고 자신의 근본 존재성과 존재가치의 기억이 회복된다는 의미, 이것이 근거가 되어 지상 육신의 의식과 의식체계로 자신의 근본 존재성과 존재가치와 관련하여 회복되는 기억들에 대한 것을 진법체득으로 경험할 수 있게 됩니다.

한기 26년 10월 10일(2014.12.1)

도계와 우주 그리고 행성의 개념

7천도계의 행성이라는 개념은 없습니다.

7천도계7천다계에 대하여 정확히 표현하면 '수많은 우주천들의 세계'라고 정의할 수 있습니다. 그런데 그 우주천들이 7천도계라는 것이 아니라 그러한 수많은 우주천들을 다니면서 진법체득할 수 있는 세계가 7천도계라는 의미입니다.

그리고 행성들도 수많은 우주천5천도계급들 속에 존속하고 있지만, 그 행성들이 5천도계라는 것이 아니라 우주천 안에서 광계, 은하, 항성, 행성들을 다니면서 진법체득할 수 있는 세계가 5천도계라는 의미입니다.

태공 안의 수많은 우주천 안에 있는 모든 유형적인 행성들은 기본적으로 1천도계급의 빛과 힘, 가치를 가지고 있습니다. 다만 태공의 학교이자 우주의 학교인 지구는 행성 단위임에도 태공의 학교이자 우주의 학교라는 특수성 때문에 1천도계급 이상의 빛과 힘, 가치를 다차원 입체적으로 일맥·일관·일통하여 공유하기도 합니다. 따라서 이것은 지구가 태공의 수많은 행성들 중에서 그만큼 특수하고 특이한 곳임을 의미합니다.

한기 26년 10월 10일(2014.12.1)

시공성과 여의주

과거생이나 과거를 보거나 가볼 수 있는 도력은 천안통天眼通, 천이통天耳通, 타심통他心通, 신족통神足通, 숙명통宿命通, 누진통漏盡通 등의 6신통 중에 천안통과 신족통, 숙명통에 근거한 도력으로 천안통은 자신이 승천한 천상세계를 지상에서 볼 수 있는 도력이고, 신족통은 자신이 승천한 천상과 천상만큼 광대역의 차원적 세계를 여러 가지 방법·방식·방편으로 다닐 수 있는 도력이고, 숙명통은 과거생이나 과거를 볼 수 있는 도력을 말합니다. 그런데 이러한 6신통의 도력들은 공간성과 시간성 그리고 차원성에 대한 섭리적 진리를 바탕으로 용사되는 도력들입니다.

그리고 자신의 근본 존재성이 형성하는 광대역은 태공 안에 존속하는 하나의 개별 광대역으로서 다차원 입체성을 형성하고 있고, 그 다차원 입체성에는 마치 태양계라는 항성계 안에 수성, 금성, 지구, 화성, 목성, 토성, 천왕성, 해왕성이라는 각각 부분적이고 세부적인 시공성을 가진 행성들이 있는 것처럼, 일맥·일관·일통하는 하나의 시공성 안에 여러 다양하고 부분적이며 세부적인 시공성을 가지고 있습니다.

따라서 자신의 근본 존재성을 회복한 상태에서는 마치 인간의 육신 안에서 기운과 신경 그리고 혈액이 전신으로 연결된다거나 돌아다닐 수 있는 것처럼 자신의 근본광대역 전체를 인식할 수도 있고, 빛의 형상으로 부분적이고 세부적인 시공으로 다닐 수도 있습니다. 그러므로 과거생이나 과거를 볼 수도 있고 빛의 형상으로 가볼 수도 있습니다.

그런데 자신의 기억이라는 것도 과거의 그 당시에 있었던 사실을 인식하여 저장하고 있었던 지상 육신의 내적인 시공으로, 지상 육신이 가지는 내외일치의 근본 존재성이라는 관점에서 본다면 이 또한 근본존재의 광대역 안에 존속하는 어느 한 시공으로 존재하고 있는 사실을 말하는 것이기 때문에 과거생이나 과거를 보거나 가보는 것과 큰 차이가 없는 것입니다.

다만 익히 알고 있는 것처럼 천지인 섭리·율법·법도의 기준원칙성·균형형평성·기회균등성·과정절차성·의식공유성·등가비례성·입체통합성·희망긍정성·변화발전성·인정배려성·체계논리성·조화광명성에 의하여 천지인이 조화·상생·상합할 수 있는 일정한 질서를 유지·관리·발전시키기 위하여 현재의 시공에서는 이미 지난 시공에 형성된 사실에 영향을 주지 못하게 되어 있습니다.

공간과 시간을 공시空時라고 하지 않고 시공時空이라고 명명한 것은 공간 안에 거居하는 존재는 원래부터 존재했던 공간 그 자체보다 공간 안에 형성되는 시간적인 흐름과 형국에 의한 변화에 많은 영향을 받았기에 공간보다는 시간에 조금 더 강한 비중을 두었던 것입니다.

공간은 시간이 생겨야 그 공간이 유지·관리·발전될 수 있는 역동적인 흐름과 형국에 의한 변화를 만들 수 있기 때문에 그렇게 될 때 강력한 생명력으로 살아 숨 쉬게 됩니다. 그리고 이러한 공간의 생명력은 공간에 시간이 생겨서 형성되는 역동적인 회전력에 의한 순차적인 호환·파동·공명과 교류·공감·소통이 일어난다는 것을 의미합니다. 따라서 이것은 회전에 의한 흐름과 형국에 우선과 차선이 있음을 의미하고, 그러므로 공간에 시간이 생긴다는 것은 공간에 질서가 생긴다는 것을 뜻하게 됩니다.

여의주如意珠는 말 그대로 여의如意|뜻대로 할 수 있는 주珠|구슬|차원적인 문. 통로. 공간라는 의미입니다. 따라서 여의주는 자신의 근본 존재성이 형성하는 광대역 안에서는 뜻대로 어디든지 갈 수 있는 구슬, 즉 차원적인 문門이자 통로通路이며 공간空間이라는 의미로 해석할 수 있습니다.

다만 천지인 섭리·율법·법도의 기준원칙성·균형형평성·기회균등성·과정절차성·의식공유성·등가비례성·입체통합성·희망긍정성·변화발전성·인정배려성·체계논리성·조화광명성에 의하여 천지인이 조화·상생·상합할 수 있는 일정한 질서를 유지·관리·발전시키기 위하여 가도 되는 곳_{해도 되는 것}과 가서는 안 되는 곳_{해서는 안 되는 것}, 갈 수 있는 곳_{할 수 있는 것}과 갈 수 없는 곳_{할 수 없는 것}이 있는 것입니다.

따라서 세포 안의 세포핵이 세포 전체와 호환·파동·공명하고 교류·공감·소통할 수 있는 문이자 통로이며 공간을 가지듯이 인간에게는 지상 육신의 의식체를 양신에 실어서 천상의 근본 존재성을 찾아갈 수 있는 하나의 문이자 통로이며 공간적인 역할을 하는 여의주를 가지고 있습니다.

한기 26년 10월 17일(2014.12.8)

있는 사실 그대로의 기록

인식과 인식체계에 의하여 인식되지 않았거나 기억되지 않았다 해도 무형과 유형으로 발휘된 모든 빛과 힘, 가치는 해당 당사자와 무·유형적으로 교류·공감·소통된 모든 관계된 존재들 그리고 그들이 존속한 시공간과 천상에 있는 사실 그대로 기록이 됩니다.

즉 지상의 사람이 밖으로 표현하지 않고 내면의 마음과 마음가짐으로 가지고 있었던 것들도 사실은 무형적인 빛과 힘, 가치로써 표출되어 부지불식간에 교류·공감·소통되기 때문에 해당 당사자와 교류·공감·소통된 관계자 그리고 이러한 교류·공감·소통한 존재가 존속한 시공간과 그와 관련한 일을 하는 관계 궁宮이나 자신의 궁宮 또는 자신의 원신 등에 모두 기록됩니다.

그래서 드러난 사실이든 드러나지 않은 사실이든 하늘 앞에서는 그리고 이러한 것들을 투영해서 볼 수 있는 신神들 앞에서는 숨기거나 감추거나 핑계되거나 변명하거나 거짓말하는 것이 의미가 없게 됩니다. 이것이 천지인 섭리·율법·법도에 입각하여 그에 합당하게 진법체득한 만큼 명확한 정체성, 확고한 주인의식, 올곧은 자기중심을 가지고 물처럼 유연하게 섭리의 진리적인 순리대로 일이 되게 해야 하고, 그렇게 함에 있어 지행합일·언행일치·표리일치·내외일치로 정심정도·공명정대·공평무사해야 하는 섭리의 진리적인 이유이기도 합니다.

한기 26년 10월 17일(2014.12.8)

도계 글자

도계 글자에는 하나의 글자에 여러 가지 의미가 내포되어 있는 경우가 많아서 그 글자의 뜻과 의미를 총체적인 것과 세부적인 것으로 분류할 수 있고, 또한 핵심·중점·기본·일반적인 뜻과 의미로 분류할 수도 있습니다.

그리고 지상의 문자처럼 도계 글자도 하나의 글자가 다른 글자를 만나면 조금 다른 뜻과 의미를 가지는 경우도 있고, 직역과 의역에 따라서 해석의 범위도 넓어지고 뜻과 의미도 달라질 수 있습니다. 또한 도계 글자는 천지인 삼시의 삼합 정도에 따라 그 뜻과 의미가 변화되는 경우도 있습니다.

즉 도계 글자에는 단편성, 복합성, 입체성, 통합성, 다원성, 다차원성, 동시차원성으로 접근할 수 있는 뜻과 의미가 있기 때문에 진법 체득한 의식·인식·습관과 정기신력에 따라서 그 뜻과 의미를 해석할 수 있는 정도가 달라집니다.

그래서 도계 글자는 글자에 실려 있는 빛과 힘, 가치와 호환·파동·공명이 되는 정도까지만 인식되기 때문에 자신의 의식·인식·습관과 정기신력 이상의 것은 몇 가지 예외적 경우를 제외하고는 인식이 되지 않습니다.

한기 26년 10월 26일(2014.12.17)

석문 의료인들에게 준 도계 글의 뜻과 의미

도계 글자의 뜻과 의미에 대해서는 진법체득하여 공부한 만큼 그 글자의 현묘한 뜻과 의미를 조금씩 체득해 보는 것도 좋을 것 같아서 지금까지는 해석을 잘 해 주지 않았습니다. 그런데 첨부한 사진에 있는 글자의 여러 뜻과 의미 중에 의인醫人과 의료 장소에 합당하게 해석을 해 보면 다음과 같습니다.

불비不比라는 두인頭印 | 사진의 좌측 상단에서부터 일반적인 의미로 직역하면 아래와 같습니다.

첫 번째 글은 '만인萬人을 밝힌다' 라는 의미입니다.
두 번째 글은 '하늘의 뜻'이라는 의미입니다.
세 번째 글은 '의인醫人의 길을 걸어간다'라는 의미입니다.

이것을 하나로 해석하면 '만인萬人을 밝힘에 하늘의 뜻으로 의인醫人

의 길을 걸어간다'라고 할 수 있습니다. 문장의 뜻과 의미를 보건대 '만인萬人을 밝힌다'라는 것을 강조하려고 했던 것 같습니다. 이것을 일반적인 서술 방식으로 조금 편하게 해석하면 '의인醫人의 길을 걸어감에 하늘의 뜻으로 만인萬人을 밝힌다'가 됩니다.

한기 26년 10월 26일(2014.12.17)

천상의 자연이 존재하는 보편적인 뜻과 의미

지상의 원형은 천상입니다. 그런데 지상에는 땅, 구름, 바람, 비, 눈, 산, 들, 강, 호수, 바다큰 호수, 나무, 꽃, 화초, 풀, 크고 작은 동물 등이 있습니다. 그리고 이러한 것들은 지상에 있는 그 자체가 소임입니다. 물론 서로 간의 관계에 있어 일정한 흐름과 형국이 있고, 그에 합당한 크고 작은 기능과 역할이 있지만, 큰 의미에서 보면 그렇게 존재하고 존속하면서 생명력을 발휘하여 다양한 환경과 여건을 조성하는 것 자체가 그들의 소임입니다.

그래서 우리는 이러한 것을 '스스로 그렇게 존재한다'라는 의미로 자연自然이라고 합니다. 이러한 자연은 지상 인간들이 가지는 존재성과 존재가치를 다양한 환경과 여건 속에서 발휘할 수 있도록 하여 인간의 삶을 풍요롭게 합니다. 이렇게 자연은 인간을 중심으로 창조되었기 때문에 지상에서 인간을 만물의 영장靈長이라고 합니다.

천지인 섭리·율법·법도의 기본 이치는 만법귀일萬法歸一하기 때문에 지상에서 이러하다면 지상의 원형인 천상에서도 이와 유사합니다. 즉 창조의 중심과 비중, 우선순위에 의하여 천상에 많은 존재가 창조되었고 그러한 존재에 존재가치가 부여됨에 있어 지상과 유사하게 천상도 신(神)들을 중심으로 천상의 동식물과 자연이 창조되어졌습니다.

그리고 천상의 자연은 지상과 유사하게 신(神)들의 존재가치가 다양한 환경과 여건 속에서 발휘할 수 있게 하여 신(神)들의 삶을 풍성하고 풍요롭게 하기 때문에 그러한 자연은 존재하고 존속하는 것 자체가 곧 소임이 됩니다. 물론 천상에는 지상과 다르게 특별한 뜻과 의미, 기능과 역할을 부여하기 위하여 신(神)들 이외의 동식물이나 그와 유사한 것들이 창조되기도 했지만, 이것은 보편적인 것이 아닙니다.

* 참조 : 바다는 큰 호수와 같은 곳입니다. 그리고 지상에서 호수와 바다의 차이는 소금에 의한 염도의 차이이고, 이 염도는 지상 생명체의 형체를 유지·관리·발전시키는 데 아주 중요한 빛과 힘, 가치를 발휘합니다. 그리고 지상에서 바다는 무형적인 하늘과 같이 유형적인 생명의 근원을 상징하고 의미합니다. 이러한 근원을 지상 인간들에게 각인시켜 자신들의 근본을 찾을 수 있도록 하는 중요한 포석이 되기도 합니다. 천상에는 여러 형태와 모양, 모습의 물 그리고 지상 바다와 같이 아주 넓은 곳과 짠맛의 물도 있지만, 지상 생명체처럼 형체를 유지·관리·발전시키는 데 염도가 필요하지 않기 때문에 지상의 바다와 같이 염도가 높은 물이 아주 넓게 분포하는 곳은 없습니다. 그렇지만 천상에는 그 바다를 형성하는 본질적인 빛과 힘, 가치가 존재합니다.

한기 26년 10월 29일 (2014.12.20)

석문급변시운에 의한 공부의 수직적 상승·확장·발전

천지인 삼시 삼합의 시운을 받지 않고서 공부가 상승·확장·발전되는 경우는 없습니다.

그리고 천지인 삼시 삼합의 급변과 급진시운에 의하여 통합시운을 부여받아서 근본원신까지 동시차원성을 적용·실행·구현하여 공부를 급격하게 수직적으로 상승·확장·발전시키는 것은 너무나 위험하기 때문에 일반적인 경우에는 하지 않습니다.

왜냐하면 이것을 자유자재로 할 수 있는 존재는 창조주인 하나님밖에 없기 때문입니다. 그리고 만약에 근본원신이 상천으로부터 허락을 받아서 자신의 근본자리까지 지상의 분신을 아주 짧은 시간 동안 급격하게 수직적으로 상승·확장·발전시켜서 끌어올리게 되면 지상분신의 육신을 형성하는 광도·밀도·순도도 그에 합당하게 아주 짧은 시간 급격하게 수직적으로 상승·확장·발전되어야 하기 때문에 지상분신의 육신이 매우 위험해집니다.

따라서 근본원신이 상천의 허락을 받아서 지상분신을 아주 짧은 시간 동안 급격하게 수직적으로 상승·확장·발전시키게 될 때 하나님에게 후속조치를 받지 않으면, 양신을 형성하는 광도·밀도·순도의 빛과 힘, 가치와 육신을 형성하는 광도·밀도·순도의 빛과 힘, 가치 사이에 심각할 정도의 유격이 형성되고, 아주 짧은 시간 동안 광도·밀도·순도가 급격하게 상승·확장·발전된 만큼 자기 존재성의 광대역 또한 아주 짧은 시간 동안 급격하게 상승·확장·발전하게 되기 때문에 그러한 빛과 힘, 가치를 조정·중재·조화력을 발휘하여 조절할 수 있는 자기중심이 형성되어 있지 않아서 엄청난 교란·산란·혼란이 형성됩니다. 그래서 심마心魔와 입마入魔 현상이 생길 수 있을 뿐만 아니라 광대역이 상승·확장·발전된 그 만큼 외부의 빛들과 교류·공감·소통되기 때문에 지상분신의 육신이 매우 위험해져서 종국에는 육신 소멸이 일어나게 됩니다.

상기와 같은 경우가 하나님의 뜻에 의하여 석문급변과 급진의 과정 속에서 일어났었습니다. 이것은 존재성과 존재가치 그리고 부여된 소임과 천지인 삼시 삼합의 시운 때문에 일어난 역사로 밀궁 소속의 화무홍華無紅 태장의 경우가 대표적인 사례였습니다. 화무홍 태장은 이때 근본원신에 의하여 아주 짧은 시간 동안 근본자리까지 인도되어졌고 본원에 있는 많은 지로사들이 이것과 관련한 경험을 했습니다.

그렇게 된 이후에 백두헌에 외부의 빛들과 교류·공감·소통할 수 없도록 천궁벽天宮壁을 형성시키고 화무홍 태장을 불러 내가 직접 한 달 정도 다시 2천도계부터 근본원신까지 차근차근 단계를 밟을 수 있도록 불안정성을 보강하여 공부를 안착시켜 나갔습니다. 그렇게 하여 내외의 기운과 자기중심에 안정성이 형성된 이후부터 백두헌 밖에서 조금씩 활동을 할 수 있게 되었습니다.

덧붙이면 천지인 섭리·율법·법도에 입각하여 그에 합당하게 9천도계에 승천한 지상분신의 양신을 근본원신이 자신의 근본자리까지 인도하여 승천시킬 때는, 자신의 근본자리에서 9천도계에 승천한 지상분신의 양신에게 빛을 내려서 근본원신을 찾아올 수 있도록 인도를 합니다.

따라서 9천도계에 승천한 지상분신의 양신이 근본원신을 찾아갈 때는 근본원신이 있는 곳까지만 갈 수 있습니다. 그리고 천지인 섭리·율법·법도상 천상에서는 근본원신이 있는 차원적 시공성에만 다닐 수 있기 때문에 그 외 차원적인 시공성에는 상천의 허락을 받아야만 갈 수 있습니다. 그렇기 때문에 다른 차원적인 시공성에 있는 신神들을 만나기 어렵습니다.

그리고 밀궁은 하나님과 밀궁 소속 신神들만 갈 수 있기 때문에 천상에서 밀궁 소속 신神들을 만나는 것은 일반적으로 불가능합니다. 만약에 밀궁의 신神들을 만나려고 하면 천지인 섭리·율법·법도에 입각하여 그에 합당하게 적절한 과정과 철차를 밟아서 밀궁이 아닌 곳에서 만나야 하는데, 밀궁 소속 신神들의 특수한 존재성과 존재가치 그리고 소임 때문에 아주 특별한 경우가 아니면 이와 같은 것이 허락되지 않습니다.

한기 26년 11월 8일(2014.12.29)

하나님의 음성

하나님이 신神들에게 모습을 드러내거나 음성을 전하는 것에는 많은 방법·방식·방편이 있습니다. 그중에서 음성을 전하는 방법에는 유형적인 형상으로 모습을 드러내어 전하는 방법과 무형적인 전음傳音으로 모습을 드러내지 않고 전하는 방법이 있습니다.

그런데 유형의 형상으로 전체 완성도계의 신神들이나 필요한 완성도계 신神들 그리고 지근에 있는 신神들에게 직접 모습을 드러내어 음성을 전한다 해도 신神들은 하나님의 형상을 있는 그대로 보지는 못합니다. 왜냐하면 하나님의 빛과 힘, 가치가 무한하고 무량하여 하나님이 그러한 빛과 힘, 가치를 신神들에게 어느 정도 투영될 수 있을 정도로 갈무리하지 않는 이상 신神들은 아주 밝고 환한 빛 정도로만 인식을 하기 때문입니다.

그리고 하나님의 빛과 힘, 가치의 권능과 권위에 의하여 신神들이 절로 자연스럽게 머리를 숙이거나 부복을 하게 될 뿐만 아니라 천지인 섭리·율법·법도상 보편적으로 하나님이 높은 단상에 임하기 때문에 머리를 숙이거나 부복을 한 상태에서는 하나님의 존재감은 인식할 수 있지만 그 형상은 볼 수 없는 것입니다.

후천에 들어와서 하나님은 전체 신神들을 몇 번 모아서 모습을 드러내었던 적이 있고, 필요한 신神들에게 필요한 만큼 모습을 드러내었던 적이 있으며, 지근의 신神들에게도 제법 모습을 드러내었던 적이 있습니다. 다만 앞서 언급했던 대로 하나님의 유형적인 형상이 신神들에게 투영되지 않아서 무어라 말할 수 없는 밝고 환한 빛으로만 인식이 되었던 것뿐입니다.

지금으로부터 몇 년 전의 일이기는 하지만, 하나님이 한두 번 정도 전체 완성도계의 신神들을 모두 모아 놓고서 하나님의 형상을 기본적으로 인식할 수 있을 정도로 빛을 갈무리하여 모습을 드러내었던 적이 있었습니다. 그때 신神들은 가히 형용하기 힘들 만큼 환희심으로 가득 찬 반응을 보였습니다.

그리고 후천에 들어와서 하나님은 가끔씩 완성도계의 신神들과 일 대 일, 일 대 다수, 일 대 전체를 상대로 음성을 전하는 경우가 있습니다.

이 경우에는 완성도계의 신神들이라 해도 보편적으로 11천도계의 금사金師급 이하의 신神들은 그 음성의 주인이 누구인지 정확히 알지 못하여 자신이 가늠할 수 없는 존재의 음성이라는 정도로만 인식하는 경우가 대부분이었고, 11천도계의 금장급 이상의 신神들 중에는 그 음성의 주인이 하나님임을 인식하는 경우가 있었습니다.

한기 26년 11월 8일(2014.12.29)

6신통 중 타심통의 용사법

사람의 마음은 '신성', '의식', '정기신'이라는 표현과 유사합니다. 그리고 이것은 무형·유형·공간성으로 분류할 수 있고, 또한 본本인 1신一神의 1영一靈, 체体인 3기三氣의 3혼三魂, 용用인 7정七精의 7백七魄으로도 분류할 수 있습니다. 그런데 본·체·용本体用으로 분류되는 사람의 마음 중에 본本에 해당되는 것은 그 빛과 힘, 가치의 광도·밀도·순도와 그것에 의한 차원적인 시공성이 형성하는 광대역의 차이에 따라서 최대 12단계로 분류할 수 있습니다.

즉 그 사람의 근본 존재성이 무엇이냐에 따라서 그 마음의 본질적인 빛과 힘, 가치의 광도·밀도·순도와 그것에 의한 차원적인 시공성이 형성하는 광대역은 달라진다는 의미로서 그 사람의 근본 존재성이 3천도계이면 마음의 본本에 해당되는 빛과 힘, 가치는 크게 3단계의 광도·밀도·순도와 그것에 의한 차원적인 시공성이 형성하는 광대역을 가지게 되고, 그 사람의 근본 존재성이 5천도계이면 5단계, 11천도계이면 11단계, 12천도계이면 12단계의 광도·밀도·순도와 그것에 의한 차원적인 시공성이 형성하는 광대역을 가지게 됩니다. 그래서 타심통을 사용하는 존재가 몇 천 도계의 어느 정도 광도·밀도·순도와 그것에 의한 차원적인 시공성이 형성하는 광대역까지 공부를 하고 있느냐에 따라서 타심통의 용사가 달라지게 됩니다.

따라서 타심통을 통하여 '최초 마음의 빛을 찾아갔다'라는 말 중에 '최초 마음의 빛'이 가지는 의미는 타심통을 사용하는 존재의 공부에 따라서 근본원신이 형성하는 마음신성의 빛이라는 의미가 되기도 하고, 인간으로 내려왔을 때 형성되었던 마음의 빛1신一神의 1영一靈이라는 의미가 되기도 하며, 그리고 어떤 일에 대하여 일어났던 마음 중에 최초 마음의 빛이라는 의미가 되기도 합니다.

그러므로 타심통을 사용할 때는 천지인 섭리·율법·법도에 입각하여 그에 합당하게 마음의 빛에 대한 개념을 잘 알고 심법을 그에 맞게 적절히 잘 걸어서 용사해야 합니다. 그래야 알고자 하는 마음에 대하여 정확하고 명확하고 확고하게 알 수 있게 되어 알게 되는 것에 대한 부정확성, 불명확성과 함께 막연함, 애매함, 모호함, 혼란함 등이 사라지게 됩니다.

한기 26년 11월 17일(2015.1.7)

근본 존재성을 보편적으로 확인하는 방법

지상 사람들의 근본 존재성을 확인할 수 있는 방법·방식·방편은 많이 있습니다. 그중에서 보편적이고 기본적인 것으로, 정확성은 조금 떨어지지만 어느 정도 그 존재성을 인식할 수 있는 방법이 있는데 그것은 다음과 같습니다.

사람들의 두정에는 자신의 근본존재와 이어져 있는 빛이 있습니다. 이것은 수련을 한다고 해서 바뀌는 것이 아니라 고정되어 있는 것으로 피아노줄 정도 굵기에서 아주 굵은 동아줄 이상의 굵기까지, 단색의 빛에서 다양한 색의 빛까지, 다이아몬드 같은 것이 하나 정도에서부터 많이 박혀 있는 것까지 여러 종류의 굵기와 색 그리고 다이아몬드 등으로 구성되어 있습니다.

그런데 이러한 빛을 볼 때 그 사람의 근본 존재성의 크기를 보려고 하느냐, 지상에서 삶의 용사적인 크기를 보려고 하느냐에 따라 보이는 것의 해석이 달라지기 때문에 '보려고 하는 사람의 근본 존재성을 본다'는 심법을 걸고 내면공간으로 깊이 몰입하여 보려고 하는 사람의 두정을 보면, 두정에서 하늘로 이어져 있는 빛을 볼 수 있습니다. 그 빛의 굵기와 색의 개수 그리고 다이아몬드 같은 것이 있느냐 등을 통해서 보려는 사람의 근기根機를 어느 정도 가늠하게 되는데, 어떤 빛이, 어떤 식으로 보여야 완성도계에서 내려온 존재인지는 꾸준히 탐구하여 스스로 알아보면 좋은 공부가 될 것 같습니다.

그리고 사람들의 두정에서 하늘로 이어져 있는 빛을 타고 올라가다 보면 그 빛이 어느 존재에 닿아서 그 이상으로는 이어져 있지 않음을 확인하게 되는데 보통 그 존재를 그 사람의 근본존재로 판단하면 됩니다. 물론 밀궁이나 특수한 관점에서 금제가 되어 있는 경우에는 그 존재가 근본존재가 아닐 경우도 있지만 이 같은 경우는 흔하지 않습니다.

그런데 그러한 빛을 따라 천상으로 올라갈 때, 이어져 있는 그 빛이 자신의 근본 존재성보다 높이 올라가면 그 이상 따라갈 수 없습니다. 그래서 이와 같은 경우에는 자신보다 품계가 높거나 배분이 큰 존재로 판단하면 거의 맞을 것입니다. 그러나 이러한 것은 보이는 공부의 생명력이 뒤따라주지 않으면 덧칠되거나 왜곡되기도 하기 때문에 주의할 필요가 있고, 근본 존재성과 존재가치에 대한 것은 특급 천기이기 때문에 설사 명확하게 확인을 했다 해도 절대 발설하면 안 됩니다.

그러므로 이것을 공부 삼아 연습해 보려면 완성도계에서 내려온 것으로 이미 알려졌거나 알고 있는 분들을 대상으로 연습해 보면 될 것 같습니다. 그리고 이것을 공부하다 보면 다양한 공부환경과 여건을 경험할 수 있을 것입니다.

한기 26년 11월 24일(2015.1.14)

천지인 창조섭리에 대한 기본적 이해

천지인을 창조한 창조섭리는 만법귀일萬法歸一의 이치대로 하나의 총론적이고 통합적인 창조섭리의 바탕 위에서 신神은 신神대로, 행성인은 행성인대로, 순수인간은 순수인간대로 각각의 존재를 창조한 원인과 이유, 목적과 목표에 따라서 존재성과 존재가치의 정체성에 합당하게 각론적이고 개별적인 창조섭리의 기준과 원칙을 가지고 있습니다.

따라서 이러한 천지인의 창조섭리는 장대하고 광범위하며 복잡하여 짧고 간결하게 설명하기는 쉽지 않습니다. 그리고 창조는 하나님만이 가지고 있는 유일무이하고, 전지전능하며, 자유자재하는 절대권능으로 천궁의 비역秘域 중에 천지인의 근본존재와 시조始祖를 창조할 수 있는 비역에서 이루어지기 때문에 신神들이 인지할 수 있는 범위의 영역을 벗어난, 하나님만의 고유 영역이자 절대 금역禁域의 역사입니다. 그러므로 천지인을 창조한 창조섭리는 하나님만이 그 전체를 적용·실행·구현할 수 있는 최고의 특급 천기로 창조물인 천지인에게 그 전체를 공개하지 않습니다.

그러나 현 지구 인류의 최초 순수인간의 창조에 대하여 기본적인 관점에서 간단하게 설명하면, 현 지구 인류의 최초 순수인간의 영靈은 5천도계의 고향성이 아니라 천궁의 비역 중에 천지인의 근본존재와 시조를 창조할 수 있는 비역에서 현 지구 인류의 최초 순수인간의 본本인 신성神性과 신성을 실을 수 있는 영靈을 지구의 환경과 여건에 맞게 창조하여 영靈이라는 배그릇에 신성神性을 실어서 후천도계의 여러 차원적인 시공들을 지나 선천도계의 여러 차원적인 시공들인 지구권 우주천, 동광계, 우리은하, 태양계의 지구로 내려보내면서 체体인 3기三氣의 3혼三魂과 용用인 7정七精의 7백七魄을 덧붙여서 가교와 완충력을 발휘한 것입니다.

이 과정에서 현 지구 인류의 최초 순수인간들이 가지게 된 체体인 3기三氣의 3혼三魂은 9천삼도계의 빛과 힘, 가치를 간단·간결·단순화시킨 것이고, 용用인 7정七精의 7백七魄은 7천다계의 빛과 힘, 가치와 7천다계에 있는 지구권 우주천지구인 기준의 빛과 힘, 가치를 실질적 중심과 기능으로 잡고 간단·간결·단순화시킨 것입니다. 그래서 신神이 올 때 정기精氣가 따라온다거나 영靈이 혼백魂魄을 가지고 온다라고 표현하는 것입니다.

그런데 현 지구 인류의 최초 순수인간들이 가지게 되는 용用인 7정七精의 7백七魄은 우주의 학교인 지구의 기준으로 볼 때 지구권 우주천의 다양한 행성들이 가지는 빛과 힘, 가치를 핵심·중점·기본·일반으로 간단·간결·단순화시킨 것인데, 그중에서 지구에 올 때 어느 행성 지구 기준으로 볼 때는 별의 빛과 힘, 가치를 핵심적인 빛과 힘, 가치로 가지고 왔느냐에 따라서 고향성이 결정됩니다.

그리고 보편적으로 1신一神이 실린 1영一靈과 3기三氣가 실린 3혼三魂, 그리고 7정七精이 실린 7백七魄은 광도·밀도·순도와 특성·특징·특색의 차이에 의한 기능과 역할의 차이는 있으나 그 형상은 유사합니다.

* 참조
1. 인간 창조의 섭리와 관련해서는 『석문사상』석문출판사, 2013에 있는 「인간관」 중에서 '인간 창조의 섭리와 원리, 체계 56~77면'를 참조하면 조금 더 세부적으로 이해하는 데 도움이 될 것 같습니다.
2. 도통공부를 할 때는 석문사상서를 항상 가까이 두고 정독할 필요가 있습니다. 특히 석문사상서의 본本편은 자주 틈틈이 정독할 필요가 있습니다. 그렇게 하면 진법체득으로 깨우치고 인식한 섭리의 진리를 성찰·탐구·연구·분석·평가·정리·정련·정립·정돈하는 데 크게 도움이 됩니다.

한기 26년 12월 2일(2015.1.21)

완성도계 공부하는 방법 · 1

완성도계 공부의 경우 본·체·용 本体用이 명확하게 자리 잡아 들어가야 도통공부가 순조롭습니다. 그런데 총론적인 관점이나 형이상학적인 관점으로만 공부를 하고 그와 같은 관점으로 수련일지를 기록하게 되면 그것이 중요한 섭리적인 근거가 되어 _{진법체득한 것을 자기주체성을 가지고 기록한 것이므로} 공부의 흐름과 형국이 각론적이고 세부적이며 단편적인 진리들에 대한 공부의 계기와 기회가 줄어들게 되므로 공부가 더디게 진행될 수 있습니다.

따라서 서암 금장의 수련일지처럼 어떤 것은 총론적인 관점에서 통합적이고 입체적인 관점으로 접근하여 공부를 하고, 어떤 것은 각론적인 관점에서 세부적이고 단편적인 관점으로 접근하여 공부하고 기록할 수 있어야 합니다. 그래야 그것이 섭리적인 근거가 되어서 다음 공부를 하는 데 필요한 자격과 빛과 힘, 가치를 부여받게 되고 금제·봉인·결계의 장애·방해·걸림을 해제하고 열고 풀 수 있게 되어 환경과 여건의 필요충분조건을 갖추게 됩니다.

이것은 예하 도계에서도 같은 기준과 원칙으로 적용·실행·구현되지만 평시시운이 아니라 급변과 급진시운으로 공부가 적용·실행·구현될 때는 핵심적인 것만 배우고 익히기 때문에 완성도계에 승천하면 예하 도계에서 배우고 익히지 못한 것들을 채워야 합니다. 즉 대학교에 와서 초등, 중등, 고등교육 과정에서 배웠어야 하는 것을 후속적으로 배우고 익히는 것과 유사한 개념입니다.

한기 27년 1월 29일(2015.3.19)

완성도계 공부하는 방법 • 2

첫째, 정기신의 광도·밀도·순도를 유지·관리·발전시킵니다. 순수한 마음과 마음가짐을 통한 순일한 도심道心을 형성시켜야 하고, 행공 및 운광 복습을 꾸준히 하면 좋습니다.

둘째, 양신 및 원신의 전체 모습에 대한 생명력부터 시작하여 기본 6공부 보고[目], 듣고[耳], 말하고[口], 냄새 맡고[鼻], 만지고[觸], 느끼는[感] 공부를 해야 합니다. 특히 보이는 대로 넌지시 보는 공부를 중점적으로 해야 합니다.

셋째, 완성도계급 천지인 섭리·율법·법도를 인지·인식·인정할 수 있을 정도로 의식·인식·습관을 상승·확장·발전시켜야 합니다. 그렇게 하기 위해서 석문도법서, 석문사상서, 석문도담서를 자주 틈틈이 정독하고 완성도인들과 도담을 나누면서 교류·공감·소통력을 높여야 합니다.

넷째, 일상의 작고 소소한 것에서부터 진법체득한 만큼 지행합일·언행일치·표리일치·내외일치할 수 있도록 노력해야 합니다.

다섯째, 조화천계 사이트 완성도계 공부안내방에 있는 완성도계 공부조언집과 '한조님말씀-한조' 게시판의 글과 '한조님말씀-말씀' 게시판의 '한조님말씀'과 '하늘이야기' 등을 참조하면 크게 도움이 됩니다.

한기 27년 1월 29일(2015.3.19)

석문공부와 천지인조화역사의 과정

석문공부는 각각의 단계에서 보편적으로 40%는 기초과정, 30%는 기본과정, 20%는 심화과정, 10%는 심화용사과정입니다. 이와 유사하게 천지인조화역사도 보편적으로 40%는 기초과정역사, 30%는 기본과정역사, 20%는 심화과정역사, 10%는 심화용사과정역사입니다. 그래서 70%의 기본 충실로 빛과 힘, 가치를 최대한 응집시켰다가 30%의 긍정적이고 열정적인 천하도인의 활력活力으로 상승·확장·발전시키게 됩니다.

한기 27년 2월 10일(2015.3.29)

태공후천의 학교인 지상에서 삶의 의미

완성도계에서 내려온 존재들은 태공후천의 학교인 지구의 정체성과 인간 창조의 정체성을 깊이 성찰하고 탐구하고 자신이 지나온 삶의 많은 우여곡절과 시행착오 그리고 성공, 실패, 좌절들을 살펴보면서, 이 모든 것들이 인간의 삶과 인간이 가지고 있는 삼욕칠정을 체득·체험·체감한 것들이며, 이를 통해 진법체득한 천지인 섭리·율법·법도에 따른 섭리의 진리적 사실을 지상 인류에게 잘 전할 수 있는 방법·방식·방편을 배우고 익히기 위한 것이라는 것을 알게 됩니다.

따라서 태공의 학교인 지상의 삶에서 형성된 모든 것이 천지인 섭리·율법·법도에 입각하여 그에 합당하게 지구의 학생들을 참되고 제대로 잘 가르치기 위한 경험이었다는 것을 알게 되면서 지금까지의 모든 것이 한恨이나 슬픔, 억울함이나 분노, 화의 근원이 아니라 바로 자기 자신을 위한 다양한 공부환경이고 중요한 여건이었음을 깨닫게 됩니다.

그러므로 지금까지 지상에서 살아오면서 형성되었던 모든 감정적인 것들과 감성적인 것들은 그 이상도 그 이하도 아닌 그 정도 수준의 빛과 힘, 가치임을 인지·인식·인정하여 진법체득한 천지인 섭리·

율법·법도를 적절한 방법·방식·방편으로 용사하여 전하는 데 있어 좋은 경험으로 참고하여 사용할 수 있어야 합니다.

그리하면 가슴 속에 있던 한恨이나 슬픔, 억울함이나 분노, 화 등은 눈 녹듯이 사라지고 오직 신神이자 인간인 도인의 순수한 마음과 마음가짐에서 형성된 도심道心과 그 도심에 의한 자기믿음, 의지, 정성, 노력이 남게 됩니다. 그것이 진법체득한 만큼 섭리행이자 온누리에 도인행을 하게 하여 도인의 향기를 은은하게 전할 수 있게 됩니다.

그래서 따뜻한 마음, 순수한 사랑, 밝은 웃음, 환한 미소로써 자신의 빛과 힘, 가치를 일상에서 작고 소소한 것에서부터 나투고 밝히고 나누면 참 좋습니다. 그리하면 공부가 절로 자연스럽게 열리게 되고 지상에 태어나서 지금까지의 자신에 대한 것 그리고 태어나기 전의 자신에 대한 것을 참되고 제대로 알기 시작합니다.

한기 27년 2월 19일(2015.4.7)

천상 완성도계와 태공의 학교인 지구의 일맥·일관·일통성

한기 27년 2월 19일 태양력 2015년 4월 7일 수련일지에 올린 서암 금장의 원신이 진행했던 역사의 내용은 천상 완성도계에서 태공의 학교인 지상 지구의 내핵과 외핵 그리고 맨틀 등에 완성도계의 빛과 힘, 가치를 내려서 천상과 태공의 학교인 지구와 일맥·일관·일통하여 직접·적극·능동적으로 호환·파동·공명이 될 수 있도록 해 놓은 것 중에 서암신궁과 관련한 부분을 보여 준 것 같습니다.

이것에 대하여 간략하게 설명하면 다음과 같습니다.

태공의 학교인 지구 내핵과 외핵 그리고 맨틀 등에는 한조천광桓祖天光의 기본적인 빛과 힘, 가치를 중심으로 하여 조화천궁造化天宮의 조화천궁신광造化天宮神光, 12한명신궁十二桓命神宮의 12한명신광十二桓命神光, 천궁天宮의 천궁신광天宮神光, 12천명신궁十二天命神宮의 12천명신광十二天命神光, 12밀명신궁十二密命神宮의 12밀명신광十二密命神光, 24신궁二十四神宮의 24신광二十四神光, 12행신궁十二行神宮의 12행신광十二行神光, 12황신궁十二煌神宮의 12황신광十二煌神光과 기타 그리고 12천도계와 11천도계 사이의 7신궁七神宮의 7신신광七神神光과 11천도계 각 궁宮의 신광神光, 10천도계의 신광神光 등 완성도계의 여러 궁宮들의 빛과 힘,

가치가 천지인 섭리·율법·법도에 입각하여 그에 합당하게 부여되어 있습니다. 그리고 이러한 빛과 힘, 가치들은 천상 완성도계와 직접·적극·능동적으로 일맥·일관·일통으로 호환·파동·공명되어 있습니다.

그런데 태공의 학교인 지구와 태공 전체를 완성하고 추수하여 결結 짓는 역사인, 조화선국을 건설하는 천지인조화역사와 이러한 조화선국으로 가는 과정과 절차 속에서 진행되는 세 가지의 큰 천지인조화역사인 지십승역사, 천십승역사, 한십승역사를 완성하고 추수하여 결結 짓기 위한 각각의 천지인조화역사가 같이 함께 더불어 진행되고 있습니다.

그리고 이러한 동시차원성에 의한 동시다발적인 천지인조화역사들이 섭리의 순리대로 길상여의吉祥如意할 수 있게 하기 위하여 완성도계에서 진행되는 천지인조화역사와 그에 합당하게 진행될 천지인조화역사에 부합할 수 있도록, 천지인 섭리·율법·법도에 입각하여 그에 합당하게 태공의 학교인 지구 내핵과 외핵 그리고 맨틀 등에 완성도계의 빛과 힘, 가치를 불어넣고 그것에 더하여 천지인조화역사의 과정과 절차 그리고 단계에 합당하게 그에 맞는 완성도계의 빛과 힘, 가치를 불어넣고 있습니다.

최근에는 지십승역사를 완성하고 추수하여 결結 짓기 위한 완성도계의 실질적인 빛과 힘, 가치를 태공의 학교인 지구 내핵과 외핵 그리고 맨틀 등에 불어넣었고, 지금도 불어넣고 있는데, 이러한 천지인조화역사의 한 부분을 체득·체험·체감한 것 같습니다.[4]

아울러 한기 27년 2월 20일 태양력 2015년 4월 8일에 겪었던 빛에 대한 체득·체험·체감은 11천의 천일신광天一神光을 구성하는 중요한 빛들 중에 24신광二十四神光이라는 것이 있습니다. 이러한 24신광 중에는 천보신광天寶神光, 천화신광天花神光, 천금신광天金神光이라는 3보신광三補神光류가 있습니다. 그중에서 천화신광을 접하거나 천화신광의 비율이 높은 천일신광이나 도광신력을 접하게 되면 마치 꽃이 활짝 피는 것 같은 형상을 보게 되거나 그러한 느낌을 체득·체험·체감할 수 있게 됩니다.

---

[4] 지금은 완성도계의 신광神光이 아닌 창조섭리의 근본 빛인 천광天光이 불어넣어지고 있다. 즉 조화천궁을 창조하실 때 쓰신 조화천궁천광, 12한명신궁을 창조하실 때 쓰신 12한명천광, 천궁를 창조하실 때 쓰신 천궁천광, 12천명신궁을 창조하실 때 쓰신 12천명천광, 12밀명신궁을 창조하실 때 쓰신 12밀명천광, 24신궁을 창조하실 때 쓰신 24천광, 12행신궁을 창조하실 때 쓰신 12행천광, 12황신궁을 창조하실 때 쓰신 12황천광과 기타 그리고 12천도계와 11천도계 사이의 7신궁을 창조하실 때 쓰신 7신천광과 11천도계 각 궁宮을 창조하실 때 쓰신 천광, 10천도계를 창조하실 때 쓰신 천광 등 완성도계의 여러 궁宮들을 창조하실 때 쓰신 빛과 힘, 가치가 천지인 섭리·율법·법도에 입각하여 그에 합당하게 부여되고 있다.

* 참조
1. 천보신광 天寶神光 : 다양한 크기의 다이아몬드 같은 것이 흩뿌려지는 것 같은 모습
2. 천화신광 天花神光 : 다양한 크기의 꽃잎이 흩날리는 것 같은 모습
3. 천금신광 天金神光 : 다양한 크기의 금가루가 흩뿌려지는 것 같은 모습

한기 27년 3월 10일(2015.4.28)

행성인의 생로병사

태공의 학교인 지구에 살고 있는 지구인을 비롯한 행성인들은 신神들에 비해 그 개념과 정의가 기본적이기는 하지만 천지인 섭리·율법·법도에 입각하여 각각의 종족이 가지고 있는 정체성에 합당하게 존재성과 존재가치의 불변적 항구성과 가변적 다양성을 가지고 있습니다.

그리고 존재성과 존재가치의 다양성이라는 가치관과 관점에서 볼 때 그 종족의 정체성과 시공의 개념에 따라 다소 차이가 있으나 생로병사生老病死라는 것이 있습니다. 이러한 생로병사의 개념과 정의에는 광의적인 것과 협의적인 것이 있기 때문에 행성과 그 행성에 존속하는 종족의 특성·특징·특색에 따라서 그 분류가 달라지게 됩니다.

따라서 행성과 그 행성에 존속하는 종족의 특성·특징·특색에 따라 다소 차이가 있기는 하지만 행성인이 생로병사를 한다는 것은 개체 의지에 의하여 서로가 서로를 죽일 수도 있고, 자살과 같이 스스로 죽을 수도 있음을 말해 주는 것입니다.

다만 그 방법·방식·방편이 지구의 인간들과 다소 차이가 있으나 생멸生滅의 기본적인 개념과 정의는 천지인과 함께 우주 공통적으로 적용·실행·구현되고 있고, 그것은 창조온도에 의한 빛의 광도·밀도·순도가 그 형체와 그 형체의 빛과 힘, 가치를 유지할 수 있느냐에 따라 결정되기 때문에 이것을 교란·산란·혼란시켜 파괴하게 되면 자연스럽게 멸滅이 일어나는 법입니다.

그리고 행성인들의 창조온도와 창조온도에 의한 광도·밀도·순도의 구성 요건이 지구의 영체와 같은 것이 아니라 지구 기준으로 볼 때 물질과 영체 사이에 많이 분포되어 있습니다. 물론 태공의 학교인 지구에 살고 있는 지구인의 영체와 유사한 개념이 일부분 있기는 하지만 지구인의 영체와 같은 방법·방식·방편으로 그 존속의 체계가 잡혀 있지 않기 때문에 전체적으로 같은 개념으로 보기에는 어려운 부분이 많습니다.

한기 27년 6월 13일(2015.7.28)

천왕조天王鳥, 천군天軍, 천상법도天上法道

천왕조天王鳥와 천군天軍 그리고 천상법도天上法道의 한 부분에 대하여 조언을 하니 참조하기를 바랍니다.

첫 번째는 천왕조天王鳥입니다. 천왕조 무리는 하나님이 직접 창조한 것으로 천상 최고의 영물靈物들로 천상 영물의 수장 무리입니다. 그리고 천왕조 무리의 우두머리인 천왕조 무리의 왕王은 하나님을 상징하여, 하나님 말씀에만 순종·순응·순리합니다.

그래서 천왕조 무리에서 일반 천왕조라 해도, 가까이 하거나 부릴 수 있는 권한·책임·의무가 부여되어진 존재 이외에는 천궁의 신神들이라도 보편적으로 가까이 하거나 부릴 수 있는 영물이 아닙니다. 그리고 천왕조는 어린 천왕조라 해도 천상 수장 영물 무리의 위엄에 합당하게 그 모습과 존재감이 이루 말할 수 없이 크고 장엄합니다.

또한 천상의 다른 영물들도 신神들의 존재성과 존재가치 그리고 부여된 소임에 따라서 가까이 할 수 있는 영물과 가까이 할 수 없는 영물, 가까이 해도 되는 영물과 가까이 해서는 안 되는 영물이 있고, 부릴 수 있는 영물과 부릴 수 없는 영물, 부려도 되는 영물과 부리면 안 되는 영물이 있습니다.

두 번째는 천군天軍입니다. 천궁에는 내궁, 중궁, 외궁으로 크게 나누어져 있고, 각각의 궁은 지어진 정체성과 그 정체성에 합당한 목적과 목표, 방향성을 가지고 있습니다. 그렇기 때문에 중궁의 신神이 외궁의 신神인 천장天將과 그 예하의 천군天軍의 협력과 지원을 받기 위해서는 천지인 섭리·율법·법도에 입각하여 그에 합당한 과정과 절차를 밟아야 합니다. 즉 중궁의 신神이라 해도 외궁의 신神인 천장天將과 그 예하의 천군天軍을 함부로 부리지는 못합니다.

세 번째는 천궁 중궁의 태사泰師급 신神은 천궁 중궁의 각주閣主인 궁주급 태장泰長 신神을 보좌하는 신神입니다. 즉 해당 각閣에서 한 부분의 전문 영역을 담당하는 신神으로서 지상식으로 비유하면 담당관과 같습니다. 바로 아래 품계로는 태사급 신神의 천사天事를 도와주는 보좌하는 대사大師급 신神들이 있습니다.

그러한 연유로 태사급 신神은 궁주급 신神이 아니기 때문에 궁주급 신神이 예하의 신神들에게 보좌를 받는 개념과 태사급 신神이 그보다 낮은 품계의 신神들에게 도움보좌을 받는 개념과는 많이 다릅니다. 즉 궁주급 신神처럼 좌우에서 보좌를 받는 것이 아니기 때문에 '좌우의 신神'이라는 표현은 합당하지 않습니다.

한기 27년 6월 18일(2015.8.2)

완성도인이 거쳐 왔던 예하 도계 원신들의 존재성과 호칭

완성도계의 신神이 지상 인간으로 내려와서 자신의 근본 존재성을 찾아가고 회복하는 과정에서 2천도계에 승천하여 합일했던 2천도계 원신의 경우 지상분신이 2천도계를 넘어서 3천도계에 승천하여 3천도계의 원신과 합일을 하게 되면 2천도계의 원신은 이미 원신이 아니라 3천도계 원신의 직계 일맥이 됩니다. 그래서 2천도계의 원신이라는 표현은 섭리적으로 합당하지 않습니다. 이럴 때는 2천도계에 있는 나의 직계 일맥의 분신이라고 해야 섭리적으로 합당한 표현이 됩니다.

왜냐하면 근원 원原과 신령스러울 신神이라는 원신原神의 한자에서도 알 수 있듯이, 지상에서 승천한 분신에게는 원신이 곧 해당 도계에 있는 자신의 근원적인 신격神格이기 때문입니다. 따라서 3천도계에 승천하여 3천도계에 있는 원신과 합일을 했다면 2천도계의 원신은 이미 원신이 아니라 직계 일맥의 분신의 개념이 되는 것입니다.

그러므로 완성도계에서 인간으로 내려온 신神이 완성도계에 승천하여 자신의 근본원신과 합일을 했다면 그 예하 도계를 거쳐 왔던 각각의 도계에 있는 원신들은 모두 완성도계에 있는 근본원신의 직계 일맥의 분신들이 됩니다. 그리고 도통신인道通神人이 되면, 후천에 근본 존재성을 찾아 승천하기 위하여 창조되어졌던 예하에 있는 자신의 직계 일맥의 모든 분신들은 모두 완성도계에 있는 근본원신에게 그 빛과 힘, 가치가 흡수됩니다.

그러나 추당秋堂 금장의 5천도계에 있는 직계 일맥의 분신인 염라신궁의 궁주처럼 후천 이전에 창조되어서 긴 시간 동안 천상에서 안정된 보직을 가지고 존속되어 왔던 신神들은 후천에 지상분신이 그 근본원신을 찾아 도통신인이 되면, 적절한 시기에 근본원신으로부터 분리 및 독립되어 지상 인간으로 내려올 수도 있습니다.

즉 후천에 완성도계에서 인간으로 내려온 신神들이 석문도법의 석문호흡으로 자신의 근본 존재성을 찾아서 회복하여 도통신인이 되면, 후천에 자신의 근본 존재성을 찾기 위해서 창조되어졌던 예하 도계에 있는 직계 일맥의 모든 분신들은 그 각각의 빛과 힘, 가치가 모두 근본원신에게 회수되어 흡수되고, 후천 이전에 창조되었던 예하의 직계 일맥의 분신들은 대체적으로 지상분신이 근본원신을 찾아 도통신인이 되면, 분리 및 독립이 된다는 것을 의미하는 것입니다.

* 참조 : 신神의 시대와 태초시대 그리고 선천시대에 하나님으로부터 권한·책임·의무를 부여받은 완성도계의 신神이 후천도계나 선천도계에 필요한 천사天事를 보기 위하여 자기 빛과 힘, 가치의 일부를 후천도계나 선천도계에 내려보내, 해당 하늘에 자기 직계 일맥의 분신인 신神을 지었던 적이 있었는데 위의 글에서 '후천 이전에 창조되었던….'이라는 표현은 바로 그것을 의미합니다.

한기 27년 6월 19일(2015.8.3)

마음과 신성의 관계

마음[心]이라는 것은 곧 자신의 신성神性을 의미합니다. 그래서 마음신성에는 인간으로 내려오면서 가지고 온 마음신성과 자신의 근본을 찾아가는 과정에서 각 도계에 형성된 마음신성 그리고 근본적으로 존재하는 마음신성이 있습니다. 그렇게 인간으로 와서 육신에 내재된 마음신성을 다시 드러나게 하는 것이 양신을 출신하는 것이고, 하늘에 있는 자신의 마음신성 중에 일차적인 근원의 마음과 하나 되어 회복하는 것이 2천도계 원신과 100% 합일하는 것이고, 근본적인 근원의 마음과 하나 되어 회복하는 것이 근본원신과 100% 합일하는 것입니다.

따라서 마음은 인간으로 내려오면서 가지고 온 마음신성과 자신의 근본을 찾아가는 과정에서 각 도계에 형성된 마음신성 그리고 근본적으로 창조된 마음신성으로 크게 분류할 수 있는 것입니다. 그러므로 근본마음신성이라는 것은 곧 자신의 근본원신을 의미합니다. 그렇기 때문에 신神은 그 자체가 신성이고 신성에 의한 의식이며 의식에 따른 마음입니다. 그래서 신격神格이라는 것은 신성체계이자 신성체계에 의한 의식체계이며 의식체계에 따른 마음체계마음가짐가 되는 것입니다.

즉 신성과 신성체계_{신성과 신성체계는 창조될 때의 창조적인 온도에 의하여 형성되는 광도·밀도·순도, 특성·특징·특색, 품성·품위·품격을 의미합니다}, 의식과 의식체계, 마음과 마음체계, 정기신과 정기신체계는 유사한 개념과 정의의 다른 표현입니다. 그리고 석문도법의 석문사상에서는 1신一神|1영一靈에 3기三氣|3혼三魂, 3욕三欲, 3품三品와 7정七精|7백七魄, 7정七情, 7상七常이 있다고 보기 때문에 오욕칠정五欲七情이라고 하지 않고 삼욕칠정三欲七情이라고 합니다.

한기 27년 6월 22일(2015.8.6)

천상 공부를 위한 의식·인식·습관

천상 공부를 위해서는 여의무심如意無心을 깊게 체득하고 깨우칠 필요가 있습니다. 그리고 공부가 진행될 때 부분적으로 인지·인식·인정된다면 그러한 부분적인 것을 현재 지상의 의식·인식·습관으로 파악하고 이해하려고 하지 말고 이해가 되든 되지 않든 천상에서 신神들이 사용하는 단어와 용어 그리고 문장의 개념과 정의, 의미를 천상에서 사용하는 그대로 무심하게 인지·인식·인정할 필요가 있습니다.

그리고 부분적인 것들을 애써 전체적인 관점으로 입체화하거나 통합시켜서 이해하려고 하지 말고, 부분적인 것들로 인지·인식·인정되는 것 그 자체로만 인지·인식·인정하는 것이 좋습니다. 그렇게 자주 반복해서 체득·체험·체감하다 보면 자연스럽게 가감이 되어 그 빛과 힘, 가치가 입체적으로 통합이 되어 어느 날 문득 이해가 되는 날이 오게 됩니다.

또한 공부를 조급하게 받아들이려 하지 말아야 합니다. 공부에 임할 때 모든 것을 내려놓고 차분하고 침착하고 무심하게 임하듯이, 받아들일 때에도 모든 것을 내려놓고 차분하고 침착하고 무심하게 천상

신神들이 사용하는 단어와 용어 그리고 문장의 개념과 정의, 의미를 있는 그대로 받아들여야 합니다.

아울러 천상원신의 의식·인식·습관을 양신을 통해 지상분신으로 많이 내려받게 되면 지상분신의 의식·인식·습관이 천상원신의 그것과 같이 신神의 의식·인식·습관으로 많이 변화, 발전하게 됩니다.

그래서 지상 가족들뿐만 아니라 지상의 일상적인 생활에 대한 가치관과 관점이 천상 신神들과 같이 천지인 섭리·율법·법도에 입각하여 그에 합당하게 바라보기 시작하면 사용하는 단어, 용어, 문장의 개념과 정의, 의미를 천상 신神들이 사용하는 것과 유사하게 사용하게 되는데 이것이 자연스러운 공부의 흐름과 형국입니다.

한기 27년 11월 20일(2015.12.30)

섭리의 길

인간으로 살아왔던 지난날의 삶과 신(神)이자 인간으로 살아왔던 지난날의 삶 그리고 신(神)이자 인간인 도인(道人)으로 살아가고자 하는 삶에 대한 마음과 마음가짐이 창조섭리의 3대 목적 및 12대 속성과 일맥·일관·일통으로 조금 더 깊이 있게 호환·파동·공명되어 하나 될 수 있도록 조금 더 크고 깊고 넓게 활짝 열어서 일념정진, 용맹정진하면 좋을 것 같습니다.

그리하여 빛의 활성력·발산력·순환력·수렴력이 원만하게 형성되어 빛의 순리가 자연스러울 수 있도록 해야 합니다. 즉 빛의 장애·방해·걸림으로 부자연스러워진 부분을 인정하고 극복하고 뛰어넘기 위해서 마음과 마음가짐에서부터 일상의 크고 작은 것들을 성찰하고 탐구하여 빛의 장애·방해·걸림이 될 수 있는 요인들을 하나씩 개선시켜 나가면 공부에 크게 도움이 될 것입니다.

빛이 빛으로서 빛의 길을 순리하는 것이 빛의 길이자 진리의 길이며 섭리의 길입니다.

한기 28년 1월 12일(2016.2.19)

체계, 표현, 무심의 중요성

빛과 섭리 그리고 하늘의 속성인 밝고 맑고 찬란한 빛과 힘, 가치를 나투고 밝혀서 나눌 수 있도록 즐겁게 노력을 하는 것이 중요하고, 이러한 빛과 힘, 가치를 빛과 섭리 그리고 하늘의 속성대로 잘 표현할 수 있는 '체계'를 갖추는 것도 참 중요하니 이와 같이 될 수 있도록 하여 자신과 자신의 심법 그리고 자신의 공부에 자연스럽고 자유로워질 수 있으면 좋습니다.

그리고 천상문화는 천상 신神의 의식·인식·습관으로 보고 인지·인식·인정하는 것이 중요하고, 그렇게 인지·인식·인정한 것을 지상의 언어 중에서 천상에 가장 가까운 눈빛·표정·자세·단어·용어·문장·말·말투로써 표현할 수 있는 것도 매우 중요합니다.

또한 무심無心의 도리를 얻어서 내려놓기와 무심하기 그리고 보이는 대로 보기가 공부의 습관이 될 수 있도록 하면 좋습니다.

한기 28년 1월 27일(2016.3.5)

여의무심

여의무심如意無心은 있는 그대로의 순수한 마음과 그 순수한 마음의 평범함 그리고 그 평범함의 자연스러움에서 시작됩니다.

한기 28년 5월 10일(2016.6.14)

같이 함께 더불어

석문도문

석문도문石門道門은 인간이 신神이 되는 완성도법인 석문도법石門道法을 근본으로 하늘[天]과 땅[地], 사람[人]이 조화와 완성을 이루고 거듭날 수 있도록 도성구우道成救宇・광명천로光明天路・조화광명造化光明하는 도법단체다. 인간으로 하여금 자신의 근본 존재성을 찾고 존재적 중심을 세워서 존재가치를 다함과 동시에 자신을 인정・존중・배려하듯 상대를 인정・존중・배려하여 깊은 교류・공감・소통을 이룸으로써, 천지인天地人이 같이 함께 더불어 하나 되어 궁극의 조화로움과 아름다움을 나툴 수 있게 하는 것이 석문도문의 궁극적 목적과 목표, 방향성이자 정체성이다.

석문도담
한조도담3

초판 1쇄 발행 2016년 11월 24일

지은이 한조 | **엮은이** 석문도문
펴낸이 이승우 | **조판** 성인기획 | **인쇄** 영신사

펴낸곳   석문출판사
         경기도 수원시 장안구 만석로 241 석문빌딩 3층
         전화 031-246-1360 | 팩스 031-253-1894
         등록번호 2005년 12월 20일(제25-1-34호)

Copyright ⓒ 한조, 2016

ISBN 978-89-87779-25-6(04100)
     978-89-87779-22-5 (세트)

이 책은 저작권법에 따라 보호받는 저작물이므로 무단전재와 복제를 금하며, 이 책 내용의 전부 또는 일부를 이용하려면 반드시 저작권자의 서면 동의를 받아야 합니다.

• 책값은 뒤표지에 있습니다.